**Proposições teórico-metodológicas
e práticas pedagógicas da
Educação Física**

O selo DIALÓGICA da Editora InterSaberes faz referência às publicações que privilegiam uma linguagem na qual o autor dialoga com o leitor por meio de recursos textuais e visuais, o que torna o conteúdo muito mais dinâmico. São livros que criam um ambiente de interação com o leitor – seu universo cultural, social e de elaboração de conhecimentos –, possibilitando um real processo de interlocução para que a comunicação se efetive.

Proposições teórico-metodológicas e práticas pedagógicas da Educação Física

Willer Soares Maffei

EDITORA intersaberes

Rua Clara Vendramin, 58 • Mossunguê • CEP 81200-170 • Curitiba • PR • Brasil
Fone: (41) 2106-4170 • www.intersaberes.com • editora@editoraintersaberes.com.br

Conselho editorial
Dr. Ivo José Both (presidente)
Dr.ª Elena Godoy
Dr. Neri dos Santos
Dr. Ulf Gregor Baranow

Editora-chefe
Lindsay Azambuja

Supervisora editorial
Ariadne Nunes Wenger

Analista editorial
Ariel Martins

Preparação de originais
Gilberto Girardello Filho

Edição de texto
Tiago Krelling Marinaska

Capa
Laís Galvão (*design*)
SpeedKingz/Shutterstock (imagem)

Projeto gráfico
Luana Machado Amaro

Diagramação
Kelly Adriane Hübbe

Equipe de *design*
Laís Galvão
Chales L. da Silva

Iconografia
Célia Regina Tarlalia e Silva
Regina Claudia Cruz Prestes

Dados Internacionais de Catalogação na Publicação (CIP)
(Câmara Brasileira do Livro, SP, Brasil)

Maffei, Willer Soares
  Proposições teórico-metodológicas e práticas pedagógicas da Educação Física/Willer Soares Maffei. Curitiba: InterSaberes, 2019. (Série Corpo em Movimento)

  Bibliografia.
  ISBN 978-85-5972-984-9

  1. Educação escolar 2. Educação física – Estudo e ensino 3. Educação física – Estudo e ensino – Metodologia 4. Pedagogia 5. Prática de ensino I. Título. II. Série.

19-23624   CDD-796.07

Índices para catálogo sistemático:
  1. Educação física escolar: Esportes   796.07

Cibele Maria Dias – Bibliotecária – CRB-8/9427

1ª edição, 2019.

Foi feito o depósito legal.

Informamos que é de inteira responsabilidade do autor a emissão de conceitos.

Nenhuma parte desta publicação poderá ser reproduzida por qualquer meio ou forma sem a prévia autorização da Editora InterSaberes.

A violação dos direitos autorais é crime estabelecido na Lei n. 9.610/1998 e punido pelo art. 184 do Código Penal.

Sumário

Agradecimentos • 13
Prefácio • 15
Apresentação • 17
Organização didático-pedagógica • 21

Capítulo 1
Proposições teórico-metodológicas para a Educação Física • 25

1.1 Um entendimento sobre as proposições teórico-metodológicas • 28
1.2 As proposições teórico-metodológicas e as implicações para o currículo da Educação Física • 34
1.3 A cultura como elo integrador das diferentes correntes de pensamento • 40
1.4 A cultura como objeto da Educação Física: cultura corporal, cultura de movimento e cultura corporal de movimento • 46
1.5 Educação Física: a cultura como conteúdo de ensino • 53

Capítulo 2
Proposições teórico-metodológicas para a Educação Física: apresentação e encaminhamento • 65

2.1 Aprendizagem do movimento e educação do e pelo movimento • 68

2.2 Educação Física progressista • 76
2.3 Proposição de jogos cooperativos • 93
2.4 Educação Física para a saúde e qualidade de vida: proposição da saúde renovada • 95
2.5 Documento oficial orientador de políticas públicas: Parâmetros Curriculares Nacionais (PCNs) • 98

Capítulo 3
Subsídios para a elaboração do projeto político-pedagógico: eixo político • 113

3.1 Projeto político-pedagógico: contexto • 116
3.2 Atuação profissional e o perfil do egresso • 125
3.3 Perfil do egresso e a constituição das competências • 129
3.4 Princípios norteadores para a constituição das competências • 133
3.5 Pensando o perfil de egresso a partir da reflexão • 138

Capítulo 4
Subsídios para a elaboração do projeto político-pedagógico: eixo pedagógico • 155

4.1 A prática pedagógica com base em proposições teórico-metodológicas • 158
4.2 Finalidade da Educação Física na escola • 162
4.3 Prática pedagógica • 164
4.4 Tratamento dos conteúdos • 166
4.5 Princípios norteadores da ação pedagógica • 172
4.6 Elementos constituintes do plano de ação • 207

Capítulo 5
Eixo dinâmico-operacional: planos de ação para educação infantil e ensino fundamental • 223

5.1 Movimento na educação infantil • 229
5.2 Plano de ação para a educação infantil • 239

5.3 Educação Física nos anos iniciais do ensino fundamental • 254

5.4 Plano de ação para os anos iniciais do ensino fundamental • 268

5.5 Análise dos planos de ação para a educação infantil e para os anos iniciais do ensino fundamental • 278

Capítulo 6
Eixo dinâmico-operacional: planos de ação para ensino fundamental e ensino médio • *295*

6.1 Educação Física nos anos finais do ensino fundamental • 301

6.2 Plano de ação para os anos finais do ensino fundamental • 312

6.3 Educação Física no ensino médio • 325

6.4 Plano de ação para o ensino médio • 329

6.5 Análise dos planos de ação • 345

Considerações finais • 361

Referências • 365

Bibliografia comentada • 375

Respostas • 379

Sobre o autor • 381

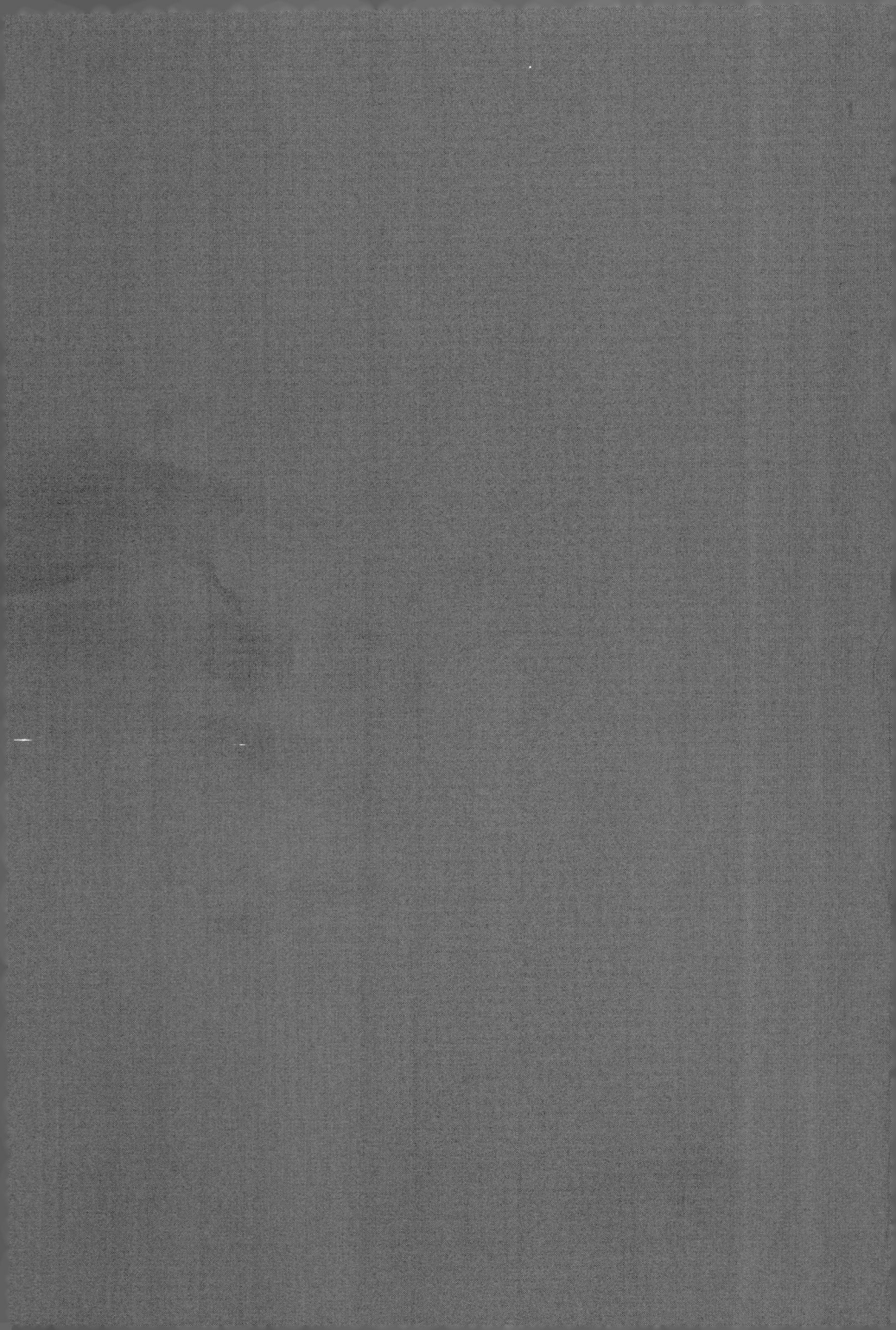

É incapaz de experiência aquele a quem nada lhe passa, a quem nada lhe acontece, a quem nada lhe sucede, a quem nada o toca, nada lhe chega, nada o afeta, a quem nada o ameaça, a quem nada ocorre.

(Larrosa, 2004, p. 122-123)

A partir do ensinamento trazido por Larrosa, não seria correto de minha parte agradecer às poucas e próximas pessoas que fazem parte do meu ciclo familiar, de estudo e social, como geralmente se faz. Énesse sentido e com respeito a todos que dedico este livro a vocês, os muitos que compartilharam comigo as experiências com a Educação Física, aquelas que nos aconteceram, que nos significaram e nos tocaram. Ainda que no anonimato, muitos representam – e me representam – neste livro.

Também dedico esta obra a todos os profissionais que acreditam no crescimento da área de educação física e se empenham em assegurar a seriedade na formação de novos profissionais.

Por fim, dedico este livro, especialmente, aos meus pais, Nilton (*in memoriam*) e Iris, e ao meu irmão, Wesley, que participaram da minha constituição como pessoa e como profissional, bem como à minha esposa, Mara, e aos meus filhos, Isadora e Henrique.

Agradecimentos

Inicialmente, gostaria de agradecer a Deus, por ter me dado tantas oportunidades na vida e por permitir que eu pudesse retribuir, por meio desta obra, pela graça do conhecimento construído no decorrer das tantas experiências que muitos me passaram, as quais me significaram e me constituíram como profissional.

Agradeço, também, ao professor Marcos Ruiz, pela confiança e amizade e pelo convite para escrever este livro. Estendo meus agradecimentos a tantos outros colegas de trabalho e profissionais que dedicaram muito tempo de suas vidas à pesquisa e ao objetivo de tornar público o conhecimento produzido em suas investigações – muitos deles caminham aqui comigo, possibilitando reflexões e a construção deste material.

Em especial, gostaria de mandar um agradecimento especial a todos os professores e formadores que estiveram envolvidos no meu processo de formação profissional, com destaque para o professor e doutor Mauro Betti, por todos os ensinamentos compartilhados nesses quase 20 anos de amizade e parceria, os quais foram essenciais em minha formação.

Por fim, agradeço aos meus familiares, em especial, à minha esposa e aos meus filhos, que durante a construção desta produção tiveram paciência comigo e compreenderam a minha ausência, ainda que eu nunca tenha deixado de estar presente.

Que o **Grande Arquiteto do Universo** esteja com todos nós.

Prefácio

Um trabalho de fôlego. Essa foi a qualificação que me veio à mente ao ler este livro. Mas esta obra não foi escrita para cansar o leitor, e sim para que ele possa *estudar*, isto é, "procurar compreender através da reflexão, meditar, refletir" (Houaiss, 2009) – algo meio fora de moda nestes tempos de informação rápida e superficial via internet.

Bem estruturado, o livro propõe e segue rigorosamente um caminho raciocinado e fundamentado, partindo de teorias consolidadas e da própria e ampla experiência docente de seu autor, Willer Soares Maffei, um professor de Educação Física que militou da educação infantil ao ensino médio e, atualmente, é docente de uma importante universidade pública.

A obra apresenta um amplo panorama de proposições, abordagens, projetos e concepções que habitam contemporaneamente o campo da Educação Física escolar no Brasil, exemplificando práticas e percursos de ensino não como receitas ou atividades descontextualizadas, uma vez que tais práticas e percursos estão justificados (*por quê?*; *para quem?*; *quando?*) de modo coerente com a proposta didático-pedagógica construída nos primeiros capítulos.

Chamou-me a atenção o recurso de Maffei de recorrer a autores e princípios de diferentes linhas teóricas. Uma interpretação mais ortodoxa poderia rotular essa estratégia como ecletismo (no sentido pejorativo) e gerar uma condenação prévia. Eu prefiro pensar, como aprendi com um professor de Filosofia, no doutorado, que o ecletismo de meios pode ser válido, desde que não esteja associado a ecletismos de fins, ou seja, não é possível projetar simultaneamente para a educação escolar finalidades divergentes, opostas. No entanto, é possível projetar diferentes caminhos para alcançar uma finalidade educacional consciente e bem fundamentada. É como uma bússola que indica o Norte, isto é, para que direção devemos mirar no horizonte. Mas os caminhos concretos têm de ser construídos e trilhados dia a dia, turma a turma, aluno a aluno... E podem exigir desvios e, por vezes, recuos.

Ora, parece-me que este livro define bem a que serve ou deveria servir a Educação Física escolar, conforme o entendimento do autor. Deixo, então, à leitora ou ao leitor que avalie o quão válido e produtivo foi o autor ter recorrido a Betti e ao Coletivo de Autores, a Tani e a Kunz, aos Parâmetros Curriculares Nacionais (PCN) e à Base Nacional Comum Curricular (BNCC), entre outros textos significativos para a construção do saber relacionado à área.

Abro também parênteses para elogiar o autor desta obra pelas críticas feitas à BNCC, apontando-lhe as incoerências e limitações. Num contexto em que enfrentar os poderes é sempre um risco e num momento em que os acadêmicos associam-se a modismos para abrir mercado (assessorias, capacitações, publicações didáticas e paradidáticas etc.), é uma postura corajosa evidenciar a autonomia intelectual que deve presidir as atitudes e condutas de todo professor/pesquisador de universidade pública.

Este é um livro para o licenciado e o licenciando em Educação Física que gosta de aprender, de checar a consistência e a coerência de argumentações e exemplos, de refletir e, por fim, de confrontar a teoria com a prática – ação que, em qualquer pedagogia, constitui-se na melhor medida das teorias.

Mauro Betti

Apresentação

No decorrer de 20 anos de trabalho na rede pública de educação e em uma escola cooperativa do estado de São Paulo, experimentei uma diversidade de experiências e ocorrências com a Educação Física, seja na formação de alunos, seja na formação de professores. Durante esse tempo, percebi que minha experiência na escola – inicialmente voltada ao trabalho com a aprendizagem esportiva – aos poucos foi se ressignificando e constituindo novos significados. A construção de novos saberes ocorreu em virtude de leituras, estudos e da própria descrença no modelo de aula que ministrava, pois já sentia necessidade de mudança. O tempo foi mostrando novos caminhos e possibilidades, e os estudos me ajudaram a entender o que propor e como, reorganizando os planos de ação. O caminho encontrado e os passos descobertos, que me guiaram por mais de 12 anos na escola, serão compartilhados neste livro.

É importante destacar que não é intenção desta obra trazer de forma explícita alguma orientação político-ideológica. Mesmo porque caberá aos leitores que porventura utilizarem esse material, no momento em que forem organizar seus planos de ação, elaborar seu projeto político-pedagógico (PPP). O que este livro traz são referenciais e parâmetros, ou seja, uma base pedagógica que pode auxiliar no desenvolvimento do trabalho na escola e que seja coerente com o perfil do jovem que se espera formar. Nesse sentido, a orientação utilizada pelo professor ao elaborar o PPP é que indicará a transformação ou manutenção do modelo social, ainda que os exemplos utilizados nesta obra tenham sido construídos em função da transformação social.

Não é objetivo deste material, também não tivemos a intenção de seguir um campo de conhecimento específico das ciências. A proposição aqui apresentada se coloca como híbrida e utiliza o conhecimento de diferentes autores e obras do campo da educação física. Enquanto isso, aguardo a crítica dos colegas de profissão que pesquisam e trabalham com a Educação Física escolar.

Assim, o trabalho aqui apresentado traz a experiência da prática e da pesquisa vivenciada, e agora transcrita, na esperança de seduzir outros profissionais a novas experiências com a educação física. Certamente, essa não será uma atividade fácil, visto que a educação física tem como força da cultura sua tradição na área escolar, marcada pelo fazer corporal e pela valorização dos aspectos biológicos em detrimento dos histórico-culturais.

Ainda que a trajetória da disciplina nas escolas brasileiras seja marcada por diferentes e importantes momentos – em especial, as marcas da década de 1980 que propiciaram o surgimento de novos projetos (proposições teórico-metodológicas) para a Educação Física –, tais proposições ainda são rejeitadas e questionadas por muitos professores nas escolas. Ainda assim, novas publicações e currículos têm mostrado outros caminhos ao professor, por meio de experiências bem-sucedidas na área, propondo os elementos culturais desse campo do saber como conteúdos da Educação Física não de forma a somente reproduzi-los, mas, sim, no sentido de desenvolver ações pedagógicas que envolvem movimento e reflexão com a disciplina.

Diante desses relatos iniciais, este livro tem a intenção de apresentar a você o ambiente escolar sob a perspectiva das temáticas relativas à organização de tempos e espaços da Educação Física na escola e no currículo, tendo como objeto de estudo um formato para a elaboração de planos de ação em consonância com o PPP, considerando: a forma como o plano é elaborado; os itens que o compõem; as finalidades para a Educação Física em cada nível de ensino; as peculiaridades envolvidas; as formas de abordar o conteúdo; e as estratégias de ensino.

Para isso, esta obra foi organizada em seis capítulos, ao longo dos quais serão enfocados os itens descritos a seguir:

No Capítulo 1, trataremos do conceito de proposição teórico-metodológica para a Educação Física, bem como das suas implicações para o currículo da disciplina, considerando a cultura como o elo integrador das diferentes correntes de pensamento e como conteúdo de ensino na escola.

No Capítulo 2, abordaremos diferentes proposições teórico-metodológicas para a Educação Física, para que você possa conhecer e diferenciar algumas propostas surgidas após a crise de identidade da área, sendo algumas de caráter liberal, e outras, progressistas.

No Capítulo 3, trataremos do projeto político-pedagógico, apresentando subsídios para a elaboração do eixo político, discutindo o contexto do documento no âmbito escolar, a atuação profissional, o perfil do egresso e a constituição das competências, tendo como finalidade a busca por uma sociedade melhor.

No Capítulo 4, apresentaremos alguns subsídios do eixo pedagógico que compõem o PPP. Sob essa ótica, analisaremos a finalidade da Educação Física na escola, a prática pedagógica do professor e o tratamento dado aos conteúdos. Além disso, indicaremos o eixo dos temas e dos conteúdos como componentes da ação pedagógica, bem como outros elementos que compõem o plano de ação.

No Capítulo 5, elencaremos algumas propostas de plano de ação para a educação infantil e para os anos iniciais do ensino fundamental, bem como a finalidade do movimento nessas duas etapas da educação. Em seguida, destacaremos as expectativas de aprendizagem e os conteúdos a serem trabalhados nesses dois níveis de ensino, para, na sequência, propormos e analisarmos propostas pedagógicas para a disciplina.

No Capítulo 6, por fim, daremos continuidade à construção de trajetórias de ensino, considerando os anos finais do ensino fundamental e o ensino médio; na sequência, discorreremos sobre as finalidades, as expectativas de aprendizagem e os conteúdos da Educação Física nesses níveis de ensino e seus respectivos planos de ação.

Boa leitura.

Organização didático-pedagógica

Esta seção tem a finalidade de apresentar os recursos de aprendizagem utilizados no decorrer da obra, de modo a evidenciar os aspectos didático-pedagógicos que nortearam o planejamento do material e como o aluno/leitor pode tirar o melhor proveito dos conteúdos para seu aprendizado.

Introdução do capítulo

Logo na abertura do capítulo, você é informado a respeito dos conteúdos que nele serão abordados, bem como dos objetivos que o autor pretende alcançar.

Pense a respeito

Aqui você encontra reflexões que fazem um convite à leitura, acompanhadas de uma análise sobre o assunto.

Síntese

Você conta, nesta seção, com um recurso que o instigará a fazer uma reflexão sobre os conteúdos estudados, de modo a contribuir para que as conclusões a que você chegou sejam reafirmadas ou redefinidas.

Indicações culturais

Nesta seção, o autor oferece algumas indicações de livros, filmes ou *sites* que podem ajudá-lo a refletir sobre os conteúdos estudados e permitir o aprofundamento em seu processo de aprendizagem.

Atividades de autoavaliação

Com estas questões objetivas, você tem a oportunidade de verificar o grau de assimilação dos conceitos examinados, motivando-se a progredir em seus estudos e a se preparar para outras atividades avaliativas.

Atividades de aprendizagem

Aqui você dispõe de questões cujo objetivo é levá-lo a analisar criticamente determinado assunto e aproximar conhecimentos teóricos e práticos.

Bibliografia comentada

Nesta seção, você encontra comentários acerca de algumas obras de referência para o estudo dos temas examinados.

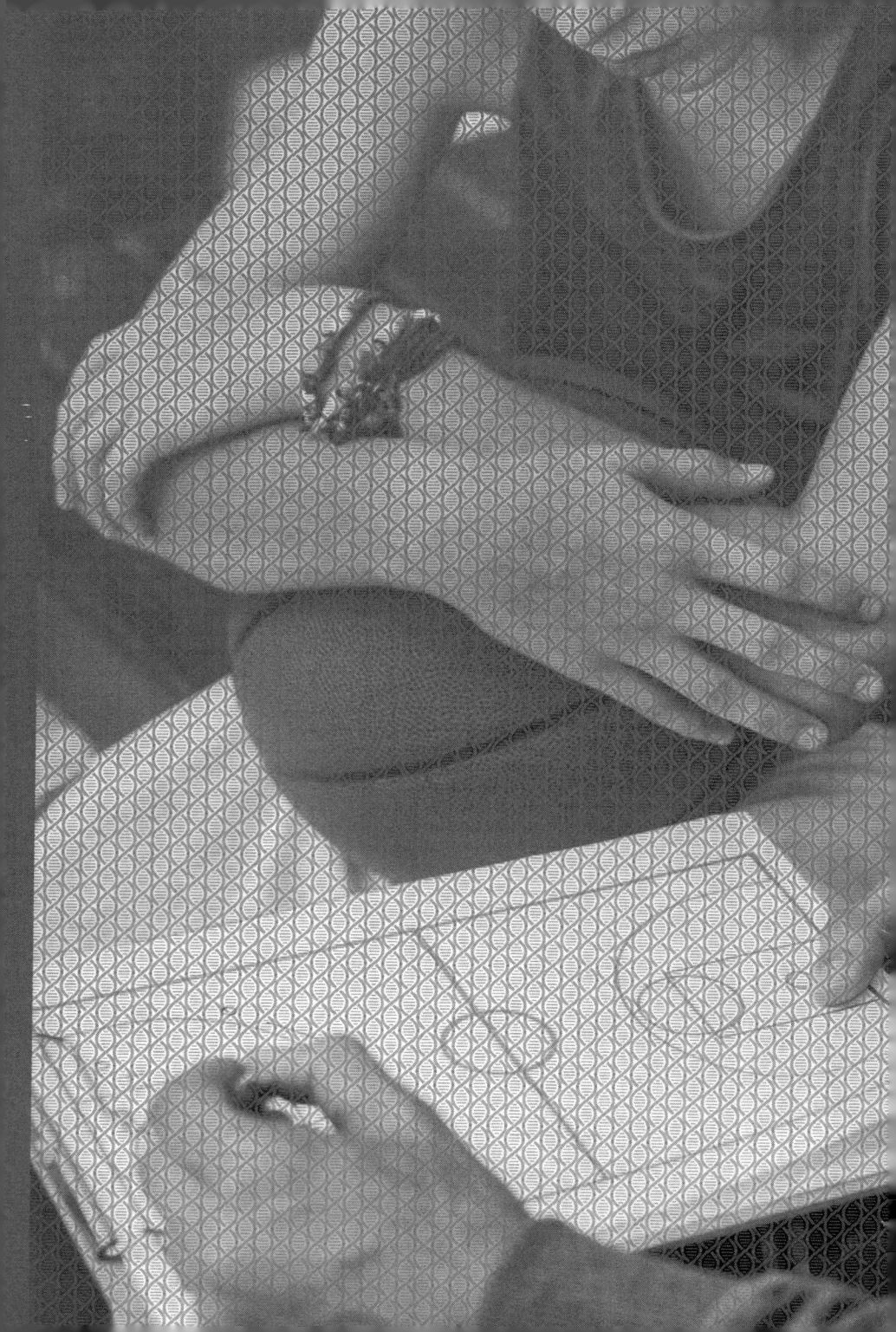

Capítulo 1

Proposições teórico-metodológicas para a Educação Física

O **movimento** renovador da Educação Física que marcou a década de 1990 contribuiu para que as críticas à Educação Física tradicional ganhassem força, inicialmente, nas universidades e entidades de classe do magistério. As finalidades da disciplina no âmbito escolar passaram a ser questionadas, suas bases filosóficas e pedagógicas foram repensadas e suas especificidades e conteúdos tornaram-se temas de discussões acadêmicas mais eleboradas. Betti (1991) caracteriza esse período como de crise de identidade da área, também denominado por Resende (1994, p. 32) como período de "crise da função social a ser desempenhada no sistema de educação formal".

Graças a essa nova dinâmica, projetos foram apresentados e se transformaram em propostas ou novas formas de compreender seu objeto de estudo e, como consequência, formas diferenciadas de abordar a Educação Física na escola.

Neste capítulo, pretendemos apresentar, diferenciar e caracterizar diferentes proposições teórico-metodológicas para a Educação Física e seus impactos nas práticas pedagógicas da disciplina, tendo como base a cultura como elo integrador de concepções distintas, influenciando, assim, o trabalho do professor na escola.

1.1 Um entendimento sobre as proposições teórico-metodológicas

A fase de redemocratização e abertura política vivida pelo Brasil na década de 1980, que culminou no movimento Diretas Já, no fim do regime militar e na eleição de um presidente civil em 1986, possibilitou o questionamento e o reconhecimento da real situação educacional estabelecida no país, o desenvolvimento de propostas descentralizadas e a participação social como solução para o enfretamento da crise pela qual passava a educação nacional. O contexto de discussão e mudanças permitiu a reconceituação da Educação Física e o rompimento com o conservadorismo vigente, graças à colaboração de brasileiros que regressavam de cursos de pós-graduação no exterior, trazendo novos conhecimentos e favorecendo a circulação de conceitos de caráter progressista na área.

Esse período foi propício para a criação de novos cursos de pós-graduação no país, ampliando o debate e a circulação de ideias tais como as contidas nos livros *O que é Educação Física*, de Vitor Marinho de Oliveira, e *A Educação Física cuida do corpo... e "mente"*, de João Paulo Subirá Medina. Publicados em 1983, ambos se tornaram leitura obrigatória para estudantes e profissionais da área, além de terem sido marcantes naquele momento de reflexão sobre a Educação Física brasileira. Essa época também se caracterizou pela ampliação das críticas ao modelo biológico/tecnicista proposto para a área, bem como pela incorporação das discussões pedagógicas influenciadas pelas ciências humanas – em especial, a sociologia e a filosofia da educação com orientação crítica – que ocupou espaço nos debates acadêmicos.

Nesse sentido, de acordo com Betti (1991, p. 125):

> *a criação destes cursos no país, o aumento do número de publicações especializadas, a realização de dezenas de congressos, simpósios e cursos de especialização e, a nível mais amplo, o próprio processo de redemocratização do país [...] facilitou a circulação de ideias e o questionamento do sistema sociopolítico.*

Essas ideias possibilitaram a criação de novos projetos ou proposições para a educação física que deram origem a compreensões divergentes sobre o papel e a finalidade da disciplina na escola.

Antes de tratarmos das diferentes proposições teórico-metodológicas apresentadas para a Educação Física, vamos refletir um pouco sobre o significado delas? O próprio início deste capítulo pode nos auxiliar a compreendê-las um pouco melhor. Se você iniciou a leitura pela introdução do capítulo, sabe do que estamos falando; porém, se não a visitou e passou direto à Seção 1.1, volte ao início, leia o trecho e reflita: qual é o seu entendimento sobre o conceito de proposição teórico-metodológica? Procure pensar também quais seriam as implicações dessas proposições para a Educação Física.

Muito bem! Agora que você já elaborou concepções iniciais a respeito das proposições teórico-metodológicas para a Educação Física, vamos aprofundar seu conhecimento. Como mencionado no texto que inicia esta seção, a década de 1980 foi marcante para a história mais recente dessa área de conhecimento, profissão e disciplina da educação básica. As sementes plantadas naquele momento germinaram e deram frutos. A efervescência das discussões do período fortaleceu o sentimento de mudança e, ainda no final daquela década, novos projetos para a Educação Física surgiram, com o intuito de romper com o modelo hegemônico do momento.

Entretanto, na década de 1990, em continuidade e de forma mais intensa, esses projetos apresentados por diferentes professores da área trouxeram novas perspectivas político-pedagógicas a respeito do trabalho com a disciplina na escola. Tais ideias, embasadas por conhecimentos filosóficos, antropológicos, sociológicos, pedagógicos e biológicos do ser humano, utilizavam referenciais teóricos que as diferenciavam. Inicialmente, as múltiplas formas de compreensão a respeito dos conteúdos, do objetivo e das finalidades apresentadas para a área foram denominadas de *abordagens*, *tendências* e *métodos* para a Educação Física escolar. Você sabe qual é a diferença entre esses três termos? Para muitos, parecem ter o mesmo sentido, porém, convém analisarmos os significados apresentados para cada um deles:

- **Abordagem**: termo polissêmico que tem como raiz a palavra *borda* (beira, beirada, margem), do francês *à bord* (costado da embarcação, borda, margem). Como sinônimos, entre outras palavras, podemos citar: *aproximação*, *chegada*, *questionamento*, *comportamento* e *tratamento*. A palavra *abordagem* também pode ser compreendida como aproximação ou maneira pela qual um assunto é entendido, como um ponto de vista ou uma opinião em relação a um assunto. A utilização desse termo na Educação Física se refere ao entendimento de que se trata de uma área com ampla *borda/margem*, possibilitando diferentes interpretações e podendo ser compreendida com base em pontos de vista convergentes ou divergentes.
- **Tendência**: tem como raiz a palavra *tendente* (que tem propensão a, inclinação a). Como sinônimos, citamos: *orientação*, *predisposição*, *propensão*. O termo tem o sentido de

movimento, intenção, possibilidade de tomar partido de alguma escolha. Uma tendência pedagógica em Educação Física apresenta uma intenção, uma identificação com uma corrente teórica de pensamento, pressupondo uma escolha da direção em que se desloca o fenômeno educativo em determinado tempo e espaço histórico.

- **Método**: representa um meio para se atingir um fim, caracterizado por estratégias e técnicas de ensino fundamentadas por teorias que expressam diferentes compreensões sobre ser humano, sociedade, educação e expectativas em torno da sociedade desejada.

Diante disso, os projetos apresentados por professores de Educação Física e que receberam diferentes denominações adotam métodos de trabalho orientados por diferentes linhas pedagógicas e estão diretamente relacionados à maneira como os conteúdos são abordados.

Atualmente, os estudos que abordam novas perspectivas político-pedagógicas e projetos para a Educação Física, surgidos a partir da década de 1990, recebem também a denominação de *proposições teórico-metodológicas*, utilizada como referência a esses projetos, por ser mais concreta e por definir de maneira mais adequada os sentidos propostos e expressos em tais proposições.

Na busca por ampliar a compreensão a respeito do significado de uma proposição teórico-metodológica, apresentamos duas citações de Betti (2011, grifo do original):

> Uma proposição teórico-metodológica é um projeto para a Educação Física, algo que se pretende concretizar com ela e para ela. Projeto, do latim "pro" (a favor de) e "jecto" (lançar à frente), é algo que defendemos, que queremos realizar. Projeto não é necessariamente algo que já está realizado, mas uma intenção que se lança para o futuro. Projetos para a Educação Física circulam socialmente, conectados ou não com práticas

coerentes aos discursos, e refletem e constroem representações sociais e ideologias.

Vamos entender como o conceito do projeto se aplica ao tema que estamos explorando: a inserção da Educação Física nas escolas brasileiras foi caracterizada pelo discurso de ênfase na saúde. A falta de saneamento básico no início do século XX e os problemas de saúde gerados por essa fragilidade – percebida principalmente nos grandes centros – levou a classe médica a ver na Educação Física um meio para se trabalhar com o tema da higiene da população, uma vez que havia a crença de que as pessoas que praticassem ginástica teriam também preocupação com o corpo, com a higiene e com a saúde. Em outras palavras, o "projeto higienista" subordinava a disciplina de Educação Física (ministrada na forma de ginástica) aos interesses e às finalidades da classe médica, com a intenção de prevenir doenças, o que, para a época, era sinônimo de busca pela saúde.

Ao longo do tempo, outros projetos foram apresentados para a Educação Física, vinculando-a a diferentes interesses e discursos (militares, políticos, esportivos e, mais recentemente, focados nos elementos da cultura – tais como danças, megaeventos esportivos, lazer, lutas, saúde/aptidão física, sentidos e significados expressos nos jogos, entre outros), refletindo e construindo representações e ideologias consoantes com determinado interesse social.

> *Assim, uma proposição teórico-metodológica expressa concepções de ser humano, sociedade, escola, educação, cultura, esporte, movimento, corpo; vale-se de certas categorias teóricas, de certas interpretações da realidade; elege certos valores para concretizar. E, claro, seleciona conteúdos e estratégias de ensino coerentes com aquelas concepções e valores.* (Betti, 2011)

Em sentido amplo, uma proposição teórico-metodológica apresenta uma forma de compreensão da realidade tendo como ponto de partida uma perspectiva embasada por categorias teóricas que expressam valores sociais e fundamentam concepções, crenças, valores e atitudes a respeito de um fenômeno. Tem o objetivo de melhorar práticas pedagógicas, contrastando-as com outras predominantes. Da mesma maneira, busca delimitar e esclarecer as finalidades propostas para uma área do conhecimento.

No caso específico da Educação Física e do tema *esporte*, por exemplo, as diferentes categorias teóricas apresentam valores distintos para esse elemento e influenciam a forma como ele é tratado nas aulas. Portanto, ele pode ser trabalhado na escola com finalidade única de aprendizagem e reprodução dos movimentos (fundamentos esportivos); pode, também, ser posto em prática com o objetivo de promover melhorias em capacidades físicas; pode, ainda, ser estudado como um elemento da cultura, para que sejam apreendidos os valores do esporte em função das diferentes manifestações culturais; esse elemento também pode ser apropriado de forma crítica, questionando os valores capitalistas presentes nos esportes de rendimento e o seu papel social.

Observe que essas são maneiras diferentes de olhar um mesmo conteúdo presente nas aulas de Educação Física, as quais se fundamentam em proposições teóricas distintas. Diante disso, a forma de apresentar e trabalhar o conteúdo, bem como de selecionar temas a serem desenvolvidos e as estratégias de ensino, deve ser coerente com os conceitos de "humano, sociedade, escola, educação, cultura, esporte, movimento, corpo", referenciadas por determinada categoria teórica, conforme assinalado anteriormente por Betti (2011).

1.2 As proposições teórico--metodológicas e as implicações para o currículo da Educação Física

Após conversamos um pouco sobre as proposições teórico-metodológicas para a Educação Física, você se sente mais à vontade para falar sobre elas? Para iniciarmos, você se recorda de alguma proposição teórico-metodológica apresentada para a área após as décadas de 1980 e 1990 ou, ainda, de uma que seja mais recente? Caso você se lembre, verifique se ela está presente no Quadro 1.1. Você também poderá tomar nota das particularidades da referida proposição. Caso não se lembre, procure, nas referências utilizadas em sua formação, bem como na literatura existente, informações sobre essas proposições. Se for possível, tome nota das implicações delas para a Educação Física.

A partir da década de 1980, várias proposições foram apresentadas para a disciplina. Se você pesquisou em obras da área, talvez tenha percebido que os autores que escrevem sobre essa temática enfatizam proposições em detrimento de outras. Isso porque, entre as proposições apresentadas, existem aquelas que alcançaram maior relevância no cenário nacional. Embora diferentes concepções tenham surgido – muitas vezes, conflitantes em sua prática –, elas trouxeram em comum a tentativa de romper com o modelo tecnicista/mecanicista, fruto de uma etapa recente da história, o modelo esportivo/biológico.

Podemos encontrar exemplos dessa iniciativa nas produções de Darido (1998; 2001), Tani (2001), Betti (2001) e Silva (2013). Nessas obras, são apresentados compêndios das proposições de diferentes autores, destacando conhecimentos e características trazidas pelos autores originais.

No Quadro 1.1, a seguir, indicamos as proposições discutidas nas obras dos quatro autores anteriormente citados. É importante assinalarmos que não foram eles que criaram todas as proposições; apenas as analisaram ou as demarcaram como importantes produções construídas com base em estudos de profissionais da área.

Quadro 1.1 Obras que retratam as proposições teórico-metodológicas

Autor	Ano	Proposições citadas nas obras
Darido	1998	Abordagem desenvolvimentista, construtivista, crítico-superadora e sistêmica.
Darido	2001	Psicomotricidade, Construtivista, Desenvolvimentista, Jogos Cooperativos, Saúde Renovada, Críticas (Crítico Superadora e Crítico-Emancipatória) e Parâmetros Curriculares Nacionais.
Tani	2001	"a humanista (Oliveira, 1985), a psicomotricista (Negrine, 1983), a desenvolvimentista (Tani, Manoel, Kokubun & Proença, 1988), a construtivista (Freire, 1989), a fenomenológica (Moreira, 1991), a sociológica (Betti, 1991), a histórico-crítica (Soares, Taffarel, Varjal, Castellani Filho, Escobar e Bracht, 1992), antropológica (Daólio, 1995)" (Tani, 2001, p. 110).
Betti	2011	*Educação de corpo inteiro* (1989), de João Batista Freire; *Educação física e sociedade* (1991), de Mauro Betti; *Educação física: ensino & mudanças* (1991), de Elenor Kunz; *Metodologia do ensino de educação física* (1992), de Carmem L. Soares, Celi Taffarel, Elizabeth Varjal, Lino Castellani Filho, Micheli Escobar e Valter Bracht (também conhecidos como Coletivo de Autores); *Transformação didático-pedagógica do esporte* (1994), de Elenor Kunz; *Da cultura do corpo* (1995), de Jocimar Daolio.
Silva	2013	Abordagem esportivista, desenvolvimentista, construtivista, crítico-superadora, crítico-emancipatória, antropológica, da saúde renovada, da motricidade humana.

Fonte: Elaborado com base em Darido, 1998; 2001; Tani, 2001; Daolio, 1995; Betti, 2011; Silva, 2013.

Os autores utilizam diferentes modos para se referir às proposições. Darido (1998; 2001) e Silva (2013) recorrem à própria denominação escolhida pelo autor original ou ao termo a partir do qual determinada proposição ficou conhecida; Tani (2001) também as apresenta conforme o formato original, seguida do autor da proposição e do ano de publicação; Betti (2011) as apresenta em ordem cronológica, iniciando com o título de cada produção literária, seguido do ano de publicação e dos autores que as conceberam.

É importante salientarmos que essas proposições, tiveram origem em trabalhos de conclusão de cursos de pós-graduação *stricto sensu* realizados no país e no exterior (como é o caso das produções de Kunz), a maioria sob forte influência das ciências humanas. Essa característica mostra a grande influência e importância dos cursos de extensão que existiam no Brasil e, também, daqueles que foram criados em virtude da abertura política (década de 1980) para o redimensionamento da Educação Física no final do século XX.

Ainda que as diferentes proposições estivessem alinhadas aos seus objetivos de criação, algumas se pautaram pelas pedagogias progressistas, ao passo que outras se guiavam por características das escolas liberais. Assim, ainda que em todas as proposições os conteúdos da Educação Física estivessem relacionados ao movimento humano, as finalidades apresentadas para a disciplina na escola, bem como as concepções de ser humano, sociedade, educação, cultura, corpo e movimento, eram específicas para cada proposição, seguindo categorias teóricas distintas e pressupondo implicações distintas em relação à compreensão do fenômeno.

Por outro lado, alguns fatos geraram críticas às novas abordagens surgidas, tais como: a dificuldade de apresentar práticas coerentes com os novos princípios da área, contrários aos princípios biológicos e ao esporte e em consonância com outros níveis de análise (pedagógico, psicológico e sociológico); a tentativa de justificar a função das proposições e seu papel nas transformações sociais; a diversidade de pensamentos contida nos novos projetos propostos.

Em muitos casos, tais abordagens foram dirigidas pelos próprios opositores dos antigos modelos de Educação Física. Embora houvesse uma grande preocupação em romper com o modelo biológico-esportivo praticado até o final da década de 1970, o verdadeiro sentido da área não estava plenamente esclarecido. Esse foi um dos motivos que levaram à apresentação de críticas às próprias propostas que surgiam com base no novo entendimento da área, como as apresentadas por Tani (1991, p. 65):

> Há uma corrente que chamaria Educação Física social, a qual ao invés de se preocupar com a Educação Física em si, transfere sistematicamente a discussão de seus problemas para níveis mais abstratos e macroscópicos onde, com frequência, discursos genéricos e demagógicos de cunho ideológico e político partidário, sem propostas reais de programas de Educação Física, que tem contribuído para tornar ainda mais indefinido o que já está suficiente ambíguo.

Caparroz e Bracht (2007, p. 26) também tem considerações a respeito:

> na década de 1990, o pensamento progressista percebe a necessidade de, para além das análises macrossociais da educação, preocupar-se com a intervenção, tendo em vista modificar as práticas escolares, sob pena de ver suas críticas esvaziarem-se num mero denuncismo.

Tais posicionamentos sinalizam a percepção de que, embora fosse eminente a preocupação com a nova situação apresentada para a Educação Física, havia também uma dificuldade em superar barreiras teóricas/conceituais e, assim, promover avanços mais significativos para a atuação do professor na escola. Essas preocupações demonstram, ainda, que, embora o foco das discussões se voltasse para mudanças pedagógicas, o professor do âmbito escolar ainda era considerado um mero reprodutor ou um eco das novas propostas, pois não participava das discussões ou da elaboração destas – que ficavam a cargo de profissionais do âmbito acadêmico. Essa relação acabou se traduzindo no distanciamento entre teoria e prática, entre produção e aplicação do conhecimento. Nas palavras de Tani (2001, p. 110),

> Com todas essas abordagens disponíveis, era de se esperar transformações significativas [...]. No entanto, não foi isso o que aconteceu (veja, por exemplo, Betti, 1991, 1992; Guerra de Resende, 1995; Mariz de Oliveira, 1991; Tani, 1996, para reforçar essa constatação), pois poucas mudanças concretas no cotidiano da prática pedagógica foram observadas.

Em razão desse problema, pouco do conhecimento produzido nos debates acadêmicos efetivamente se transformou em práticas concretas na escola, impedindo mudanças significativas nas aulas, salvo poucas experiências publicadas em anais de congressos e revistas especializadas da época. Entretanto, o esforço não foi em vão. A Educação Física como um todo precisou de um tempo para amadurecer e ressignificar o conhecimento produzido naquele momento ímpar para a área.

Passadas mais de duas décadas, as proposições teórico-metodológicas figuram entre os documentos educacionais oficiais do país. Atualmente, essas abordagens são utilizadas para repensar, revisar e reconstruir os currículos da Educação Física nas escolas em âmbito estadual e municipal. Se, naquele momento, as discussões tinham como foco a apresentação de novas possibilidades para o trabalho escolar, atualmente, algumas delas são realidades no ambiente escolar, ainda que talvez sejam implementadas de forma diferente do que se esperava.

No Quadro 1.2, a seguir, citamos alguns exemplos de documentos oficiais que se utilizam de proposições teórico-metodológicas:

Quadro 1.2 Exemplos de documentos oficiais que utilizam proposições teórico-metodológicas

Título	Descrição	Referência
Proposta Curricular do Estado de São Paulo: Educação Física	Proposta declaradamente utilizada na elaboração do currículo oficial do Estado de São Paulo, de 2008. Apelidada de *crítico-emancipatória* por Kunz (1994).	SÃO PAULO (Estado). Secretaria da Educação. **Proposta Curricular do Estado de São Paulo**: Educação Física – ensino fundamental ciclo II e ensino médio, 2008.
Educação Física: ensino médio	O livro didático público de Educação Física do Paraná, de 2006, utiliza a terminologia *cultura corporal*, termo cunhado na proposição apresentada pelo Coletivo de Autores (2012). proposta conhecida como *crítico-superadora*.	PARANÁ. Secretaria da Educação. **Educação física**: ensino médio. 2. ed. Curitiba, 2006.
Livro didático público: educação física	A proposição crítico-superadora apresentada pelo Coletivo de Autores (1992) também foi utilizada na elaboração do livro didático da Educação Física escolar da rede pública de ensino do município de João Pessoa/PB, de 2012.	MACIEIRA, J. de A.; CUNHA, F, J. de P.; XAVIER NETO, L. P. (Org.). **Livro didático público**: Educação Física. João Pessoa: Editora Universitária da UFPB, 2012.

(continua)

(Quadro 1.2 – conclusão)

Título	Descrição	Referência
Parâmetros Curriculares Nacionais: terceiro e quarto ciclos do ensino fundamental – Educação Física	Os Parâmetros Curriculares Nacionais (PCNs) se referem a um documento nacional e oficial que apresenta como princípios para o desenvolvimento do processo de ensino-aprendizagem ideias e concepções com base em diferentes proposições: desenvolvimentista (Tani et al., 1988); construtivista (João Batista Freire, 1989); crítico-superadora (Coletivo de Autores, 1992); saúde renovada (Guedes; Guedes, 1996); sistêmica (Betti, 1991).	BRASIL. Ministério da Educação. Secretaria de Educação Fundamental. **Parâmetros Curriculares Nacionais:** Terceiro e Quarto Ciclos do Ensino Fundamental – Educação Física. Brasília, 1998.

Esses são alguns exemplos de utilização das proposições teórico-metodológicas para a Educação Física na elaboração de documentos oficiais, nas esferas federal, estadual e municipal.

1.3 A cultura como elo integrador das diferentes correntes de pensamento

A busca pela subsistência fez com que, ao longo do tempo, o ser humano buscasse suprir suas necessidades físicas e biológicas (alimentação, vestuário, aquecimento etc.) utilizando a força de seu corpo em atividades como a pesca, a caça e os conflitos físicos entre indivíduos e grupos. A necessidade de sobreviver também levou o homem a se preocupar com o corpo, embora em certas fases da humanidade esse cuidado tenha passado desapercebido.

Além disso, a convivência em grupo fez o ser humano adequar seus movimentos a situações específicas – religiosas, militares, lúdicas ou alimentares. A diversidade de movimentos fez com que o homem concebesse inúmeras representações sobre o corpo, e os conhecimentos constituídos foram se transformando ao longo das gerações, sendo ressignificados de acordo com as novas sociedades que se formavam e com as mais diferentes manifestações do corpo nos mais diversos espaços de convivência. Em função disso, a "conquista ou produção humana transformou-se em um patrimônio cultural da humanidade" (Coletivo de Autores, 1992, p. 39).

Pois bem, você deve ter percebido que os fatos apresentados pelo Coletivo de Autores (1992) sugerem que a convivência em grupo teria levado o ser humano a ter outras preocupações com o corpo, e a enxergá-lo além de suas funções utilitárias. A convivência social foi fundamental para a constituição de diferentes significados e representações sobre o movimento corporal, que resultou na construção de uma vasta produção humana, fruto das transformações e reelaborações empreendidas no decorrer do tempo. Nesse sentido, podemos afirmar que o ser humano produziu uma **cultura relativa ao corpo**.

Para nos aprofundarmos nesse tema, vejamos primeiramente algumas definições de cultura que nos auxiliarão em nosso estudo.

1.3.1 Conceitos de cultura

Segundo a definição de Geertz, citado por Gonzáles e Fensterseifer (2005), *cultura* é "uma teia de significados, que dá sentido e orienta a vida de todos os homens em todos os momentos [...] é essencialmente pública, porque os significados são públicos" (Geertz, citado por Gonzáles; Fensterseifer, 2005, p. 107).

Para Marilena Chaui (1998), a cultura é plural e, portanto, deve ser compreendida como

> *culturas no plural, pois a lei, os valores, as crenças, as práticas e as instituições variam de formação social para formação social. Além disso, uma mesma sociedade, por ser temporal e histórica, passa por transformações culturais amplas. [...] é a maneira pela qual o homem se humaniza na relação com o outro, por meio de práticas que criam a existência social, econômica, política, religiosa, intelectual e artística.* (Chaui, 1998, p. 295, grifo do original)

A cultura também pode ser entendida – no contexto escolar – como "o resultado de conhecimentos socialmente produzidos e historicamente acumulados pela humanidade que necessitam ser retraçados e transmitidos para os alunos na escola" (Coletivo de Autores, 1992, p. 39).

E quanto ao seu conceito de cultura, ele se aproxima dos apresentados?

Sintetizando, podemos afirmar que a cultura pode ser entendida como o conhecimento produzido pela humanidade no decorrer de sua existência. Trata-se de um emaranhado de significados que dão sentido e orientam a vida; em outras palavras, é por meio dela que nos diferenciamos dos outros seres vivos, ou seja, que nos humanizamos.

A cultura é dinâmica, uma vez que pode sofrer variações em função do tempo, do espaço e da sociedade. É transmitida e ressignificada de geração para geração, seja por meio de registros históricos (livros, obras de arte, vídeos, filmes, imagens, revistas, entre outros objetos) ou pela memória viva criada pela convivência humana (família, escola e outros ambientes sociais), pois o próprio processo de humanização pressupõe o conhecimento e a imersão no âmbito da cultura.

Em outras palavras, no decorrer da história, o ser humano produziu cultura, e uma parcela da própria cultura, relacionada a práticas corporais primitivas (como andar, correr, saltar, arremessar etc.), transformou-se em fazer Educação Física. A esse respeito, utilizamos de algumas considerações de Carmo Júnior (1998): o autor afirma que a Educação Física é uma espécie de "metáfora, uma evidência linguística sustentada por uma evidência cultural" (Carmo, 1998, p. 44), ou seja, uma atividade que, antes mesmo que seus praticantes se dessem conta, já havia ganhado contornos de uma cultura consolidada. Na contemporaneidade, essa atividade ainda guarda uma grande força cultural e, portanto, não se restringe a um conjunto de saberes de natureza acadêmica, sendo a prática o núcleo duro de sua identidade.

Vamos a um exemplo. Analise as figuras a seguir e reflita sobre as relações que podem ser estabelecidas entre elas:

Figura 1.1 *Discóbolo*, escultura de Míron[1]

[1] Esta obra, esculpida em bronze, perdeu-se ao longo do tempo; porém, a composição sobrevive hoje em diversas cópias.

Figura 1.2 Representações de pessoas praticando esportes diferentes

Macrovector/Shutterstock

Supostamente, muitas associações podem ser estabelecidas entre as duas imagens. Por exemplo: ambas retratam pessoas, representam movimentos, foram produzidas em momentos históricos diferentes, são diferentes tipos de arte, entre outras. Neste ponto do texto, o que nos importa mesmo é entender que ambas retratam construções humanas. Perceba que, no decorrer da história da humanidade, o homem construiu conhecimentos sobre o corpo e os diversos sentidos e possibilidades relacionados ao movimento humano. Tais saberes persistiram ao longo dos anos, receberam novos significados, foram ampliados, modificados, estudados e transformados em um fazer corporal que recebeu a denominação *fazer Educação Física*.

Por esse motivo, o estudo sobre os sentidos e significados referentes à corporeidade na Educação Física transcende a simples reprodução dos gestos corporais produzidos pelo homem, uma vez que apenas fazê-lo seria diminuir a abrangência e o entendimento sobre essa cultura. O estudo dessa disciplina pressupõe, então, a busca pela compreensão/construção de significados expressos nas experiências que o sujeito estabelece com os elementos culturais do movimento com base em sensações, ações, pensamentos e formas de se expressar, promovendo sentido à sua própria singularidade/experiência. Nesse sentido, a vivência com a cultura constituída sobre o movimento é repleta de intencionalidade e significados, os quais precisam ser interpretados na escola mediante a ação pedagógica da experimentação corpórea.

Algumas proposições utilizam as manifestações humanas sobre o corpo como conhecimentos a serem tratados nas aulas de Educação Física, bem como se valem do termo *cultura* como um elo. Também é certo que tais abordagens, embora revelem convergências, divergem em muitos pontos, uma vez que lançam diferentes olhares para a educação física e a cultura com base em múltiplas correntes de pensamento, associando à cultura palavras tradicionais da área (*movimento, física, corporal, corporal de movimento, motora*). Apesar desses desencontros, a cultura, nas últimas décadas, tornou-se a principal categoria conceitual da área.

> Assim, temos "cultura corporal" (Coletivo de Autores, 1992; Betti, 1994), "cultura física" (Betti, 1992); "cultura corporal de movimento" (Bracht, 1999), além de outros autores e outras variações. Todos esses autores e mesmo aqueles que não estudam a Educação Física a partir de referenciais das Ciências Humanas – mesmo considerando suas diferentes análises – parecem concordar que todas as manifestações corporais do homem são geradas da cultura humana. [...] O profissional de Educação Física não atua sobre o corpo ou com o movimento em si, não trabalha com o esporte em si, não lida com a ginástica em si. Ele trata do homem nas suas manifestações culturais relacionadas ao corpo e ao movimento

humanos, historicamente definidas como jogo, esporte, dança, luta e ginástica. (Daolio, 2005, p. 107-108)

Por outro lado, como se pode ver, a cultura se tornou um elo integrador entre diferentes proposições apresentadas para a área, enquanto que, a relação que o ser humano estabelece com a cultura o principal meio e fim da educação física, tanto no âmbito da produção do conhecimento quanto no ensino escolar.

1.4 A cultura como objeto da Educação Física: cultura corporal, cultura de movimento e cultura corporal de movimento

As pesquisas promovidas na Educação Física produziram um conjunto de conhecimentos relativos ao movimento, às formas de expressão humana e ao saber referente ao corpo, ou seja, conhecimentos relativos a uma parcela da cultura. Segundo Daolio (2004), a aproximação da área com o termo *cultura* era um fato impensável até a década de 1980. Conforme o autor, isso somente se tornou possível graças aos debates surgidos nos anos de 1980 e intensificados na década seguinte, tornando a cultura um dos principais conceitos da educação física. Entretanto, como afirma o teórico:

> a palavra "cultura" tem aparecido com frequência em várias publicações da área, complementada com as expressões "física", "corporal", "de movimento", "motora", "corporal de movimento" [...] com sentidos diferentes e sem a devida explicitação de suas origens, acarretando um uso, por vezes, diletante, reducionista, superficial ou, até mesmo, inconsequente da expressão "cultura". (Daolio, 2004, p. 3)

Entre as muitas denominações associando termos da Educação Física à palavra *cultura*, receberam maior destaque as expressões *cultura de movimento, cultura corporal* ou *cultura corporal de movimento*. Pich (2005) afirma que a expressão *cultura corporal de movimento* foi cunhado no Brasil para estabelecer uma ponte entre as noções de cultura corporal oriundas da corrente progressista da Educação Física alemã (*Körperkultur*), "vinculada à tradição marxista [...] e cultura de movimento (*Bewegungskultur*), vinculada à tradição fenomenológica e etnográfica" (Pich, 2005, p. 109).

Embora outros termos ainda possam ser utilizados por autores que elaboraram diferentes projetos para a Educação Física, a partir da década de 1980, os três apresentados anteriormente passaram a ser (e são até hoje) mais recorrentes na literatura e nos currículos oficiais de Educação Física. Pich (2005) revela que, no decurso da pesquisa que gerou sua obra aqui citada, não encontrou trabalhos que discutissem com profundidade esses conceitos, uma vez que o conceito de cultura é bastante complexo, sendo apresentado de acordo com matrizes epistemológicas distintas. Para esse entendimento, faz-se necessário o esclarecimento de todos os pressupostos empregados para conceituá-la. Ainda, segundo o autor, no Brasil, essa preocupação está presente no artigo "Por uma teoria da prática", de Betti (1996), e na obra *Educação Física e ciência: cenas de um casamento (in)feliz*, de Bracht (1999b).

O conceito de cultura, ainda que seja demasiadamente complexo, quando associado à Educação Física, possibilita a construção de diferentes sentidos, significados e conceitos em relação às construções humanas relacionadas ao movimento corporal.

Acompanhe, no Quadro 1.3, apresentado a seguir, trechos de obras de autores que apresentam algumas considerações sobre a aproximação entre Educação Física e cultura. O quadro também apresenta as expressões utilizados por eles que procuram evidenciar essa associação/aproximação.

Quadro 1.3 Aproximação do conceito de cultura à Educação Física segundo diferentes autores

Autor (ano)	Termo	Conceito
Coletivo de Autores (1992)	Cultura corporal	No livro *Metodologia do ensino de Educação Física*, os autores afirmam que, na perspectiva da **cultura corporal**, a Educação Física é uma "matéria escolar que trata, pedagogicamente, temas da cultura corporal, ou seja, os jogos, a ginástica, as lutas, as acrobacias, a mímica, o esporte e outros" (Coletivo de Autores, 1992, p. 18), sendo a expressão *cultura corporal* entendida como "o acervo de formas de representação do mundo que o homem tem produzido no decorrer da história, exteriorizadas pela expressão corporal: jogos, danças, lutas, exercícios ginásticos, esporte, malabarismo, contorcionismo, mímica e outros, que podem ser identificados como formas de representação simbólica de realidades vividas pelo homem, historicamente criadas e culturalmente desenvolvidas" (Coletivo de Autores, 1992, p. 34).
Betti (1992)	Cultura física	Em sua primeira fase, no texto "Ensino de primeiro e segundo graus: Educação Física para quê?", o Betti descreve a **cultura física** como um conjunto de valores sobre o corpo, envolvendo os aspectos pessoais (tais como: personalidade – intelectual, afetiva etc. –, habilidades, capacidades físicas etc.) e culturais – nessa perspectiva, "a Educação Física passa a ter a função pedagógica de integrar e introduzir o aluno de 1º e 2º graus[2] no mundo da cultura física, formando o cidadão que vai usufruir, partilhar, produzir, reproduzir e transformar as formas culturais da atividade física (o jogo, o esporte, a dança, a ginástica" (Betti, 1992, p. 285).

(continua)

---

[2] Atuais ensino fundamental e ensino médio, respectivamente.

(Quadro 1.3 – continuação)

Autor (ano)	Termo	Conceito
Betti (2001)	Cultura corporal de movimento	Em sua segunda fase, no relatório da pesquisa "Imagem e ação: a televisão e a Educação Física escolar", apresentado à Fundação para o Desenvolvimento da Unesp, Betti utiliza o termo **cultura corporal de movimento** e o descreve como "parcela da cultura geral que abrange algumas das formas culturais que se vêm historicamente construindo, nos planos material e simbólico, mediante o exercício (em geral sistemático e intencionado) da motricidade humana – jogo, esporte, ginásticas e práticas de aptidão física, atividades rítmicas/expressivas e dança, lutas/artes marciais, práticas corporais alternativas" (Betti, 2001, p. 2). O autor, em artigo escrito em parceria com Luiz Roberto Zuliani, ainda apresenta como finalidade da Educação Física a tarefa de "introduzir e integrar o aluno na cultura corporal de movimento, formando o cidadão que vai produzi-la, reproduzi-la e transformá-la, instrumentalizando-o para usufruir do jogo, do esporte, das atividades rítmicas e dança, das ginásticas e práticas de aptidão física, em benefício da qualidade de vida" (Betti; Zuliani, 2002, p. 75).
Kunz (1994)	Cultura de movimento	Em sua obra *Transformação didático-pedagógica do esporte*, o autor define **cultura de movimento** como "todas essas atividades do movimento humano, tanto no esporte como em atividades extraesporte (ou no sentido amplo do esporte) e que pertencem ao mundo do se-movimentar humano, o que o Homem por este meio produz ou cria, de acordo com a sua conduta, seu comportamento, e mesmo as resistências que se oferecem a essas condutas e ações" (Kunz, 1994, p. 68).

(Quadro 1.3 – conclusão)

Autor (ano)	Termo	Conceito
Daolio (2004)	Perspectiva cultural	Segundo o autor, em seus escritos não houve preocupação em patentear um nome ou termo, mas sim em defender princípios da antropologia social necessários à prática escolar de Educação Física (pluralidade, alteridade e diferenças culturais). Em sua obra *Educação Física e o conceito de cultura*, o autor assinala: "O profissional de educação física não atua sobre o corpo ou com o movimento em si, não trabalha com o esporte em si, não lida com a ginástica em si. Ele trata do ser humano nas suas manifestações culturais relacionadas ao corpo e ao movimento humanos, historicamente definidas como jogo, esporte, dança, luta e ginástica. O que irá definir se uma ação corporal é digna de trato pedagógico pela educação física é a própria consideração e análise desta expressão na dinâmica cultural específica do contexto onde se realiza" (Daolio, 2004, p. 3).

Fonte: Elaborado com base em Coletivo de Autores, 1992; Betti, 1992; 2001; Betti; Zulani, 2002, Kunz, 1994; Daolio, 2004.

É conveniente destacarmos que os termos associados à palavra *cultura* não se tratam apenas de palavras para diferenciar os trabalhos dos autores, mas sim de construções teóricas/conceituais com sentidos/significados, uma vez que as palavras *corpo* e *movimento* assumem diferentes significados nessas construções teóricas, denotando a singularidade dos termos. É importante mencionarmos também que, independentemente dos termos usados ou das linhas de pensamento utilizadas pelos autores, todas elas se referem a **construções históricas** com sentidos e significados construídos pelo ser humano. Diante disso, um jogo de futebol com os amigos no final de semana, as aulas de ginástica ou de dança em uma academia ou a simples prática de realizar uma caminhada no fim do dia não são apenas manifestações biológicas do corpo, mas, antes de tudo, construções históricas com determinada significação sociocultural.

Por se tratar de construções históricas, esses elementos da cultura estão presentes em nossas vidas (como força de cultura). No entanto, o significado sociocultural é variável, uma vez que se constrói a partir dos sentidos produzidos pelos indivíduos que interagem com determinado elemento da cultura. Assim, em um mesmo grupo, o ato de jogar futebol pode apresentar sentidos diferentes para os praticantes. Talvez seja mais fácil compreender isso utilizando-se de um exemplo que envolve um esporte radical.

A Figura 1.3, a seguir, mostra um salto de *bungee jumping*, um esporte radical que consiste em saltar no vazio, partindo de uma determinada altura, amarrado a uma corda elástica pela cintura ou pelo tornozelo.

Figura 1.3 Salto de *bungee jumping*

Imagine a seguinte situação: você foi convidado a fazer um salto de *bungee jumping* daqui a duas horas. Você iria?

Para responder a esse questionamento, seja positiva ou negativamente, muitas respostas e justificativas podem surgir. Algumas pessoas podem já ter praticado esse tipo de atividade, ao passo que outras, não. Entre aqueles que já praticaram, há quem tenha gostado da experiência e quem não tenha boas lembranças. Entre os que não o fizeram, pode haver quem tenha vontade de participar da experiência e outros que não desejam o mesmo.

Assim, nessas diferentes possibilidades, há uma mistura de sensações, entre as quais estão medo, prazer, divertimento, perigo, loucura, entre outras. Tais emoções se relacionam a percepções pessoais, que não podem ser sentidas pelo outro mesmo quando são explicadas. Portanto, as experiências realizadas com os elementos da cultura produzem sentidos pessoais para cada sujeito (prazer, medo, perigo, diversão, alegria, tensão, liberdade, relaxamento, tranquilidade, equilíbrio), e tais sentidos levam à produção de significado.

Qual é o significado de fazer um salto de *bungee jumping*? Será o mesmo, tanto para quem gosta quanto para quem não gosta desse tipo de atividade? E se considerarmos pessoas de diferentes culturas?

Perceba que, nesse exemplo, tentamos mostrar que os sentidos são produzidos pelo sujeito na interação com a cultura – o significado dessa relação é uma construção sociocultural e pessoal. Por isso, ações como saltar de *bungee jumping*, nadar no rio, jogar futebol na praia, praticar beisebol ou tênis podem fazer sentido para aqueles que convivem com esses elementos da cultura e, ao mesmo tempo, não ter sentido para outras pessoas em cuja cultura de mundo tais elementos não sejam tão marcantes.

Considerando, então, que a Educação Física tematiza os elementos culturais do movimento, seu papel é o de levar o sujeito a construir sentidos e significados por meio das experiências com os diferentes elementos da cultura. Diante disso, diferentes manifestações culturais devem ser propostas aos alunos, para que se apropriem delas (no seu sentido amplo), e não apenas as reproduzam. Como proposto no exemplo, a experiência com o elemento da cultura permite construí-la, ampliá-la e transformá-la.

Estamos diante de construções que, embora possam parecer simples, são importantes para o entendimento das mudanças ocorridas com a Educação Física nas últimas décadas. Como debatemos, o termo *cultura* carrega consigo palavras com significados importantes para a área. Mas se cada um desses termos traz diferentes significados e construções teórico-conceituais, qual vocábulo parece mais apropriado? Segundo Bracht (2005, p. 97): "Em princípio, qualquer um, desde que cultura, ou seja, desde que se coloque o peso maior neste conceito".

1.5 Educação Física: a cultura como conteúdo de ensino

Na escola, a Educação Física é uma das disciplinas que lidam com o movimento corporal como atividade prática contextualizada. Partindo dos pressupostos da cultura corporal de movimento, o trabalho escolar procura construir um significado que garanta aos elementos culturais a caracterização de conteúdo de ensino, contextualizando a relevância histórica, o significado social e as transformações ocorridas com tais elementos. Além disso, o trabalho escolar deve efetivar sua aplicação na escola e na sociedade, analisando, avaliando e recriando a cultura de acordo com as necessidades individuais e coletivas, aproximando o aluno do horizonte das construções culturais e integrando-o a essa cultura.

Como você deve ter percebido na exposição das concepções apresentadas pelos autores citados neste capítulo, os conteúdos da Educação Física tratam de construções históricas realizadas pelo homem e que são representados/exteriorizados pela expressão corporal na forma de atividades rítmicas/dança, esportes, ginásticas, jogos, lutas/artes marciais, práticas de aptidão física, além de outras representações simbólicas vividas, criadas e desenvolvidas culturalmente.

Pense a respeito

É fundamental compreender que tais conteúdos transcendem a mera reprodução de gestos corporais. A simples duplicação significa diminuir a abrangência e o entendimento sobre a cultura. Portanto, não basta apenas levar o aluno à quadra para praticar uma modalidade esportiva e, com isso, imaginar que está trabalhando/desenvolvendo o conteúdo *esporte*.

Os conteúdos devem associar a realidade – vivenciada, representada e exteriorizada – à reflexão pedagógica, mas sem se limitar a um discurso sobre a prática, conforme apontam Betti (1994) e Bracht (1999a), procurando realizar uma ação pedagógica com a prática.

Assim, a ação pedagógica que se objetiva desenvolver com a Educação Física na escola pressupõe a **superação do antigo fazer corporal**, pautado apenas na prática descontextualizada e acrítica dos elementos desse acervo cultural produzido sobre o corpo, e a **apropriação crítica** com base na reflexão sobre as próprias ações corporais vividas e experienciadas.

Com isso, não queremos afirmar que as experiências relacionadas ao fazer corporal devam ser abolidas da aula, destituindo-a de sua essência (movimento) e transformando-a apenas em um pensamento, uma fantasia/imaginação sobre essas construções simbólicas.

A esse respeito, procure refletir sobre as duas citações apresentadas a seguir:

> Na perspectiva da reflexão sobre a cultura corporal, a dinâmica curricular, no âmbito da Educação Física, tem características bem diferenciadas das da tendência anterior. Busca desenvolver uma reflexão pedagógica sobre o acervo de formas, representações do mundo que o homem tem produzido no decorrer da história, exteriorizada pela expressão corporal: jogos, danças, lutas, exercícios ginásticos, esporte, malabarismo, contorcionismo, mímica e outros, que podem ser identificados como formas de representação simbólica de realidades vividas pelo homem, historicamente criadas e culturalmente desenvolvidas. (Coletivo de Autores, 1992, p. 38)

> A Educação Física não pode transformar-se num discurso **sobre** a cultura corporal de movimento, sob pena de perder a riqueza de sua especificidade, mas deve constituir-se como uma ação pedagógica **com** aquela cultura. Essa ação pedagógica a que se propõe a Educação Física será sempre uma vivência impregnada da corporeidade do **sentir** e do **relacionar-se**. A dimensão **cognitiva** far-se-á sempre sobre esse substrato corporal. O professor de Educação Física deve auxiliar o aluno a compreender o seu sentir e o seu relacionar-se na esfera da cultura corporal de movimento. (Betti; Zuliani, 2002, p. 75, grifo do original)

É possível perceber que a ação e a reflexão pedagógicas têm integram experiência e conhecimento, entre uma prática e o sentido advindo dela? A falta de clareza sobre o termo *reflexão pedagógica* pode levar ao entendimento de que se trata apenas de um discurso sobre a cultura corporal de movimento, desprovido de uma experiência concreta, anterior ou posterior à reflexão.

Em suma, a reflexão abre espaço para a construção de sentido a respeito da experiência vivida, ou seja, a ação pedagógica pressupõe uma relação concreta, representada pela vivência de uma abstração cultural (esporte, dança, luta, jogo, ginástica) e pelos sentidos produzidos a partir dela (significados). Essa relação é mediada pela reflexão pedagógica e, aí sim, pelo conteúdo da Educação Física.

A esse respeito, observe a Figura 1.4, a seguir:

Figura 1.4 Construção de sentido com base na experiência com movimento

Abstração – ginática ↓ Experiência ↓ Relação concreta ↓ Sentido ↓ Conteúdo – significado	Quando nos referimos a alguma modalidade de ginática como conteúdo escolar, estamos na verdade nos referindo a uma abstração, isto é, a algo existente apenas no plano imaginário. Em seguida, quando tal modalidade é vivenciada corporalmente, gera-se uma relação concreta entre o sujeito e o que estava apenas no plano imaginário. É nessa relação que se estabelece ao sujeito o sentido de se movimentar e que se torna passível de reflexão, ou seja, uma reflexão que tem como ponto de partida ou chegada a relação concreta com a ginástica, conteúdo da Educação Física.

Portanto, a construção de sentido nas aulas de Educação Física não se dá apenas em função da realização/reprodução do movimento, tampouco a partir do discurso do professor em relação ao movimento. Ela parte, sim, da interação entre ambos: experiência e reflexão, sendo que a reflexão é realizada sobre a ação concreta e ampliada, contrastada com os saberes do mundo. Do contrário, sem a ação concreta, trata-se apenas de uma abstração.

ııı *Síntese*

Neste capítulo procuramos fazer um levantamento sobre os conhecimentos referentes às proposições teórico-metodológicas e aos conteúdos para a Educação Física. Nosso principal objetivo foi reconhecer o significado das diferentes concepções, as mudanças promovidas na área, principalmente quando consideramos a cultura como o elo integrador de diferentes proposições para a área e geradora dos conteúdos a serem trabalhados na escola.

Portanto, inicialmente, voltamo-nos à apresentação do significado das proposições teórico-metodológicas para a Educação

Física, entendidas como formas de compreensão da realidade, partindo do olhar embasado por categorias teóricas que representam valores sociais e fundamentam concepções, crenças, valores e atitudes a respeito de um fenômeno.

Em seguida, buscamos demonstrar as razões da predominância de diferentes sentidos atribuídos à cultura nas diferentes proposições teórico-metodológicas, pois os estudos de tais abordagens sugerem que a cultura é a responsável por integrar as diferentes perspectivas apresentadas para a área, mesmo partindo de variadas correntes de pensamento.

Ainda, apresentamos a cultura como objeto de estudo da Educação Física na escola. Em seguida, diferenciamos os termos associados a *cultura* e os sentidos atribuídos a ela por diferentes correntes de pensamento que associam à palavra vocábulos tradicionais da área, tais como: *movimento, física, corporal, corporal de movimento, motora*.

Para finalizar, identificamos e analisamos os diferentes conteúdos que compõem o currículo da Educação Física e estão presentes na ação pedagógica, representada pela experiência com uma abstração cultural (esporte, dança, luta, jogo, ginástica) e pelos sentidos produzidos a partir dela (significados).

⦀ *Indicações culturais*

Leitura de capítulo

BETTI, M.; KURIKI, F. As proposições teórico-metodológicas para a educação física escolar das décadas de 1980 e 1990: antes, agora, e depois? **Lecturas: Educación Física y Deportes**, v. 15, n. 153, 2011. Disponível em: <http://www.efdeportes.com/efd153/as-proposicoes-para-a-educacao-fisica-escolar.htm>. Acesso em: 13 mar. 2019.

Após a leitura deste capítulo, talvez você esteja pensando: "Como os idealizadores das proposições veem a Educação Física atualmente? Qual é a perspectiva deles em relação à utilização das suas proposições na escola? Para eles, qual é a perspectiva em relação à Educação Física no futuro?" Parecem questões de difícil resposta. Betti e Kuriki

(2011) trazem na entrevista indicada algumas respostas que podem auxiliá-lo.

BRACHT, V. A constituição das teorias pedagógicas da Educação Física. **Cadernos Cedes**, ano 19, n. 48, p. 69-88, 1999. Disponível em: <http://www.scielo.br/pdf/ccedes/v19n48/v1948a05.pdf>. Acesso em: 13 mar 2019.

As proposições teórico-metodológicas e a sua aplicação na escola foram bastante debatidas principalmente no final do século XX e no início do XXI. Nesse sentido, para ampliar seus conhecimentos a respeito da temática, indicamos esse texto, que faz menção à constituição dos *projetos pedagógicos* (conforme termo utilizado pelo autor) e à forte influência social que conduziu cada proposta.

BRACHT, V. Cultura corporal, cultura de movimento ou cultura corporal de movimento? In: SOUZA JÚNIOR, M. **Educação Física escolar**: teoria e política curricular, saberes escolares e proposta pedagógica. Recife: Edupe, 2005. p. 97-106.

Sugerimos a leitura desse para que você compreenda melhor os significados da cultura como objeto da Educação Física.

DAOLIO, J. A "cultura" na educação física. In: _____. **Educação física e o conceito de cultura**. Campinas: Autores Associados, 2004. p. 14-34.

Por se tratar de um termo com definição complexa, compreender a *cultura* como objeto de estudo da Educação Física requer aprofundamento em relação ao seu significado e entendimento por parte dos autores que a utilizaram como referência na construção de proposições teórico-metodológicas para a área. Nesse sentido, para ampliar o seu conhecimento a esse respeito, indicamos esse texto, especialmente por se tratar de um texto que discute com maior profundidade essa temática.

Vídeo

D-19: CULTURA corporal. Disponível em: <https://www.youtube.com/watch?v=3jUp0Cay2E0>. Acesso em: 13 mar. 2019.

Será que você já consegue visualizar como se materializa o conteúdo na Educação Física? Como se constrói a cultura corporal de movimento? Se é a primeira vez em que você se depara com esse tipo de informação, talvez esses conceitos ainda necessitem ser lapidados. Para que você compreenda melhor essa relação abstração/conteúdo, indicamos um vídeo cujo assunto é discutido por dois profissionais da Educação Física brasileira: o Prof. Dr. Mauro Betti e o Prof. Dr. Lino Castellani Filho.

■ Atividades de autoavaliação

1. Analise as afirmativas apresentadas sobre as proposições teórico-metodológicas e indique se são verdadeiras (V) ou falsas (F):

    ( ) São apenas aportes teóricos para se obter um melhor conhecimento da área.

    ( ) Apresentam formas particulares de compreensão da realidade, e cada uma tem como ponto de partida um olhar embasado por uma categoria teórica.

    ( ) Expressam valores sociais e fundamentam concepções, crenças, valores e atitudes a respeito de um fenômeno.

    ( ) Adotam métodos de trabalho orientados por diferentes linhas pedagógicas.

    ( ) Não foram pensadas para serem desenvolvidas na escola, por isso, não apresentam mudanças significativas no currículo escolar.

    Assinale a alternativa que apresenta a sequência correta:

    a) V, V, V, V, F.
    b) F, V, V, V, F.
    c) F, V, F, V, F.
    d) V, V, V, F, F.
    e) F, F, V, V, F.

2. Na Educação Física, a associação das categorias teóricas possibilita a ampliação dos conteúdos trabalhados em aula, pois os elementos da cultura podem ser analisados por meio de

diferentes valores. Diante disso, em uma aula com o conteúdo *dança*, é correto afirmar que:

I. A finalidade única da aprendizagem é a reprodução dos movimentos culturalmente criados (passos das danças).
II. A finalidade da dança, a partir da sua prática, é melhorar as capacidades físicas.
III. A dança deve ser estudada como um elemento da cultura, para que sejam apreendidos os valores da atividade em função dos sentidos e significados construídos pelas diferentes formas de expressão e culturas.
IV. É necessário se apropriar dos conteúdos da dança de forma crítica, questionando os seus valores e seu papel social.

Assinale a alternativa que indica as afirmações corretas:
a) Somente as afirmativas I, II e III estão corretas.
b) Somente as afirmativas II, III, e IV estão corretas.
c) Somente as afirmativas II e IV estão corretas.
d) Somente as afirmativas I e III estão corretas.
e) Somente as afirmativas III e IV estão corretas.

3. Analise as proposições a seguir:

I. Independentemente do termo ou da linha de pensamento utilizada pelos autores apresentados neste capítulo, todos se referem a construções históricas com sentidos e significados atribuídos pelo homem.
II. Por se tratarem de construções históricas, os elementos da cultura estão presentes em nossas vidas. Entretanto, o significado sociocultural é variável, uma vez que é construído com base nos sentidos produzidos pelos indivíduos que interagem com determinado elemento da cultura.
III. Os conteúdos desenvolvidos nas aulas de Educação Física são os que tratam das construções históricas realizadas pelo homem, e podem ser representados/exteriorizados pela expressão corporal na forma de atividade rítmica/ dança, esportes, ginásticas, jogos, lutas/artes marciais, práticas de aptidão física, além de outras formas de

representação simbólica vividas, criadas e desenvolvidas culturalmente.

IV. Nas aulas de Educação Física, os conteúdos trabalhados transcendem a simples reprodução dos gestos corporais produzidos pelo homem. Por isso, a mea prática das atividades relacionadas à área significa ampliar a sua abrangência e preservar as atividades culturais de conteúdo como o esporte.

Assinale a alternativa que indica as afirmações corretas:

a) Somente as afirmativas I, II e III estão corretas.
b) Somente as afirmativas II, III, e IV estão corretas.
c) Somente as afirmativas I e IV estão corretas.
d) Somente as afirmativas II e IV estão corretas.
e) Somente as afirmativas I e III estão corretas.

4. Sobre o trabalho com os conteúdos na Educação Física, é correto afirmar:

a) Os conteúdos da Educação Física devem privilegiar a prática esportiva, em especial o futebol, porque é o elemento mais presente na cultura do povo brasileiro.
b) Devem privilegiar a prática corporal, porque é disso que os alunos mais gostam.
c) Não devem se ater a conteúdos teóricos, para não transformar a Educação Física em uma disciplina como as outras da escola, perdendo o seu diferencial: a prática.
d) O conteúdo trabalhado em aula deve associar a realidade vivenciada/representada/exteriorizada à reflexão pedagógica, não se tratando apenas de um discurso sobre a prática, mas sim de uma ação pedagógica com ela.
e) O conteúdo trabalhado em aula deve privilegiar apenas a realidade social na qual a escola se insere, promovendo a ampliação da participação do aluno nas práticas esportivas, para que ele possa usufruir dela ao longo da vida e a disciplina cumpra com seu papel social.

5. Neste capítulo fizemos referências sobre a ação pedagógica desenvolvida nas aulas de Educação Física. A esse respeito, analise as afirmações a seguir:

   I. A ação pedagógica a ser desenvolvida pressupõe a superação da prática descontextualizada e acrítica dos elementos culturais do movimento e a apropriação crítica com base na reflexão sobre as próprias ações corporais experienciadas.

   II. As experiências relacionadas ao fazer corporal não devem ser abolidas da aula, destituindo a Educação Física de sua essência e transformando-a em um pensamento, uma fantasia/imaginação sobre as construções simbólicas.

   III. A ação pedagógica pressupõe uma relação concreta, representada pela vivência de uma abstração cultural e pelos sentidos produzidos a partir dela. Essa relação é mediada pela reflexão pedagógica e, aí sim, pelo conteúdo da Educação Física.

   IV. A ação pedagógica pressupõe a superação da prática contextualizada e crítica dos elementos culturais do movimento e a apropriação das próprias ações corporais experienciadas na cultura local.

   Assinale a alternativa que indica as afirmações corretas:
   a) Somente as afirmativas II e IV estão corretas.
   b) Somente as afirmativas I, III e IV, estão corretas.
   c) Somente as afirmativas I e III estão corretas.
   d) Somente as afirmativas I, II e III estão corretas.
   e) Somente as afirmativas II, III e IV estão corretas.

Atividades de aprendizagem

Questões para reflexão

1. Em sua opinião, quais são as implicações das proposições teórico-metodológicas para o currículo da Educação Física na escola?

2. Como as proposições são desenvolvidas atualmente nas aulas de Educação Física? De que forma os elementos da cultura são contemplados nesse contexto?

3. De que forma as proposições teórico-metodológicas mudam a forma como os conteúdos das aulas de Educação Física são apresentados nas escolas?

4. Qual é a relação entre a cultura e as proposições teórico-metodológicas apresentadas para a Educação Física?

5. Considerando as palavras de Betti e Zuliani (2002, p. 75), que atribuem à Educação Física a tarefa de "introduzir e integrar o aluno na cultura corporal de movimento, formando o cidadão que vai produzi-la, reproduzi-la e transformá-la", quais são os conteúdos que devem ser trabalhados nas aulas dessa disciplina? Como eles devem ser trabalhados para que a aprendizagem do movimento seja utilizada como meio e fim da Educação Física?

Atividade aplicada: prática

1. Entre em contato com três professores de Educação Física e pergunte a eles quais são as proposições teórico-metodológicas que eles conhecem, como elas foram trabalhadas nos cursos de graduação que fizeram e se eles utilizam alguma delas nas ações pedagógicas que desenvolvem no trabalho escolar. Elabore um fichamento apresentando as respostas colhidas e verifique as semelhanças e diferenças entre elas.

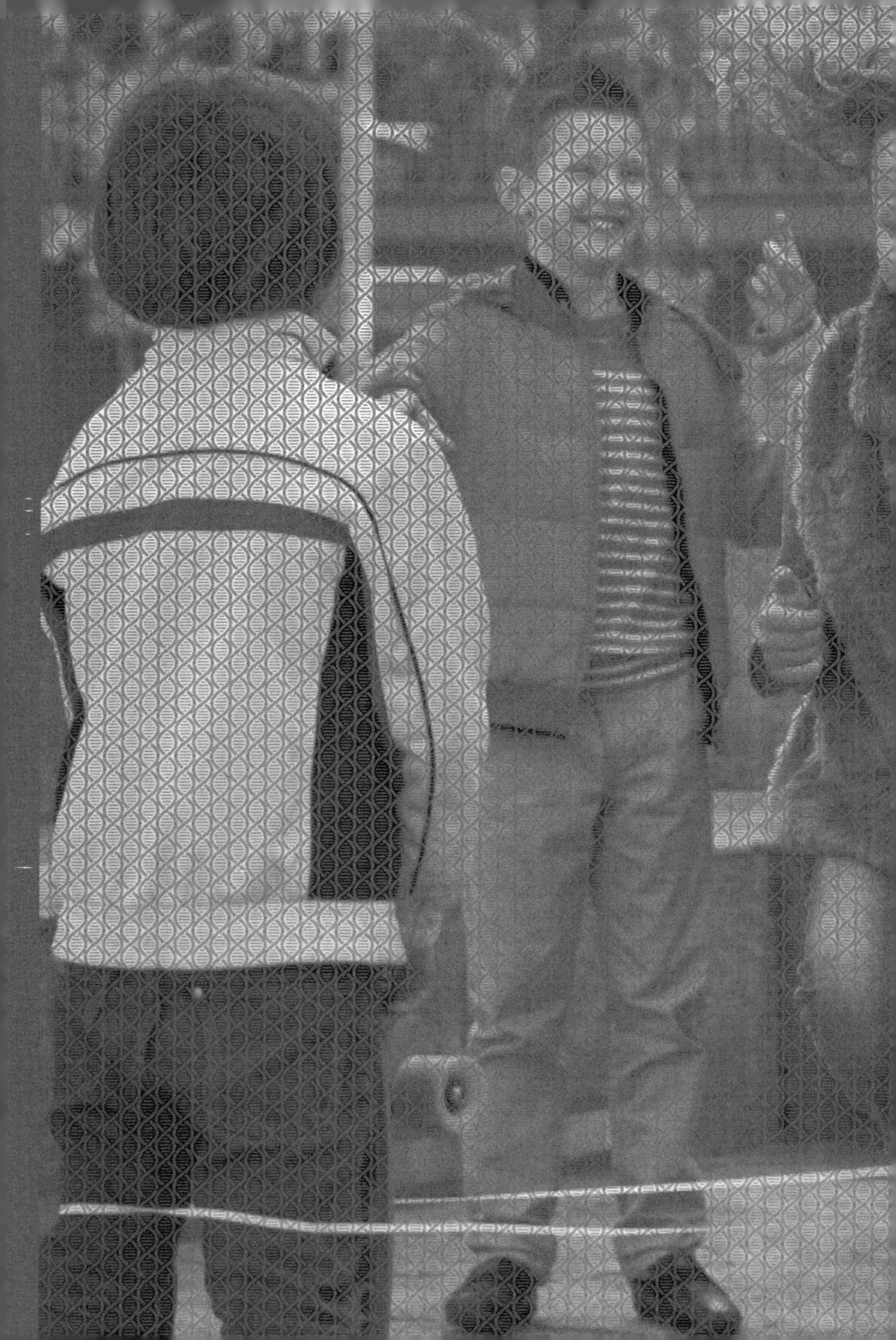

Capítulo 2

Proposições teórico-metodológicas para a Educação Física: apresentação e encaminhamento

Retomando a trajetória da Educação Física na escola, ainda que as aulas tenham se guiado por diferentes correntes de pensamento, acompanhando o discurso hegemônico de agentes/segmentos sociais (classes médica, militar, política, esportiva), e que, sem dúvida, sejam importantes para entendermos o atual momento da Educação Física, neste capítulo apresentaremos proposições que surgiram a partir da crise de identidade da área.

Em seguida, trataremos de sete proposições surgidas no final da década de 1980 e que figuram entre as mais referenciadas e, portanto, maior importância para a área. Por fim, indicaremos alguns pontos importantes dos Parâmetros Curriculares Nacionais (PCNs), documento de abrangência nacional que mostra a contribuição dos autores das diversas proposições teórico-metodológicas para a Educação Física no Brasil. Mesmo que tais abordagens tenham sido apresentadas em um período marcado por questionamentos políticos/ideológicos, algumas delas se orientam por tendências mais liberais, e outras, por perspectivas progressistas.

2.1 Aprendizagem do movimento e educação do e pelo movimento

Embora as expressões *aprendizagem do movimento* e *educação do e pelo movimento* pareçam ter o mesmo significado, não é o caso no que se refere às proposições apresentadas para a Educação Física. Ambas foram apresentadas por diferentes autores e apresentam concepções, conteúdos, diretrizes didáticas, objetivos, finalidades e matrizes teóricas distintas.

Trata-se de duas proposições elaboradas ainda na década de 1980 e que não tinham como objetivo discutir ou promover mudanças sociais. Portanto, não são consideradas proposições críticas, uma vez que têm como base a psicomotricidade, campo de estudo que compreende a aprendizagem pela integração das funções motoras e psíquicas em decorrência da maturidade do sistema nervoso. Apresentaremos, em seguida, algumas especificidades dessas proposições.

2.1.1 Proposição desenvolvimentista

A proposta mais significativa dessa corrente de pensamento está explicitada, no Brasil, principalmente no trabalho apresentado pelos professores Go Tani, Edison de Jesus Manoel, Eduardo Kokobun e José Elias Proença, na obra *Educação Física escolar: fundamentos de uma abordagem desenvolvimentista* (Tani et al., 1988), que apresenta como área de fundamentação teórica a psicologia.

Em seus estudos, os autores aprofundam os conhecimentos sobre a aprendizagem motora, tendo como foco principal da proposição o estudo do movimento humano, bem como a análise do comportamento motor (percepção sensório-motora, desenvolvimento motor, maturação, controle motor, habilidade motora, padrão de movimento) na relação estabelecida com o ambiente. Entre outras palavras, os autores empreenderam a tentativa de caracterizar a progressão normal do crescimento (físico), o desenvolvimento (fisiológico, motor, cognitivo e afetivo) e a aprendizagem motora como fundamentação teórica para a estruturação da Educação Física dirigida a crianças dos 4 aos 14 anos de idade.

De acordo com Tani et al. (1988), o **movimento** é o principal meio e fim para a Educação Física nessa proposição. Em outras palavras, considerar o movimento como meio implica afirmar que é por intermédio da realização de diferentes movimentos com o corpo que se atinge o objetivo a alcançar. Por sua vez, o movimento como fim representa o objetivo da realização de determinados movimentos é aprender como realizá-los. Como exemplo, imagine que, no basquete, o movimento da bandeja pelo lado direito da tabela é repetido para que o aluno, simplesmente aprender executar o lance, isto é, o movimento da bandeja é o **meio** para aprendê-la, mas, também, a finalidade de realizar o movimento é aprendê-lo – ou seja, o **fim**.

Essa lógica não se aplica somente ao esporte, pois o mesmo ocorre com movimentos básicos. Por exemplo: exercícios para adquirir coordenação; quicar a bola para aprender a realizar essa ação; correr e saltar, entre outros.

Os autores da proposição desenvolvimentista destacam que os movimentos devem seguir uma hierarquia de possibilidades, dos mais simples para os mais complexos. Para tanto, Tani et al. (1988) afirmam que é fundamental ao professor de Educação Física o conhecimento sobre crescimento, desenvolvimento e aprendizagem motora, para que ele possa propor objetivos, conteúdos e estratégias de ensino condizentes e coerentes com as características de cada criança, bem como para que seja capaz de observar e avaliar com propriedade as mudanças ocorridas no ciclo de vida dos alunos.

Em síntese, a Educação Física deve trabalhar com a **aprendizagem do movimento** para que outras aprendizagens possam ocorrer (embora essa não seja sua finalidade primeira). O principal conceito tratado nessa proposição é o de **habilidades motoras**, de acordo com o qual o currículo e as aulas devem ser estruturados em função do processo de aquisição de habilidades, partindo das básicas (mais simples) para as mais específicas (mais complexas), de acordo com a faixa etária da criança. Para isso, o aumento da complexidade das tarefas a serem executadas, a diversidade de experiências, o controle sobre o movimento e a qualidade na sua execução são essenciais para o desenvolvimento da proposta.

Tani et al. (1988) não indicam quais são os conteúdos a serem trabalhados nas aulas, pois tal escolha estaria a cargo do professor. No entanto, eles descrevem padrões fundamentais de movimentos ou habilidades, desde os mais simples (andar, correr, saltar, habilidades básicas) até os mais complexos (rebater, quicar, chutar), além de outros movimentos determinados culturalmente (habilidades específicas), especialmente relacionados a esportes, ginásticas, jogos e danças.

O processo que possibilita a aprendizagem do movimento e que tem como ponto de partida movimentos simples em direção aos mais complexos é descrito pelos autores como **desenvolvimento hierárquico de habilidades**. No Quadro 2.1, a seguir, apresentamos algumas habilidades corporais e suas respectivas classificações em básicas e específicas, de acordo com o proposto pelos autores.

Quadro 2.1 Classificação das habilidades corporais segundo Tani et al. (1988)

Habilidades	Habilidades básicas	Habilidades específicas/ determinadas culturalmente
Locomotoras	Andar, correr, desviar, saltar, saltitar	
Manipulativas		Arremessar, chutar, lançar, rebater, receber
De estabilização ou não locomoção		Girar, equilibrar, flexionar, posições invertidas

Fonte: Elaborado com base em Tani et al., 1988.

Assim, a evolução da criança está relacionada à mudança no seu comportamento motor, e a aprendizagem se dá graças à sua própria percepção sensório-motora, que está diretamente relacionada ao processo maturacional (desenvolvimento motor) e à aquisição de habilidades mais complexas, representadas pelos padrões de movimento relativos à cada faixa etária.

Em função desse processo, os autores apresentam uma taxionomia[1] para explicar o desenvolvimento humano, proposta por Gallahue (1982) e adaptada por Manoel (1984). Nela, os teóricos procuram apresentar, para cada faixa etária do desenvolvimento humano, o que consideram "progressão normal" para a aquisição de movimentos.

---

[1] Pode ser entendida como um estudo científico ou um modelo utilizado para representar/determinar a classificação sistemática de diferentes informações em categorias.

A seguir, apresentamos na Figura 2.1 processo de desenvolvimento motor de acordo com a sequência proposta pelos autores. Conforme o modelo apresentado, nos níveis inferiores, representados pelas fases iniciais da vida, as respostas sensório-motoras adquirem padrões mais consistentes de movimentos, os quais passarão a ser refinados e combinados em habilidades motoras mais amplas e específicas.

Figura 2.1 Sequência de desenvolvimento motor e faixa etária aproximada para cada fase de desenvolvimento

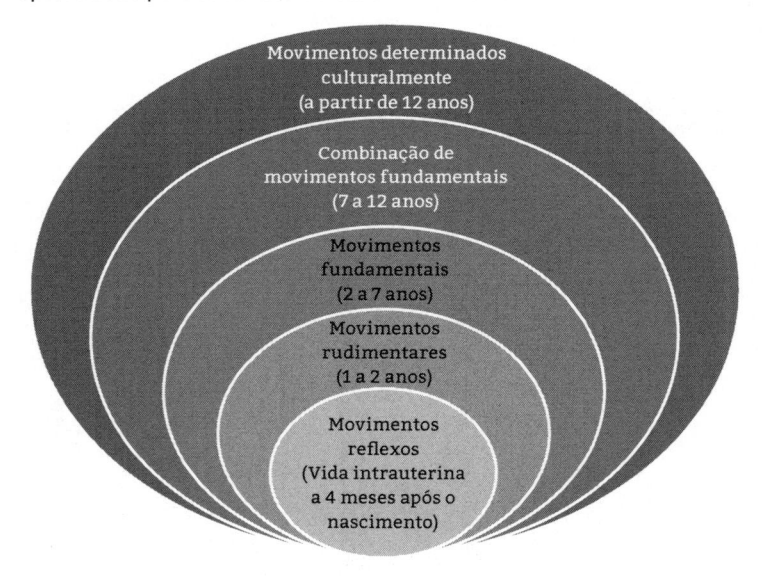

Movimentos determinados culturalmente (a partir de 12 anos)

Combinação de movimentos fundamentais (7 a 12 anos)

Movimentos fundamentais (2 a 7 anos)

Movimentos rudimentares (1 a 2 anos)

Movimentos reflexos (Vida intrauterina a 4 meses após o nascimento)

Fonte: Tani et al., 1988, p.69.

Como ocorreu com todas as proposições apresentadas para a Educação Física, após publicada, muitas críticas foram direcionadas a essa concepção pelos profissionais que estudavam a temática. Dentre elas, a pouca importância ao contexto sociocultural que permeia a aquisição das habilidades motoras parece ter sido a que alcançou maior relevância.

2.1.2 Proposição construtivista

A proposta mais significativa da corrente de pensamento denominada *construtivista* está presente no trabalho de João Batista Freire (1989), em *Educação de corpo inteiro: teoria e prática da Educação Física*, obra em que o autor apresenta como áreas de fundamentação teórica a psicologia e a pedagogia. Em seus estudos, o estudioso aprofunda os conhecimentos sobre cognição, cultura infantil, esquema motor e de ação, fantasia, jogos, brincadeiras e brinquedos, linguagem, períodos de desenvolvimento e símbolos. O foco de sua proposição é a **educação do e pelo movimento**, dirigida a crianças da primeira e da segunda infâncias.

A obra de Freire (1989) é apresentada como uma proposição teórica e prática, conforme o subtítulo do livro, para crianças da educação infantil – citada pelo autor como pré-escola – até os anos iniciais do ensino fundamental (4ª série do primeiro grau – atualmente, 5º ano do ensino fundamental). No material citado, o autor defende que a criança deveria se movimentar, e critica a escola, que estaria tirando esse direito dela, uma vez que a mente da criança é valorizada em detrimento de seu corpo. Segundo Freire (1989, p. 13): "Corpo e mente devem ser entendidos como componentes que integram um único organismo".

Como referencial para sua teoria, Freire recorre à teoria do desenvolvimento proposta por Piaget, a qual utiliza a concepção de esquema motor entendido como **construção de movimentos** a partir das vivências experimentadas pelo sujeito. As construções, nesse sentido, são influenciadas tanto por aspectos internos ao sujeito como pelo ambiente que o cerca. Sob essa ótica, à criança deve ser permitido descobrir sua própria forma de se movimentar, de estar no mundo.

De acordo com a concepção apresentada por Freire, a educação do e pelo movimento integra o processo de aprendizagem e facilita a construção de conhecimentos relativos à cognição, pois é por meio do movimento que a Educação Física, a partir de suas estratégias e de seus processos de ensino, cumpre a sua finalidade educativa. O movimento se torna um meio para a aquisição e o desenvolvimento dos conhecimentos, atendendo aos objetivos educacionais, especialmente àqueles relacionados à cognição, motricidade, socialização e afetividade, contribuindo para o desenvolvimento integral do indivíduo – em suma, trata-se da **educação pelo movimento**.

Segundo Freire (1989), a proposição construtivista apresenta, como conteúdo para as aulas de Educação Física, atividades corporais presentes na cultura infantil, além de jogos, brincadeiras e brinquedos. Ao contrário da proposição anteriormente demonstrada, o autor discorda da existência de padrões de movimentos e desenvolvimento de habilidades motoras atrelados à cronologia do desenvolvimento humano, visto que outras variáveis interferem no desenvolvimento e diferenciam as crianças, conforme você pode observar no trecho a seguir:

> As interferências de ordem afetiva, cultural e econômica, mais que as biológicas, sem dúvida alguma, determinam diferenças marcantes entre as crianças. Por isso, antes de pretender equiparar o nível das habilidades motoras aos dos modelos teóricos, devem-se levar em conta pelo menos dois aspectos: 1º) cada conduta motora tem uma história a ser considerada; 2º) o conhecimento corporal, tanto quanto o conhecimento intelectual, deve ser significativo, isto é, referir-se a um contexto do mundo vivido, ter correspondência na experiência concreta da criança. (Freire, 1989, p. 112-113)

Por esse motivo, nessa proposição, busca-se aproximar a escola da realidade dos alunos e do conhecimento que eles têm. Para isso, apresenta-se como possível estratégia para o início da escolaridade a introdução da cultura infantil como conteúdo das aulas, pois, conforme assegurado por Freire (1989), os pequenos em idade escolar – especificamente, entre a educação infantil (primeira infância) e os anos iniciais do ensino fundamental (segunda infância) – aprendem a realizar tarefas, a compreender as informações transmitidas, bem como a se relacionar com o outro e com o mundo.

Na primeira infância, há **prevalência da atividade física sobre a mental**. Os jogos têm o papel de contribuir para a formação de estruturas motoras, afetivas, sociais e cognitivas, para que o aluno possa fazer e compreender o que faz, possibilitando-o liberdade, independência e autonomia. Já na segunda infância, as atividades física e mental estão associadas, permitindo que as crianças **transformem em símbolos o que elas podem experienciar corporalmente**. Assim, a passagem do mundo concreto para a representação mental se dá por intermédio da ação corporal.

Diante disso, Freire (1989) menciona que as atividades propostas pelo professor devem apresentar certo grau de dificuldade, para motivar a criança e levá-la a utilizar os próprios recursos para superar essa dificuldade. Assim, tais atividades devem ser pensadas de acordo com o nível de desenvolvimento dos alunos. Nesse sentido, cabe ao professor o desafio de propor tarefas cada vez mais complexas e desafiadoras, objetivando a construção do conhecimento.

Pense a respeito

Ainda que se destine à construção de conhecimentos, a proposição construtivista não deixa claro a quais conhecimentos se refere. Diante disso, as críticas endereçadas a essa proposição se referem a esse fato, uma vez que, por não deixar claro quais conhecimentos devem ser construídos e se utilizar de conceitos da teoria de Piaget (que considera a relevância das ações corporais como influenciadoras do desenvolvimento cognitivo), os conteúdos da Educação Física estariam sendo utilizados como auxílio ou apoio para os conhecimentos cognitivos semelhantes àqueles propostos por outras áreas.

Assim, como discutimos, as proposições teórico-metodológicas se direcionam para a **aprendizagem do movimento**, por meio da qual outras aprendizagens poderão ocorrer. Portanto, o movimento é tanto o meio como o fim das aulas de Educação Física, cujo objetivo de desenvolver nos alunos as habilidades motoras. No entanto, os movimentos também podem ser utilizados como suporte para o desenvolvimento cognitivo, ou seja, para a **educação pelo movimento**.

A crença a respeito dessas proposições é de que a Educação Física é um meio para o desenvolvimento de outras aprendizagens. Em comum, ambas apresentam a tentativa de romper com o modelo de Educação Física considerado como esportivista, hegemônico na década de 1990, embora não sejam apresentadas como proposições críticas ou progressistas, ainda que utilizem referenciais das ciências humanas como orientação teórica (psicologia/pedagogia).

2.2 Educação Física progressista

As proposições que comentaremos nesta seção ficaram conhecidas como *proposições críticas*, tanto pelos referenciais teóricos utilizados quanto pelo discurso da justiça/transformação social e por apresentarem reflexões sobre a justificativa da Educação Física na escola e a necessidade da sua aproximação com os objetivos educacionais.

Para tanto, os autores das proposições teórico-metodológicas se direcionaram para a noção de cultura, concepção que, no momento atual, parece responder melhor às necessidades teórico-práticas da Educação Física. Embora muitos autores tenham assumido um posicionamento crítico em relação à área, como Medina (1983), ou se posicionado em favor da cultura, como Bracht (1992), nos subitens a seguir, apresentaremos quatro proposições que se destacaram em relação às demais: sociológico-sistêmica, crítico-superadora, antropológica-cultural e crítico-emancipatória.

2.2.1 Proposição sociológico-sistêmica

A proposição apresentada e conhecida no Brasil como *sociológico-sistêmica* está explicitada principalmente na obra *Educação Física e sociedade*, de Betti (1991), e tem como área de fundamentação teórica a sociologia. Em seus estudos, essa abordagem aprofunda os conhecimentos sobre cultura física, objetivos educacionais, modelo sistêmico sociocultural, personalidade, política educacional e processo de ensino-aprendizagem, e seu foco principal reside na apropriação crítica da cultura física.

A expressão *cultura física* foi utilizada por Betti em sua primeira fase, quando escreveu sua obra de referência para essa proposição; em um segundo momento, o autor passou a utilizar a expressão *cultura corporal de movimento*, e, mais recentemente, tem utilizado o termo *cultura de movimento*.

Na obra *Educação Física e sociedade*, Betti (1991) apresenta e discute a Educação Física com base em um modelo sociológico-sistêmico complexo, aberto (porque recebe influência do meio social ao mesmo tempo que o influencia) e constituído por quarto níveis hierárquicos, cujos níveis superiores exercem certo controle sobre os inferiores, conforme representado na Figura 2.2:

Figura 2.2 Modelo sociológico-sistêmico para a Educação Física, proposta por Betti (1991)

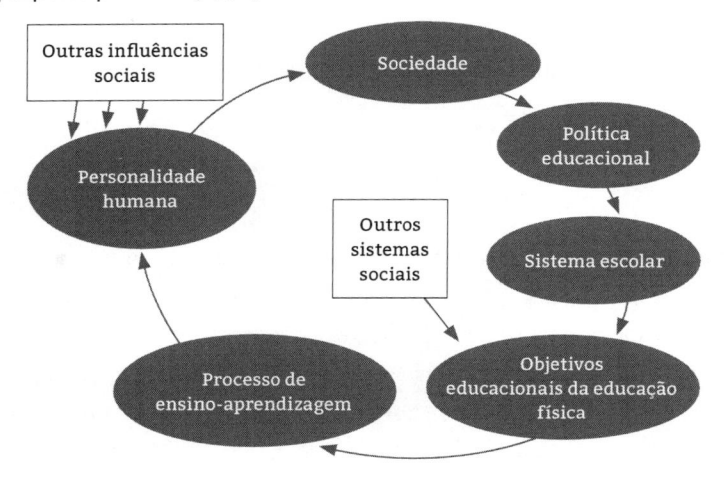

[Diagrama com os elementos: Outras influências sociais, Sociedade, Personalidade humana, Política educacional, Outros sistemas sociais, Sistema escolar, Processo de ensino-aprendizagem, Objetivos educacionais da educação física]

Fonte: Betti, 1991, p. 136.

A Figura 2.2, apresenta um processo em que a Educação Física escolar, pelo **processo de ensino-aprendizagem**, atua na construção da **personalidade humana**. Betti (1991) demonstra também que tanto os **objetivos educacionais da educação física** quanto a **formação do indivíduo** são **influenciados por outros sistemas sociais** – a família, a religião, os meios de comunicação, as mídias etc. Ao mesmo tempo, torna-se um ciclo, ao passo que a personalidade humana encaminha demandas à **sociedade** que, por meio das **políticas educacionais**, chegam ao **sistema escolar**, influenciando a Educação Física.

Assim, o modelo proposto por Betti (1991) compreende os seguintes níveis:

- **Macrossocial**: nesse nível, diferentes segmentos sociais influenciam a política educacional; os anseios sociais servem como mecanismos para imputar valores e prioridades aos sistemas educacionais (Estado e município) e à escola.
- **Sistema educacional**: apresenta-se como instrumento de operacionalização da política pública educacional,

definindo políticas estaduais e municipais com base em valores e prioridades veiculados pelo nível superior.

- **Sistema escolar**: ambiente em que os objetivos traçados pelas políticas educacionais se materializam, juntamente com outros interesses sociais.
- **Educação Física**: no último nível, estão a Educação Física e o processo de ensino-aprendizagem expresso pela relação professor-aluno-conteúdo, ou seja, os valores pensados no âmbito macrossocial devem ser desenvolvidos, influenciando a personalidade humana, além de outras influências sociais recebidas pelo sujeito.

Como esse modelo descrito pelo autor é aberto, os níveis inferiores também influenciam os superiores, isto é, a Educação Física envia demandas aos sistemas escolar e educacional e à sociedade, ao mesmo tempo que está sendo influenciada por essas instâncias. Diante disso, os objetivos educacionais e da disciplina atendem a interesses sociais, o que justifica a presença da Educação Física na escola não penas como prática utilizada como meio e fim.

Sob essa ótica, o processo de ensino-aprendizagem é encarado como um processo de tomada de decisão tanto do professor quanto do aluno. Para analisar as decisões a serem tomadas, Betti (1991, p. 139) utiliza a seguinte proposta de Mosston (1978), que envolve a resposta a seis questionamentos:

1. Quais decisões devem ser tomadas?
2. Quem toma essas decisões?
3. Como elas afetam o comportamento do professor?
4. De que forma elas afetam o progresso do programa?
5. Como elas incidem no desenvolvimento de cada aluno e na interação desse indivíduo com sua cultura?
6. Qual é a direção do aluno no desenvolvimento?

Por se tratar de escolhas, esse processo é permeado pela formação do professor, bem como por crenças pessoais, concepções filosóficas/pedagógicas e suas próprias limitações. Além da necessária tomada de decisão relativa às questões propostas, o processo de ensino-aprendizagem é contemplado pelas tomadas de decisão para a operacionalização dos objetivos de ensino. Tais escolhas podem ser feitas pelo professor com base no modelo descrito por Betti (1991) como **modelo de polaridades** (Quadro 2.2), que, no sentido literal, ancora sua base em atitudes dicotômicas, posicionando as escolhas a partir de polos distintos e, também, levando em conta a experiência do sujeito. O modelo é composto por **variáveis pedagógico-didáticas** e **sociopsicológicas**.

Quadro 2.2 Modelo de polaridades

Modelo de polaridades	
Variáveis pedagógico-didáticas	**Variáveis sociopsicológicas**
1. Conteúdo: formal e não formal 2. Estilo de ensino: comando e resolução de problemas	1. Finalidade: trabalho/seriedade e jogo/ludicidade 2. Interação social: competição e cooperação 3. Resolução de conflitos: controle externo e controle internos 4. Regras: rígidas e flexíveis 5. Profissionalização de atitudes: vitória e honestidade

Fonte: Elaborado com base em Betti, 1991.

Betti (1991) utilizou o modelo de polaridades para analisar o contexto do processo de ensino-aprendizagem da Educação Física. Sua intenção era verificar o que era mais valorizado/enfatizado em cada modelo de ensino. Nas variáveis pedagógico-didáticas, o objetivo consistia em checar se nos diferentes modelos de ensino utilizados na Educação Física (desde os métodos ginásticos até o modelo esportivo) havia predominância de aulas de conteúdo formal ou não formal, bem como se o estilo de ensino era por comando ou por resolução de problemas.

A intenção do autor se estendeu também para as variáveis sociopsicológicas no ensino. Nesse sentido, o autor analisou o trabalho desenvolvido nas aulas de Educação Física, o tipo de interação social, a forma como os conflitos eram resolvidos, as regras utilizadas nos jogos e as atitudes priorizadas nas atividades. Em todas as situações, o foco de análise do estudioso residiu em polos distintos: seriedade/ludicidade; competição/cooperação.

É importante perceber que, quando se trata, por exemplo, de um conteúdo formal, a tendência é que a variável sociopsicológica se faça presente. Por exemplo: se o conteúdo é um jogo recreativo, a finalidade é a ludicidade, a resolução de conflitos é interna (pelos próprios participantes) e as regras são flexíveis. Quando o conteúdo é o esporte formal, as variáveis se direcionam ao outro polo.

A compreensão do modelo sociológico-sistêmico e o entendimento do processo de tomada de decisão e do modelo de polaridade auxiliaram Betti (1991) na construção de um pensamento global para a Educação Física, apresentando como função da disciplina a condição de integrar e introduzir o aluno ao mundo da cultura física, explicitada pelo autor como um conjunto de valores referentes ao corpo, os quais englobam a cultura física pessoal, bem como os diferentes elementos e as relações estabelecidas com a cultura. Para isso, os objetivos da Educação Física não devem ser orientados diretamente para o corpo, mas, sim, para a personalidade do indivíduo.

Sob essa ótica, o processo de ensino-aprendizagem deve valorizar os princípios da **não exclusão** e da **diversidade de experiências** com os elementos culturais do movimento, possibilitando a ampliação dos conteúdos da Educação Física.

Em relação às finalidades e aos conteúdos da disciplina, Betti (1992) esclarece ainda mais suas concepções, ao afirmar que:

> a Educação Física passa a ter a função pedagógica de integrar e introduzir o aluno de 1º e 2º graus no mundo da cultura física, formando o cidadão

que vai usufruir, partilhar, produzir, reproduzir e transformar as formas culturais da atividade física (o jogo, o esporte, a dança, a ginástica...). (Betti, 1992, p. 285)

Assim, o autor propõe, como conteúdos para a Educação Física, os elementos culturais do movimento (até então entendidos pelo autor como "formas culturais da atividade física") desenvolvidos como conteúdos formais, isto é, por meio dos quais os alunos apenas reproduzem os modelos institucionalizados das várias atividades físicas – é necessário adequar o conteúdo ao aluno. No mesmo sentido, os conteúdos não formais são caracterizados pela possibilidade de adaptação às características e necessidades do aluno – pela modificação dos padrões de movimento, pela adaptação às regras e aos materiais das atividades ou, ainda, pela criação de novas atividades (Betti, 1992).

2.2.2 Proposição crítico-superadora

A proposição que ficou conhecida no Brasil como *crítico-superadora* está explicitada principalmente no livro *Metodologia do ensino de Educação Física* (Coletivo de Autores, 1992). A obra foi idealizada e construída por um coletivo de autores formado por seis professores (Carmen Lúcia Soares, Celi Nelza Zülke Taffarel, Elizabeth Varjal, Lino Castellani Filho, Micheli Ortega Escobar e Valter Bracht) e apresenta como áreas de fundamentação teórica a pedagogia e a filosofia da educação.

No decorrer da leitura, o texto aprofunda, entre outros temas, conhecimentos sobre apropriação cultural, avaliação, conteúdos de ensino, cultura corporal, currículo escolar vinculado ao projeto político-pedagógico (PPP), intencionalidade e reflexão pedagógicas, representação simbólica, organização do conhecimento e significações objetivas. Tem como foco principal a abordagem metodológica para a Educação Física, tratada com base na visão de totalidade, valorizando a individualidade de cada tema da cultura corporal e o "geral que é a expressão corporal como linguagem social e historicamente construída" (Coletivo de Autores, 1992, p. 11).

Opositor do modelo tecnicista/esportivo para a Educação Física, vigente no período de sua criação, a proposição crítico-superadora buscou apoio nas teorias contra-hegemônicas para a educação e nos conhecimentos de José Carlos Libâneo e Dermeval Saviani, autores de vanguarda em relação à abordagem crítico-superadora e à pedagogia histórico-crítica, que tem como base epistemológica o materialismo histórico-dialético.

Os autores dessa proposição assumem o posicionamento político em favor de uma classe social: a classe trabalhadora. Para o enfrentamento da ideologia dominante, eles propõem a pedagogia (teoria e método) como construtora da explicação sobre a prática social e a ação dos homens na sociedade. Tal reflexão se apresenta como uma possibilidade de contribuição para a compreensão da complexidade e especificidade dessa prática social denominada *educação*. Para tanto, a reflexão pedagógica assume três características específicas: diagnóstica, judicativa e teleológica, conforme apontado no Quadro 2.3, a seguir:

Quadro 2.3 Características do processo de reflexão pedagógica

Reflexão Pedagógica	Característica
Diagnóstica	Reflexão que possibilita a realização do diagnóstico da realidade. Os dados são interpretados e julgados, e um juízo de valor é emitido sobre eles; por isso, a reflexão é judicativa.
Judicativa	Tendo como referência os dados da realidade, a reflexão pedagógica é judicativa porque avalia com base em uma dimensão de ordem ética ligada a um estrato social específico, visto que os valores em uma sociedade capitalista são relativos à classe.

(continua)

(Quadro 2.3 – conclusão)

Reflexão Pedagógica	Característica
Teleológica	A reflexão pedagógica é teleológica porque direciona a ação, o ponto em que se almeja chegar. Essa característica indica que não há neutralidade no processo educacional, uma vez que o direcionamento, na perspectiva de classe de quem reflete, poderá indicar a manutenção ou transformação dos dados da realidade diagnosticados e julgados.

Fonte: Elaborado com base em Coletivo de Autores, 1992.

O resultado da reflexão pedagógica alimenta a elaboração do PPP que guiará a prática pedagógica do professor em relação: à forma de se relacionar com os alunos; à seleção de conteúdos e estratégias utilizadas para o desenvolvimento dos conteúdos; aos valores que se busca construir junto aos alunos.

Nesse sentido, todo educador deve ter o seu PPP, que é entendido pelo Coletivo de Autores (1992) como uma intenção que guia a ação, como uma estratégia para se atingir o ponto aonde se quer chegar. A intervenção expressa um direcionamento e, por isso, é política, ao mesmo tempo que busca uma explicação na e sobre a prática social e a ação dos homens na sociedade, contemplando suas determinações – por isso, é pedagógica.

Por meio da reflexão pedagógica, o PPP possibilita ao professor esclarecer: "qual o projeto de sociedade e de homem que persegue? Quais os interesses de classe que defende? Quais os valores, a ética e a moral que elege para consolidar através de sua prática? Como articula suas aulas com este projeto maior de homem e de sociedade?" (Coletivo de Autores, 1992, p. 15).

Na proposição crítico-superadora, a Educação Física é integrante do currículo escolar e tem o objetivo de questionar seu objeto de estudo, destacando a sua função social e a contribuição particular para explicar a realidade social e concreta. As reflexões propiciadas nas aulas de Educação Física e nas demais disciplinas escolares constituem uma dimensão parcializada da realidade. A visão ampliada dos alunos a respeito da realidade social se constrói no próprio pensamento deles, quando utilizam as contribuições das diferentes ciências. Entretanto, para que isso aconteça, é necessário haver uma integração das diferentes disciplinas, e não o tratamento isolado do conhecimento.

De acordo com o Coletivo de Autores (1992), os conteúdos a serem tratados nas aulas emergem dos grandes temas da cultura corporal, que devem ser sistematizados para serem tratados/apropriados no âmbito escolar, desde sua origem histórica até o valor educativo proposto segundo a finalidade do currículo. São eles: "jogos, lutas, exercícios ginásticos, esporte, malabarismo, contorcionismo, mímica e outros" (Coletivo de Autores, 1992, p. 26).

Para uma melhor compreensão a respeito do tratamento dado ao conteúdo, o Coletivo de Autores (1992) apresenta dois conceitos importantes e que representam o papel que a Educação Física busca desenvolver com o aluno na escola: a) reflexão pedagógica sobre os elementos da cultura corporal; b) apropriação da cultura corporal. Para não haver risco de interpretação errônea de tais conceitos, a seguir apresentamos as descrições de ambos, na íntegra:

> *Busca desenvolver uma reflexão pedagógica sobre o acervo de formas de representação do mundo que o homem tem produzido no decorrer da história, exteriorizadas pela expressão corporal: jogos, danças, lutas, exercícios ginásticos, esporte, malabarismo, contorcionismo, mímica e outros, que podem ser identificados como formas de representação simbólica de realidades vividas pelo homem, historicamente criadas e culturalmente desenvolvidas.* (Coletivo de Autores, 1992, p. 26)

> *O homem se apropria da cultura corporal dispondo sua intencionalidade para o lúdico, o artístico, o agonístico, o estético ou outros, que são representações, ideias, conceitos produzidos pela consciência social e que chamaremos de "significações objetivas". Em face delas, ele desenvolve um "sentido pessoal" que exprime sua subjetividade e relaciona as*

significações objetivas com a realidade da sua própria vida, do seu mundo e das suas motivações. (Coletivo de Autores, 1992, p. 41)

Em síntese, o desenvolvimento da reflexão pedagógica leva o aluno a se apropriar da cultura corporal por meio dos sentidos pessoais constituídos pelas significações objetivas, quando relacionadas às experiências vividas e às próprias motivações originadas dessas experiências.

Destacamos, ainda, que os conteúdos destinados à reflexão pedagógica têm relação com a leitura da realidade escolar e local realizada anteriormente pelo professor, bem como com as possibilidades sociocognoscitivas do aluno e com suas possibilidades na qualidade de sujeito histórico.

2.2.3 Proposição crítico-emancipatória

A proposição que no Brasil ficou conhecida como *crítico-emancipatória* foi introduzida por meio das obras *Educação Física: ensino & mudanças* e *Transformação didático-pedagógica do esporte* (Kunz, 1991; 1994). Suas áreas de fundamentação teórica são a pedagogia e a filosofia. A proposição apresenta conceitos fundamentados na teoria crítica, elaborada por estudiosos da escola de Frankfurt (movimento surgido na Alemanha, em 1920), e nos conceitos de Paulo Freire. Entre outros temas, ela aprofunda conhecimentos sobre cultura de movimento, intencionalidade do movimento, linguagem, objetivação cultural, se-movimentar, sentidos e significados expressos no movimento e subjetividade. Tem como foco principal de atenção a emancipação crítica do sujeito.

Em suas obras, o professor Elenor Kunz (1991; 1994) descreve a **teoria do se-movimentar**, um amplo estudo sobre o movimento humano, de base fenomenológica, construída com base no sentido da expressão alemã *Sich-Bewegen*, cuja tradução literal para o português significa *próprio, movimento próprio* – isto é, o *sujeito do movimento*.

A opção do autor por essa expressão se deve à necessidade de enfatizar o **movimento humano como expressão própria do sujeito que se movimenta**, ou seja, o sujeito como ator e autor do movimento. Essa opção contraria a concepção do movimentar-se pelos modelos preexistentes, em que o movimento humano pronto se configura como um padrão a ser seguido objetivando a performance – o movimento não é próprio do sujeito e está separado dele.

Outra importante contribuição trazida por Kunz (1991; 1994) foi a compreensão sobre *movimento*. Para defini-lo, o autor utiliza um conceito apresentado por Trebels (citado por Kunz, 1991, p. 163), que o designa como "uma ação em que um sujeito, pelo seu 'se-movimentar', se introduz no mundo de forma dinâmica e através desta ação percebe e realiza os sentidos/significados em e para o seu meio".

O movimento é, portanto, a forma pela qual o sujeito estabelece relações com o mundo a partir do "se-movimentar" e, com base em tais relações, expressa **sentidos** e **significados** no contexto da experiência. Assim, as relações geradas são pessoais, intencionais e situacionais.

A produção de sentido e significado em função das experiências que o sujeito – no caso da prática educativa na escola, o aluno – estabelece com o se-movimentar possibilita a sua participação social, cultural e esportiva, bem como lhe permite reconhecer e problematizar os sentidos e significados expressos nas relações no **mundo e na vida**, por meio de uma reflexão crítica guiada por ações comunicativas. Isso nos leva a um quarto e importante conceito apresentado por Kunz: o das **ações comunicativas**.

Para o autor, a educação é um processo em que se desenvolvem ações comunicativas, explicitadas como interações simbolicamente mediadas, orientadas por normas que definem condutas e que são compreendidas por, no mínimo, dois sujeitos. Tais ações não estão necessariamente relacionadas à comunicação verbal, uma vez que a linguagem corporal também é dialógica – por isso, a comunicação também ocorre por meio dessa forma de linguagem, por exemplo.

Por fim, mas não menos importante, apresentamos o conceito de cultura do movimento, assim entendido por Kunz (1994, p. 62):

> todas estas atividades do movimento humano, tanto no esporte, como em atividades extraesporte (ou no sentido amplo do esporte), e que pertencem ao mundo do "se-movimentar" humano, o que o Homem por este meio produz ou cria, de acordo com a sua conduta, seu comportamento, e mesmo, as resistências que se oferecem a estas condutas e ações.

É com base nesses conceitos, apresentados aqui de forma sintética, que o autor concebe a Educação Física como uma práxis social, que possibilita ao sujeito estabelecer uma relação dialógica entre homem e mundo, originada por meio do se-movimentar, por sua vez, aliado aos elementos da cultura do movimento, tanto através de seus elementos tradicionais quanto populares, tendo como objetivo a construção, ampliação e transformação de sentidos e significados expressos nessa relação dialógica que leva à emancipação crítica do sujeito.

Tendo como base os pressupostos apresentados resumidamente, para Kunz (1991; 1994), a Educação Física tem o papel de promover a emancipação crítica do aluno. Sob essa ótica, a emancipação se refere ao processo contínuo que liberta o ser humano de sua limitada capacidade de raciocinar criticamente e de agir no contexto sociocultural. Além disso, ela é crítica porque se propõe a questionar/analisar diferentes e complexas realidades sociais, sempre de forma fundamentada. Nesse sentido, a autoavaliação é constantemente utilizada e tem como objetivo ponderar sobre o envolvimento objetivo/subjetivo nas situações simuladas nos planos individual e situacional (Kunz, 1994).

Então, na perspectiva de Kunz (2005) para que a emancipação crítica aconteça, é necessário que as atividades escolares possibilitem aos alunos a reflexão sobre os conhecimentos tratados pela Educação Física, e não sua mera prática, uma vez que "saber se comunicar e entender a comunicação dos outros é um processo reflexivo e desencadeia iniciativas do pensamento crítico" (Kunz, 2005, p. 318).

Na efetivação dessa proposição, a atuação do professor deve se voltar para a construção dos conhecimentos da cultura humana – especialmente, da cultura do movimento – e o desenvolvimento de ações coletivas, cooperativas e solidárias. A atitude do professor contribui para que o aluno compreenda os diferentes papéis sociais que o esporte ou as atividades extraesporte assumem, possibilitando-o compreender as suas responsabilidades e de outros, considerando diferentes situações, e o habilitando a agir com autonomia em face dos problemas da vida.

As ações propostas pelo professor – com ênfase na linguagem – levam o aluno a compreender criticamente (ler, interpretar e criticar) o fenômeno esportivo, ou seja, reconhecer a codificação cultural e a ideologia presentes no esporte e nas várias dimensões da vida social.

Com esse olhar crítico e as características apresentadas para o trabalho escolar, Kunz (1991; 1994) apresenta o esporte como o principal conteúdo a ser trabalhado nas aulas de Educação Física.

2.2.4 Proposição antropológica-cultural

Essa proposição, conhecida no Brasil como *antropológica-cultural*, está explicitada principalmente na obra *Da cultura do corpo*, de Jocimar Daolio (1995). O autor busca respaldo em teóricos como Marcel Mauss, François Laplantine e Clifford Geertz, apresentando como área de fundamentação teórica a antropologia social. Em seus estudos, aprofunda os conhecimentos sobre cultura, conhecimento popular, significado social, tradição, técnica corporal, eficácia simbólica e alteridade. A abordagem tem como foco principal de atenção a convivência com a diversidade presente na cultura humana e expressada nas manifestações corporais.

Em Laplantine, Daolio (1995) busca apresentar um olhar para a cultura, tendo a antropologia social como abordagem teórica para a construção de sua tese de doutorado e que originou, em seguida, a obra *Da cultura do corpo*. Entre os vários conceitos apresentados nessa obra, indicamos dois: "O conhecimento antropológico da nossa cultura passa, inevitavelmente, pelo conhecimento das outras culturas, reconhecendo que somos uma cultura possível entre tantas outras, mas não a única" (Daolio, 1995, p. 24); "É justamente esse movimento de olhar para o outro e olhar para si mesmo através do outro que se constitui a especificidade do chamado 'olhar antropológico'" (Daolio, 1995, p. 25).

Para Daolio (1995), a variabilidade cultural torna a humanidade, ao mesmo tempo, plural e diferente, uma vez que tais manifestações são expressas de acordo com as especificidades culturais: "os homens são iguais justamente pela expressão de suas diferenças" (Daolio, 1995, p. 100).

Sobre a noção de interpretação das culturas, Geertz é o maior influenciador da obra de Daolio (1995), que recorre aos seguintes conceitos para explicá-la:

- **Descrição densa**: desenvolvida pelo pesquisador quando interpreta dados relativos à cultura, a descrição densa permite apresentar significados sociais de determinado comportamento, uma vez que se trata de uma leitura sobre o real, isto é, de uma reconstrução da realidade.
- **Concepção sintética da natureza humana**: análise das variáveis (biológicas, psicológicas, sociológicas e culturais) presentes em situações culturais particulares.

- **Sistema organizado de símbolos significantes**: o comportamento humano guarda uma dimensão de domínio público que é regulada pela cultura.

Considerando a antropologia social como fundamentação teórica e explorando a temática da interpretação das culturas com base na simbologia expressa no comportamento humano, Daolio (1995) passa a se referir ao corpo tendo o entendimento de que todo corpo é, acima de tudo, uma construção cultural, e todo comportamento social é variável culturalmente.

Entre os conceitos apresentados em relação aos signos sociais expressos no corpo, o autor apresenta a **noção de técnica corporal**, proposta por Marcel Mauss (citado por Daolio, 1995), a qual é discutida com maior profundidade. Resumidamente, Mauss considera que os gestos e movimentos corporais realizados pelo homem são técnicas criadas pela cultura, têm significados específicos, são transmitidos por gerações e podem influenciar a própria estrutura fisiológica dos indivíduos.

Recorrendo à definição de Mauss, Daolio (1995, p. 45) entende a técnica corporal do seguinte modo: "maneiras como os homens, sociedade por sociedade e de maneira tradicional, sabem servir-se de seus corpos". Para exemplificar, o autor cita a posição de cócoras, que pode modificar a formação e o desenvolvimento da musculatura dos membros inferiores. Em síntese, todo gesto humano é tradutor de determinada cultura ou sociedade, e tão importante quanto reconhecer as diferentes manifestações culturais é compreender seus significados num contexto social.

Os pressupostos apresentados por Daolio (1995) denotam que a Educação Física é uma área que estuda e atua sobre a cultura, uma vez que considera o ser humano como eminentemente cultural e construtor de sua cultura. Justamente por isso, o autor utiliza as compreensões de **fato social total** e **concepção sintética**, com o objetivo de apontar que, resumidamente, a dinâmica humana é constituída pela dimensão cultural, bem como que a Educação Física não pode considerar apenas a ação sobre o corpo físico como conteúdo ou objeto de estudo isolado da totalidade biológica, cultural, social e psíquica.

Ao trabalhar com os conteúdos culturais do movimento, é importante considerar o corpo humano como dotado de eficácia simbólica, de significados e valores. Também é relevante compreender que tais significados expressam valores sociais consonantes com a localidade em que o aluno está inserido. Nesse sentido, considerar apenas aspectos biológicos relativos ao corpo significa restringir a abrangência e a experiência da e na Educação Física.

Sob essa ótica, de acordo com Daolio (2004, p. 10): "a perspectiva cultural faz avançar na educação física a consideração de aspectos simbólicos, estimulando estudos e reflexões sobre a estética, a beleza, a subjetividade, a expressividade, a relação com a arte, enfim, o significado".

Por fim, recorreremos a uma citação de Daolio (2004) que releva sua opção de apresentar a Educação Física por meio de pressupostos antropológico-culturais – "Educação Física plural" (Daolio, 2004, p. 10). Segundo o autor, a compreensão e utilização da simbologia presente na cultura corporal propiciaria à área

> *a capacidade de convivência com a diversidade de manifestações corporais humanas e o reconhecimento das diferenças a elas inerentes. Isso implica assumir talvez como a principal característica da área o princípio da alteridade [...], princípio este que pressupõe a consideração do outro a partir de suas diferenças e também levando em conta a intersubjetividade intrínseca às mediações que acontecem na área de educação física.*
> (Daolio, 2004, p. 39)

Ainda que se tratem de proposições progressistas da Educação Física, nenhuma das quatro proposições que citamos ficou imune às críticas. Dentre elas, destacamos que os defensores da proposição antropológica-cultural foram acusados de reprimir a abrangência da Educação Física nas escolas, num momento em que a área passava por um processo de expansão do campo de atuação profissional – restringindo, com isso, seu alcance conceitual, em vez de o ampliarem.

As proposições recém-apresentadas foram compreendidas como contrárias ao trabalho com o esporte na escola; também foram entendidas como contrárias à homogeneização dos corpos, apresentando um discurso hostil contra as academias. Ainda, apresentaram-se como críticas às bases epistemológicas das ciências da natureza, ao mesmo tempo que se associavam às ciências humanas, promovendo a divisão da área em dois polos. Tal associação (com as ciências humanas) também motivou críticas para a área, dentre elas, a de que os discursos de cunho político-ideológico não deixavam o horizonte teórico – isto é, sem propostas claras de intervenção para a Educação Física.

2.3 Proposição de jogos cooperativos

A proposição de jogos cooperativos, apresentada no Brasil principalmente pelo professor Fábio Otuzi Brotto, está explicitada principalmente na obra intitulada *Jogos cooperativos: se o importante é competir, o fundamental é cooperar* (Brotto, 1997) e busca respaldo em autores como Terry Orlick e Jim Deacove, tendo como área de fundamentação teórica a psicologia social. Em seus estudos, o autor discute especialmente os conhecimentos sobre competição e cooperação, mas também sobre valores como respeito mútuo, criatividade, liberdade e confiança. Seu principal foco reside no trabalho cooperativo para superar desafios coletivos.

Brotto (1997) parte do pressuposto de que, em todo o mundo, as pessoas procuram formas colaborativas para atuar em atividades domésticas, profissionais, escolares etc. Nesse sentido, a proposta do trabalho com jogos cooperativos representa uma prática voltada à ressignificação dos ambientes e das relações sociais, de modo a transformar o condicionamento competitivo que objetiva a busca por vitórias e conquistas pessoais (bastante presente no ser humano contemporâneo). Como alternativa a esse modelo de vida, essa proposição apresenta atividades cooperativas voltadas para o exercício da convivência com o outro.

Os jogos cooperativos são atividades criadas para estimular mais a cooperação, e menos a competição. Podem ser utilizados com crianças, jovens e adultos, e em diferentes contextos sociais, como escolas, empresas, famílias, comunidades etc. A ideia trabalhada por Brotto (1997) – muito simples, de acordo com o autor – consiste na superação de desafios coletivos em que todos ganham; por esse motivo, os jogadores jogam com outros jogadores, mas nunca contra eles. Sendo esse conceito o ponto de partida da proposição, o autor sugere que sempre sejam realizadas atividades de simples compreensão e desenvolvimento, partindo da premissa de que a superação de desafios coletivos depende da união de forças individuais em cooperação. Nessa dinâmica, todos podem ser *vencedores*, e ninguém é perdedor.

Em relação ao ambiente escolar, a proposta do autor seria mais uma a questionar o papel do esporte como prática mecanicista/reprodutivista – com finalidade voltada à *performance* ou ao desenvolvimento de habilidades motoras. Sob essa ótica, a Educação Física teria, então, o papel social de contribuir para a construção de atitudes positivas, modificando a forma como as pessoas convivem e, consequentemente, tornando o mundo melhor.

O conteúdo tratado nas aulas de Educação Física seria referente à adaptação de diferentes formas e atividades desenvolvidas em jogos e atividades cooperativas, privilegiando a participação de todos em função da superação dos desafios coletivos. Nesse sentido, o professor teria o papel de facilitador da aprendizagem e mediador nas construções coletivas, e seria função dos alunos resolver os conflitos e unir as forças cooperativamente, para superar os desafios coletivamente.

No entanto, a proposta apresentada por Brotto (1997) não foi direcionada para o desenvolvimento na escola. Por esse motivo, muitos pesquisadores que se voltaram a estudar as proposições teórico-metodológicas não a consideram como tal, afirmando que se trata de uma estratégia para abordar os jogos. Mesmo que considerada dessa forma, ainda assim, a proposição de jogos cooperativos proporciona importantes reflexões sobre a prática pedagógica da Educação Física.

2.4 Educação Física para a saúde e qualidade de vida: proposição da saúde renovada

Os defensores dessa proposição, conhecida no Brasil como *saúde renovada* ou *biológica renovada*, apresentam como finalidade para a Educação Física na escola a conscientização dos alunos sobre a importância da adoção de um estilo de vida saudável; para isso, a atividade física direcionada à promoção da saúde é um componente fundamental da atividade cotidiana e uma das responsáveis pela aquisição e manutenção de um corpo são. Para tanto, os autores dessa abordagem buscam apoio para suas discussões sobre atividade física, saúde e qualidade de vida, na biologia e na fisiologia.

No contexto atual, tanto para os praticantes de atividade física quanto para os próprios profissionais da área, é bastante presente a compreensão sobre a Educação Física como promotora de saúde e fundamental para a qualidade de vida das pessoas.

No Brasil, entre os principais textos apresentados a respeito dessa proposição, estão: "Associação entre variáveis do aspecto morfológico e desempenho motor em crianças e adolescentes" (Guedes; Guedes, 1996); "Educação Física no ensino médio: educação para um estilo de vida ativo no terceiro milênio" (Nahas,

1997); e "Educação para a saúde mediante programas de Educação Física escolar" (Guedes, 1999).

Os principais argumentos utilizados pelos autores a favor dessa visão são:

- O enfoque esportivo e hegemônico das aulas de Educação Física não atende plenamente às expectativas dos programas escolares.
- Uma significativa parcela da população adulta integra estatísticas associadas às doenças crônico-degenerativas, adquiridas por hábitos de vida não saudáveis, principalmente por falta de práticas de atividade física.
- A realização de atividades físicas por crianças e jovens, juntamente com o domínio de conceitos e referenciais teóricos, contribui para o desenvolvimento de atitudes positivas em relação à prática permanente de atividades físicas.

Em outras palavras, os argumentos utilizados em defesa dessa proposição indicam que o ser humano é sedentário, fato que traz consigo problemas de saúde relacionados à falta de movimento – as chamadas *doenças hipocinéticas*, que não estão presentes nas escolas, visto que raramente se desenvolvem nos jovens em idade escolar, conforme assinala Guedes (1999). Os sintomas das doenças degenerativas podem demorar entre 20 e 25 anos para se manifestarem.

Ainda que não ocorram em idade escolar, as doenças hipocinéticas são um mal causado pela falta de movimento. Diante desse problema, os defensores da proposição de saúde renovada alegam que a Educação Física escolar não tem atentado para essa realidade, bem como que a forma como as aulas vêm sendo desenvolvidas não tem atendido a contento os objetivos escolares.

Com base nessas críticas, os simpatizantes dessa corrente entendem que o domínio dos conceitos a respeito da atividade física e de sua prática constante promove uma atitude positiva e contribui para o desenvolvimento da saúde das pessoas que a praticam, possibilitando a adoção de bons hábitos de vida para evitar problemas na vida adulta.

Guedes e Guedes (1996) ressaltam que uma das principais preocupações da comunidade científica que estuda a relação entre Educação Física e qualidade de vida é a busca por alternativas para reverter a elevada incidência de distúrbios e doenças causadas pela falta de atividade física.

Como alternativa para o trabalho na escola, os autores dessa proposição comentam que a Educação Física escolar deve ser um meio para a promoção da saúde das pessoas, contribuindo para a constituição de um estilo de vida ativo (Nahas, 1997; Guedes, 1999).

Segundo Guedes (1999, p. 13):

A principal meta dos programas de educação para a saúde através da educação física escolar é proporcionar fundamentação teórica e prática que possa levar os educandos a incorporarem conhecimentos, de tal forma que os credencie a praticar atividade física relacionada à saúde não apenas durante a infância e a adolescência, mas também, futuramente na idade adulta.

De acordo com essa visão, o professor de Educação Física tem o papel de contribuir para a modificação do comportamento das pessoas quanto à aptidão física e à saúde. Com efeito, a principal meta da área seria a construção de conhecimentos teórico-práticos que possibilitem aos alunos incorporá-los a suas vidas, para que possam desfrutar das atividades físicas como foco na saúde não apenas durante a idade escolar, mas também ao longo da vida adulta.

Com base nisso, tanto o currículo quanto as finalidades da Educação Física na escola precisam ser reformulados. A prática de atividades para os poucos que são fisicamente mais hábeis deve ser substituída por ações que atendam à grande maioria da população jovem, com informações e práticas de atividades físicas que objetivem a melhoria e a manutenção da saúde.

Para tanto, os currículos escolares devem prever, entre outros assuntos, **espaços de discussão** sobre a intensidade do esforço e a duração e o tipo de atividades a que as pessoas devem se submeter, visto que são aspectos importantes a serem controlados nos programas de atividade física voltada para a saúde. Nas palavras de Guedes (1999, p. 13, grifo do original):

> se o objetivo é conscientizar os educandos de que níveis adequados de aptidão física relacionada à saúde deve ser algo a ser cultivado na infância e na adolescência, e perseguido por toda a vida, é imprescindível que as crianças e os jovens tenham acesso a informações que lhes permitam estruturar conceitos mais claros quanto ao *porquê* e *como* praticar atividade física, e não praticar atividade física pelo simples fato de praticar.

2.5 Documento oficial orientador de políticas públicas: Parâmetros Curriculares Nacionais (PCNs)

A proposição conhecida no Brasil como *educação física cidadã* está explicitada em três obras denominadas *Parâmetros Curriculares Nacionais* (PCNs).

Os PCNs se constituem em documentos oficiais elaborados por uma equipe de autores, consultores e assessores que trabalham junto à Secretaria de Educação Fundamental e à Secretaria de Educação Média e Tecnológica, ambas ligadas ao Ministério da Educação (MEC).

As três obras mencionadas foram elaboradas para atender a níveis específicos de ensino da educação básica. A primeira foi publicada em 1997 e recebeu o título de *Parâmetros Curriculares Nacionais: 1ª a 4ª séries*, atendendo ao 1º e 2º ciclos do ensino fundamental – que até então não era integralizado em cinco anos, como na atualidade. Em seguida, no ano de 1998, foi apresentado o documento *Parâmetros Curriculares Nacionais: 5ª a 8ª séries*, atendendo ao 3º e 4º ciclos do ensino fundamental. No ano de 1999, foi a vez do ensino médio, com o documento *Parâmetros Curriculares Nacionais: ensino médio* (PCNEM).

Todos esses documentos, de abrangência nacional, têm como objetivo estimular estados, municípios e docentes da educação básica a refletirem sobre a própria prática pedagógica e a elaborarem as aulas e os planejamentos, além de subsidiar a construção do currículo da escola, do município ou do estado. Embora seja um documento oficial, sua utilização não é obrigatória – por isso, o termo *parâmetro*, em vez de *diretriz*.

Por ter sido elaborado com a contribuição de diferentes colaboradores, não é possível apresentar uma área de fundamentação teórica específica na disciplina de Educação Física. Um exemplo disso é a terminologia utilizada para identificar a relação da educação com a cultura: nos anos iniciais do ensino fundamental e no ensino médio, o termo *cultura* está associado à palavra *corporal* (cultura corporal); por sua vez, nos anos finais do ensino fundamental, ao termo *cultura* se associa à expressão *corporal de movimento* (cultura corporal de movimento).

Apenas para relembrarmos, o termo *cultura corporal* foi inicialmente apresentado na proposição crítico-superadora, enquanto a expressão *cultura corporal de movimento* surgiu na segunda fase das pesquisas de Mauro Betti, embora também tenha sido muito utilizada pelo professor Valter Bracht. Isso não significa que somente esses autores utilizaram essas terminologias, mas sim que, de certa forma, eles recorreram a tais termos em suas discussões acadêmicas.

Pense a respeito

É importante destacar que embora esses termos sejam referenciados nos PCNs, as ideias às quais eles estão relacionados não foram desenvolvidas na íntegra nos parâmetros curriculares – apenas o conteúdo tratado nas diferentes proposições que utilizam tais terminologias serviu como base para a elaboração desses documentos oficiais.

Em cada documento, apresentam-se alguns princípios e algumas especificidades para auxiliar o professor em seu trabalho escolar. Nos PCNs, podemos perceber aproximações e distanciamentos, sendo que as aproximações são mais nítidas nos documentos do ensino fundamental, e os distanciamentos, nos do ensino fundamental e do ensino médio.

2.5.1 Parâmetros Curriculares Nacionais: ensino de 1ª a 4ª séries

Nesse nível da escolarização, a Educação Física escolar tem como finalidade garantir aos alunos o acesso e a ressignificação das práticas da cultura corporal, objetivando a construção de um estilo pessoal, para que sejam capazes de realizar as atividades e apreciá-las criticamente.

Para isso, cabe ao professor sistematizar situações de ensino-aprendizagem que garantam aos alunos o acesso às experiências práticas e aos conhecimentos conceituais, possibilitando-lhes adquirir uma concepção mais abrangente sobre as dimensões envolvidas em cada prática corporal (cognitiva, corporal, afetiva, ética, estética, de relação interpessoal e inserção social).

Em relação ao desenvolvimento das aulas e participação dos alunos, três princípios metodológicos devem orientar a prática pedagógica do professor: diversidade, inclusão e cidadania.

- **Diversidade**: os alunos têm diferentes interesses e possibilidades de realização dos movimentos, e o trabalho com os múltiplos elementos da cultura possibilita o acesso a diversas práticas, bem como a realização e a apreciação crítica delas.

- **Inclusão:** a Educação Física deve oportunizar experiências democráticas e não seletivas, para que todos desenvolvam suas potencialidades.

- **Cidadania:** a possibilidade do acesso aos produtos socioculturais veiculados nos conteúdos da Educação Física viabiliza a ampliação do exercício da cidadania. Além disso, as estratégias de ensino devem conduzir os alunos ao desenvolvimento da autonomia, da cooperação e da participação social inspirada em valores e princípios democráticos.

O conteúdo proposto para ser trabalhado está organizado em três blocos de conteúdos: conhecimentos sobre o corpo; esportes, jogos, lutas e ginásticas; atividades rítmicas e expressivas (Brasil, 1997).

2.5.2 Parâmetros Curriculares Nacionais: ensino de 5ª a 8ª séries

Nos PCNs de 5ª a 8ª séries, a Educação Física é entendida como

> área de conhecimento da cultura corporal de movimento e a Educação Física escolar como uma disciplina que introduz e integra o aluno na cultura corporal de movimento, formando o cidadão que vai produzi-la, reproduzi-la e transformá-la, instrumentalizando-o para usufruir dos jogos, dos esportes, das danças, das lutas e das ginásticas em benefício do exercício crítico da cidadania e da melhoria da qualidade de vida.
> (Brasil, 1998c, p. 29)

Para esse nível de ensino, devem ser considerados os mesmos três princípios metodológicos propostos para o ensino de 1ª a 4ª séries (diversidade, inclusão e cidadania). O conteúdo proposto também se organiza nos mesmos três blocos:

1. conhecimentos sobre o corpo;
2. esportes, jogos, lutas e ginásticas;
3. atividades rítmicas e expressivas.

Como critérios para que o professor selecione os conteúdos a serem trabalhados nos diferentes tempos e espaços curriculares, o documento propõe: a relevância social dos conteúdos; as características dos alunos; e as especificidades do conhecimento da área.

Além dessas orientações para a seleção dos conteúdos, esse nível de ensino traz como novidade para o processo de ensino-aprendizagem o conteúdo concebido a partir de três dimensões: **atitudinal, conceitual** e **procedimental**.

A Educação Física possui uma tradição referente ao saber fazer, conhecimento que durante muito tempo lhe conferiu identidade. Nesse sentido, além do saber fazer (dimensão procedimental), a proposta apresentada por esse documento propõe: o desenvolvimento de saberes conceituais a respeito dos elementos da cultura; a compreensão dos sentidos e significados expressos nos movimentos; as atitudes, normas e valores expressos nos elementos socioculturais relativos ao corpo (Brasil, 1998c).

Outro aspecto relevante trazido nesse documento é a inclusão de alguns temas de grande relevância social e que necessitam ser discutidos pela sociedade, especialmente na comunidade escolar. Tais temas, inclusive, devem ser abordados por todas as disciplinas escolares – estão apresentados transversalmente no currículo e, por isso, recebem a denominação de *temas transversais*. São seis os temas propostos pelos PCNs de 5ª a 8ª séries (Brasil, 1998c):

1. ética;
2. saúde;
3. pluralidade cultural;
4. meio ambiente;
5. orientação sexual;
6. trabalho e consumo.

De acordo com a proposta apresentada no documento, as temáticas não devem se relacionar a uma disciplina específica, tampouco constituírem novas disciplinas. Os temas devem ser trabalhados de forma a ampliar o conhecimento dos alunos e a permitir um maior alcance dos conteúdos e da prática pedagógica do professor, possibilitando novas formas de trabalho.

2.5.3 Parâmetros Curriculares Nacionais: ensino médio

No ano de 1999, os Parâmetros Curriculares Nacionais: ensino médio (PCNEM) trouxeram a Educação Física em conjunto com as disciplinas de Artes, Língua Portuguesa e Língua Estrangeira, integrando a área de "Linguagens, Códigos e suas Tecnologias" (Brasil, 1999).

Nos PCNEM, o papel proposto para a Educação Física é o de possibilitar aos alunos a construção de sentidos, significados e valores relativos à cultura corporal, para que eles tenham maior autonomia nas experiências com as práticas corporais e na apreciação dos elementos culturais do movimento. Espera-se que, no decorrer das aulas, eles compreendam que o corpo é a forma e o meio com que o indivíduo se integra ao mundo, e essa integração entre corpo e mundo é repleta de significado.

Nessa dinâmica, o professor é o mediador entre o aluno e o conteúdo, o qual é desenvolvido por meio de experiências corporais, análises crítico-reflexivas e/ou contemplativas, investigações, construções pessoais, trabalhos em grupos etc. O papel de mediador exige do professor a postura de facilitador das descobertas e de interlocutor entre os alunos e a construção simbólica que emerge das experiências corporais e das mensagens e informações que se constituem graças a tais experiências.

Os PCNEM trazem um novo desafio para a Educação Física: devido à aproximação da faixa etária correspondente a esse nível de ensino com o mercado de trabalho, as orientações para o ensino médio se voltam também para as necessidades desse mercado. Diante disso, além da inclusão da Educação Física na área de "Linguagens, Códigos e suas Tecnologias", esse documento apresenta, em três categorias, a descrição do trabalho com o desenvolvimento de competências e habilidades em Educação Física:

Representação e comunicação

- *Demonstrar autonomia na elaboração de atividades corporais, assim como capacidade para discutir e modificar regras, reunindo elementos de várias manifestações de movimento e estabelecendo uma melhor utilização dos conhecimentos adquiridos sobre a cultura corporal.*
- *Assumir uma postura ativa na prática das atividades físicas, e consciente da importância delas na vida do cidadão.*
- *Participar de atividades em grandes e pequenos grupos, compreendendo as diferenças individuais e procurando colaborar para que o grupo possa atingir os objetivos a que se propôs.*
- *Reconhecer na convivência e nas práticas pacíficas, maneiras eficazes de crescimento coletivo, dialogando, refletindo e adotando uma postura democrática sobre diferentes pontos de vista postos em debate.*
- *Interessar-se pelo surgimento das múltiplas variações da atividade física, enquanto objeto de pesquisa e área de interesse social e de mercado de trabalho promissor.*

Investigação e compreensão

- *Compreender o funcionamento do organismo humano de forma a reconhecer e modificar as atividades corporais, valorizando-as como melhoria de suas aptidões físicas.*
- *Desenvolver as noções conceituadas de esforço, intensidade e frequência, aplicando-as em suas práticas corporais.*
- *Refletir sobre as informações específicas da cultura corporal, sendo capaz de discerni-las e reinterpretá-las em bases científicas, adotando uma postura autônoma, na seleção de atividades procedimentos para a manutenção ou aquisição de saúde.*

Contextualização sociocultural

- *Compreender as diferentes manifestações da cultura corporal, reconhecendo e valorizando as diferenças de desempenho, linguagem e expressão.* (Brasil, 2000, p. 45, grifo do original)

ııı Síntese

Ao longo deste capítulo, procuramos apresentar as principais proposições teórico-metodológicas surgidas a partir da crise de identidade da Educação Física na década de 1980. Para tanto, apresentamos inicialmente duas proposições que têm como base a psicomotricidade, que tratam da aprendizagem do movimento (desenvolvimentista) e da educação do e pelo movimento (construtivista). Ambas têm como princípio a ideia de que os movimentos aprendidos na Educação Física podem auxiliar/resultar em outras aprendizagens.

Em seguida, discutimos algumas proposições progressistas para a Educação Física que ficaram conhecidas como *proposições críticas*. De forma sintética, apresentamos: a proposição sociológico-sistêmica, apresentada por Mauro Betti (1991); a crítico-superadora, proposta no ano de 1992 por seis professores, a saber: Carmem Lúcia Soares, Celi Nelza Zulke Taffarel, Elizabeth Varjal, Lino Castellani Filho, Micheli Ortega Escobar e Valter Bracht (Coletivo de Autores, 1992); a crítico-emancipatória, proposta pelo professor Elenor Kunz (1991); e a antropológica-cultural, explicitada principalmente na obra do professor Jocimar Daolio (1995).

Trouxemos, também, a proposição dos jogos cooperativos, apresentada pelo professor Fábio Otuzi Brotto (1997) e que, embora não tenha características da Educação Física crítica, também se coloca contrária ao modelo reprodutivista e excludente característico do modelo anterior, o esportivista.

Também apresentamos a proposição da saúde renovada (ou biológica renovada), defendida por Guedes e Guedes (1996), Nahas (1997) e Guedes (1999), a qual se preocupa com os problemas de saúde e qualidade devida.

Para finalizar, passamos para um breve estudo dos Parâmetros Curriculares Nacionais (PCNs), documentos oficiais apresentados em três obras elaboradas para atender aos diferentes níveis de ensino da educação básica.

ııı *Indicações culturais*

BETTI, M.; KURIKI, F. As proposições teórico-metodológicas para a educação física escolar das décadas de 1980 e 1990: antes, agora, e depois? **EFDesportes.com**, v. 15, n. 153, 2011. Disponível em: <http://www.efdeportes.com/efd153/as-proposicoes-para-a-educacao-fisica-escolar.htm>. Acesso em: 14 mar. 2019.

Sugerimos essa leitura para maiores esclarecimentos a respeito do diálogo existente entre as proposições. Nesse texto, os autores entrevistam os criadores de algumas proposições e analisam os seus projetos, considerando o momento em que os propuseram, o momento atual e a perspectiva para o futuro.

BRASIL. Ministério da Educação. Secretaria de Educação Fundamental. **Parâmetros Curriculares Nacionais**: 1ª a 4ª série – Educação Física. Brasília: MEC/SEF, 1997. Disponível em: <http://portal.mec.gov.br/seb/arquivos/pdf/livro07.pdf>. Acesso em: 14 mar. 2019.

_____. **Parâmetros Curriculares Nacionais**: 5ª a 8ª série – Educação Física. Brasília, 1998. Disponível em: <http://portal.mec.gov.br/seb/arquivos/pdf/fisica.pdf>. Acesso em: 14 mar. 2019.

BRASIL. Ministério da Educação. Secretaria de Educação Média e Tecnológica. **Parâmetros Curriculares Nacionais**: ensino médio. Parte II – Linguagens, Códigos e suas Tecnologias. 2000. Disponível em: <http://portal.mec.gov.br/seb/arquivos/pdf/14_24.pdf>. Acesso em: 22 ago. 2018.

Nos *links* indicados, você poderá acessar e conhecer os Parâmetros Curriculares Nacionais de Educação Física: 1ª a 4ª série e 5ª a 8ª série, bem como o PCN para o ensino médio, parte II: Linguagens, códigos e suas tecnologias.

BROTTO, F. O. **Jogos cooperativos**: se o importante é competir, o fundamental é cooperar. Santos: Re-Novada, 1997.

Trata-se de uma obra com vocabulário simples, de leitura bastante agradável, que apresenta os fundamentos da proposta para o trabalho com jogos cooperativos e, também, traz uma série de jogos que podem ser desenvolvidos em diferentes espaços sociais. Além de contarem com descrição sobre como aplicar tais jogos, eles são também objeto de discussão do autor, que reforça a necessidade de eles serem desenvolvidos cooperativamente.

GUEDES, D. P. Educação para a saúde mediante programas de educação física escolar. **Motriz**, v. 5, n. 1, p. 10-14, jun. 1999. Disponível em: <http://www.rc.unesp.br/ib/efisica/motriz/05n1/5n1_ART04.pdf>. Acesso em: 14 mar. 2019.

Para você conhecer um pouco mais a respeito da proposição biológica ou saúde renovada, sugerimos a leitura desse texto, que aborda, entre outros assuntos, os fundamentos didático-pedagógicos dos programas destinadas à disciplina, os fundamentos biológicos dos programas de Educação Física escolar, a evolução histórica desses projetos e a saúde no contexto didático-pedagógico.

Vídeos

ABORDAGENS pedagógicas em Educação Física escolar parte 01. Disponível em: <https://www.youtube.com/watch?v=qIwQHqoqHgs>. Acesso em: 14 mar. 2019.

ABORDAGENS pedagógicas em Educação Física escolar parte 02. Disponível em: <https://www.youtube.com/watch?v=MDfbXA5crFA>. Acesso em:14 mar. 2019.

Sugerimos esses vídeos para que você possa aprofundar mais o conhecimento a respeito das proposições desenvolvimentista, construtivista e crítico-superadora.

O QUE É jogo cooperativo? Prof. Fábio Brotto. Disponível em: <https://www.youtube.com/watch?v=NzXdwIg7b-8>. Acesso em: 14 mar. 2019.

Para conhecer mais sobre a prática dos jogos cooperativos, acesse o vídeo indicado, em que as ideias do autor a respeito de temática são apresentadas com maior profundidade.

■ Atividades de autoavaliação

1. Assinale a alternativa que apresenta as proposições teórico-metodológicas consideradas progressistas ou críticas para a Educação Física:
   a) Sociológica-sistêmica, crítico-emancipatória, crítica-social e construtivista.
   b) Construtivista, crítica-social, antropológica-cultural, sociológica-sistêmica.
   c) Sociológica-sistêmica, crítica-social, crítico-emancipatória, antropológica-cultural.
   d) Saúde renovada, crítica-social, crítico-emancipatória, PCNs.
   e) PCNs, sociológica-sistêmica, antropológica-cultural.

2. Analise as afirmativas que seguem:
   I. As proposições teórico-metodológicas que têm como base a psicomotricidade associam a Educação Física à aprendizagem do movimento ou à educação pelo movimento.
   II. Nas abordagens críticas, a noção de cultura é um elo integrador que permite aproximações entre as diferentes proposições.
   III. Jogos cooperativos e saúde renovada são proposições que integram a chamada *Educação Física cidadã*.

   Assinale a alternativa que indica as afirmações corretas:
   a) Somente a afirmativa I está correta.
   b) Somente a afirmativa II está correta.
   c) Somente as afirmativas I e III estão corretas.
   d) Somente as afirmativas I e II estão corretas.
   e) Todas as afirmativas estão corretas.

3. Em relação aos Parâmetros Curriculares Nacionais (PCNs), analise as afirmativas a seguir:

I. Os PCNs são compostos por três documentos, sendo: um para os anos iniciais do ensino fundamental; outro para os anos finais do ensino fundamental; o terceiro para o ensino médio.
II. Trata-se de um documento de abrangência nacional, que tem como um dos objetivos auxiliar estados e municípios a elaborarem seus currículos.
III. Referem-se a uma das proposições que integram a linha crítica de Educação Física.
IV. Trazem como novidade para o ensino fundamental o trabalho com as dimensões do conteúdo, e para o ensino médio, o desenvolvimento de competências.

Assinale a alternativa que indica as afirmações corretas:

a) Somente as afirmativas I, II e III estão corretas.
b) Somente as afirmativas II e III estão corretas.
c) Somente as afirmativas I, II e IV estão corretas.
d) Somente as afirmativas II, III e IV estão corretas.
e) Somente as afirmativas I e IV estão corretas.

4. A respeito das proposições teórico-metodológicas, analise as seguintes afirmações:

I. *Cultura corporal*, *cultura de movimento* e *cultura física* foram termos gravados no Brasil pelos autores das proposições progressistas.
II. A concepção biológica ou saúde renovada propõe como conteúdo da Educação Física a prática da atividade física atrelada ao domínio de referenciais teóricos, objetivando a prática permanente de atividade física.
III. A proposição dos jogos cooperativos objetiva o trabalho cooperativo para superar desafios coletivos.
IV. A proposição desenvolvimentista estuda o movimento humano e se preocupa em analisar o comportamento.

Assinale a alternativa que indica as afirmações:

a) Somente as afirmativas I, II e III estão corretas.

b) Somente as afirmativas II e IV estão corretas.
c) Somente as afirmativas I, III e IV estão corretas.
d) Somente as afirmativas I, II e IV estão corretas.
e) Todas as afirmativas estão corretas.

5. Indique se as proposições a seguir são verdadeiras (V) ou falsas (F):

( ) Na concepção desenvolvimentista, o movimento corporal é o principal meio e fim para as aulas de Educação Física.

( ) A concepção dos jogos cooperativos propõe o jogo, o esporte, a dança, as lutas, as artes marciais e as ginásticas como conteúdos da Educação Física.

( ) Na proposição construtivista, corpo e mente são componentes que integram um único organismo; por esse motivo, a educação do movimento pode levar a outras aprendizagens.

( ) Integrar e introduzir o aluno ao mundo da cultura física é o foco da Educação Física apresentado para a proposição sociológica-sistêmica.

( ) O conteúdo tratado na proposição da saúde renovada retoma a discussão sobre a eugenia e o caráter higienista trazidos nos movimentos ginásticos.

( ) Para a proposição crítico-superadora, a reflexão pedagógica assume três características: diagnóstica, judicativa e teleológica.

( ) A concepção crítico-emancipatória compreende o aluno como ator e autor do movimento.

( ) Para a concepção antropológica-cultural, o trabalho com os conteúdos culturais do movimento deve levar em conta que o corpo humano é dotado de eficácia simbólica, bem como de significados e valores.

A seguir, assinale a alternativa que indica a sequência correta:

a) V, V, F, V, V, V, F, V.
b) V, F, V, V, F, V, V, V.

c) V, F, V, F, F, V, V, V.
d) V, F, V, V, V, F, V, F.
e) F, V, V, V, F, V, V, V.

Atividades de aprendizagem

Questões para reflexão

1. Faça uma análise das diferentes proposições teórico-metodológicas apresentadas neste capítulo e tente levantar pontos que as aproximam e que as distanciam.

2. Agora que você já conhece diferentes propostas para o trabalho da Educação Física na escola, qual é a sua compreensão a respeito da utilização de tais propostas no âmbito escolar? Quais contribuições das proposições você utilizaria para a elaboração do seu plano de ação em uma escola?

Atividade aplicada: prática

1. Visite uma escola e procure assistir a uma aula de Educação Física. Perceba se é possível observar, na aula que você assistiu, alguns dos princípios trazidos nas proposições teórico-metodológicas.

   Ao final da aula, pergunte ao professor de Educação Física se ele conhece as proposições teórico-metodológicas, com qual delas ele se identifica ou se ele segue alguma delas. Compare a resposta do professor com os conhecimentos que você adquiriu sobre as proposições e elabore um pequeno texto identificando as semelhanças e diferenças entre suas perspectivas e a prática do professor a cuja aula você assistiu. Utilize essa experiência para refletir sobre a sua futura atuação profissional.

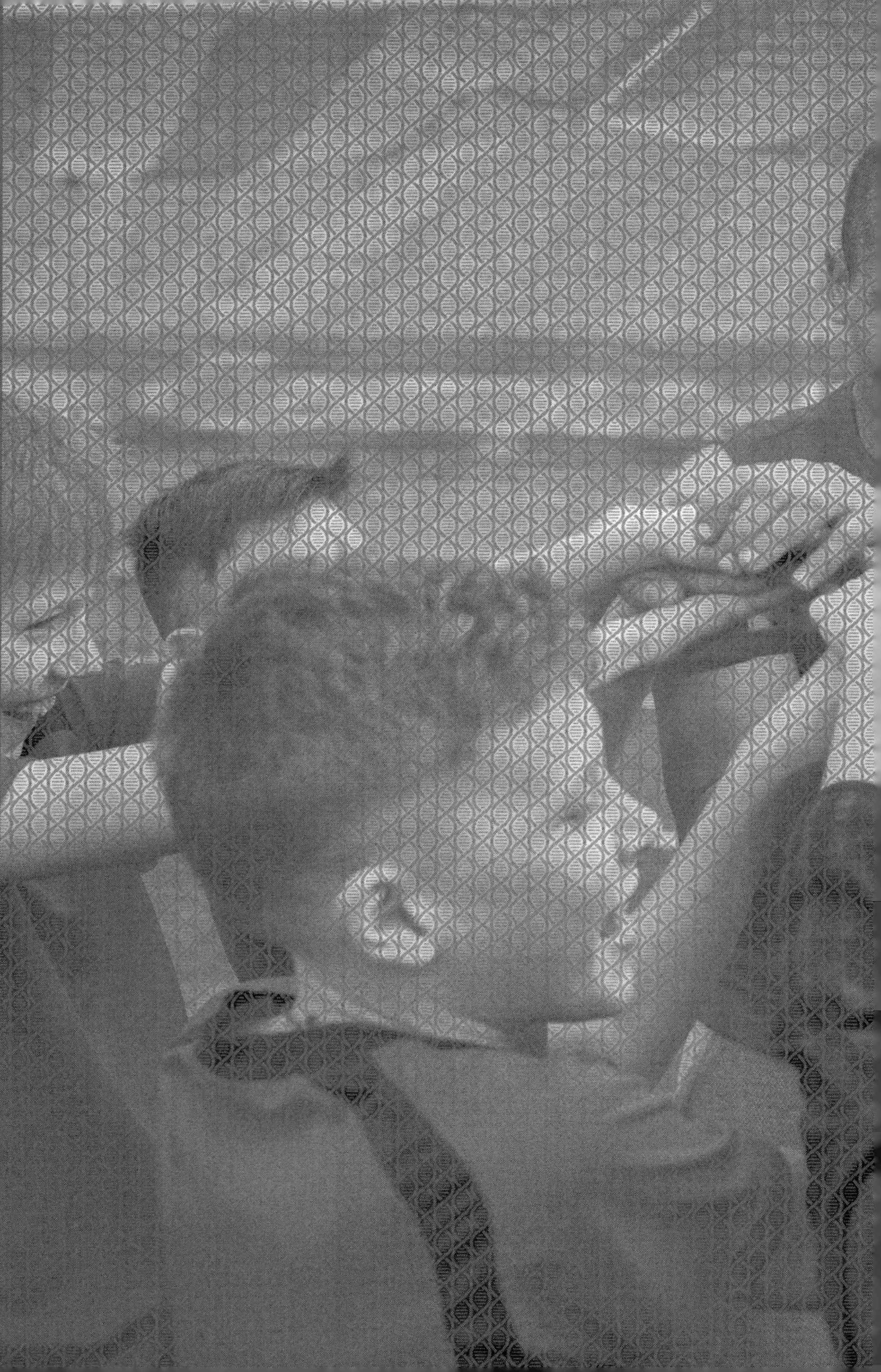

Capítulo 3

Subsídios para a elaboração do projeto político-pedagógico: eixo político

No decorrer dos capítulos anteriores, procuramos apresentar diferentes enfoques para a Educação Física na escola. No atual momento da disciplina, novas práticas voltadas à tematização dos elementos da cultura têm sido propostas, com convergências de ideias entre as proposições trazidas por pesquisadores, pressupondo o direcionamento dos estudos para o encontro de novos caminhos voltados ao trabalho escolar e ao fortalecimento dessa nova identidade da área.

Neste capítulo, trataremos do projeto político-pedagógico (PPP) e, para tanto, utilizaremos conhecimentos da proposição teórico metodológica crítico-superadora (Coletivo de Autores, 1992), dentre os quais destacamos o trabalho direcionado pelo PPP construído com base na reflexão pedagógica da sociedade (diagnóstica, judicativa e teleológica), realizada na perspectiva de classe. Essa reflexão permite vislumbrar a construção de uma sociedade pautada em valores considerados fundamentais para a convivência. Em seguida, pensaremos os princípios norteadores dessa sociedade e das competências necessárias à constituição do perfil idealizado para o cidadão.

3.1 Projeto político-pedagógico: contexto

A criação de novas proposições teórico-metodológicas para a Educação Física escolar tem propiciado um novo cenário para o trabalho com a disciplina na escola. Ainda que os autores dessas proposições, no momento da criação dessas aboradagens, não tivessem noção da repercussão que elas teriam na prática pedagógica dos professores, o impacto delas na Educação Física é evidente.

Mesmo que a atualidade represente um momento de transição entre a prática tecnicista e as propostas que tematizam os elementos da cultura, experiências bem-sucedidas têm sido apresentadas – ainda que lentamente e sem um desenvolvimento adequado às expectativas criadas pelos autores das proposições.

Betti e Kuriki (2011), após entrevistarem alguns autores das proposições teórico-metodológicas, afirmaram que:

> *Alguns autores, como Jocimar Daolio, Elenor Kunz e Valter Bracht, entendem que suas proposições teórico-metodológicas foram pouco implementadas, ou implementadas de uma maneira diferente da que esperavam, mas não avaliam tal fato como negativo, já que consideram equivocado*

imaginar que seria possível uma "aplicação" direta para as práticas pedagógicas.

Isso porque os próprios autores das proposições entendem que há um distanciamento entre a elaboração dos projetos e a realidade em que se desenvolve a ação. Tal fato gera uma necessidade de adequação entre as proposições e a realidade em que elas serão aplicadas. Dessa forma, surge a possibilidade de transformação da ação pedagógica com base nos conhecimentos trazidos nas diferentes proposições (Betti; Kuriki, 2011).

É possível também que as releituras feitas por pesquisadores e professores da área escolar possibilitem a criação de projetos híbridos que utilizem o conhecimento das diferentes proposições, pois, como comentam Betti e Kuriki (2011), os autores e suas concepções não ficaram congelados no tempo. Portanto, a relação dialógica existente na academia e na prática pedagógica propiciou o surgimento de novas contribuições após a década de 1990, tanto pelos autores dessas proposições como por seus críticos.

No quadro atual, as proposições apresentadas permitiram o surgimento de novas propostas pedagógicas. Em virtude das discussões teóricas, do avanço da pesquisa na área escolar, da reflexão a respeito da prática pedagógica dos professores de Educação Física e das experiências bem-sucedidas nas escolas, ainda que em situações desfavoráveis, como discutimos anteriormente, novas propostas têm sido desenvolvidas nas escolas, muitas com base na releitura das proposições apresentadas. Ainda assim, práticas pautadas em concepções criticadas, que não atendem às necessidades, aos anseios e às finalidades da educação e da Educação Física contemporânea subsistem no âmbito escolar.

É importante destacarmos também que as proposições teórico-metodológicas, embora apresentem divergências, trazem também pontos em comum. Por exemplo: há um direcionamento em torno da noção de cultura, especialmente nas proposições que apresentam concepções progressistas. Parece também haver um consenso entre elas em relação aos conteúdos propostos para a Educação Física (jogo, esporte, atividade rítmica/dança, lutas/ artes marciais e ginásticas). Isso porque, como bem assinalam Betti e Kuriki (2011):

> nesse campo de forças e de lutas, os autores das proposições teórico-metodológicas da Educação Física movimentam-se, interagem, dialogam, concordam e discordam e, sobretudo, continuam a produzir, não estão como que congelados em gavetas de freezer, à espera de consumidores que os escolham conforme as preferências.

Esses conteúdos, por sua vez, são submetidos à ação pedagógica, desenvolvida por meio da reflexão e tematização dos elementos da cultura, entendida aqui como uma forma de apropriação crítica de conhecimentos por meio da discussão de importantes temas sociais (corpo, saúde e beleza; trabalho e consumo; meio ambiente; gênero; entre outros).

Partindo do entendimento da ação pedagógica e da finalidade explicitada para a Educação Física, na sequência deste texto apresentaremos estratégias didáticas por meio de ações voltadas à reflexão sobre os elementos culturais do movimento, direcionando o trabalho para a construção de uma sociedade que se deseja formar no futuro, direcionando, assim, as ações do professor em função do alcance do objetivo social proposto. É importante mencionarmos que não se trata de sequências obrigatórias a serem desenvolvidas, mas, sim, de uma forma de exemplificar como a Educação Física pode ser pensada por meio da elaboração de um PPP. Em outras palavras, para o direcionamento das ações pedagógicas, elaboraremos um documento dessa natureza.

Para Molina (2005), o termo *projeto*, do latim *projectu*, significa "lançar-se à frente". Utilizando os ensinamentos de Vasconcellos (2009), a autora assinala que o PPP "pode ser entendido como a sistematização de um processo de planejamento [...] como um instrumento teórico-metodológico que define o tipo de ação educativa que se quer realizar" (Molina, 2005, p. 344).

André (2001, p. 189) assinala que o projeto "é político no sentido de compromisso com a formação do cidadão para um tipo de sociedade". Para o Coletivo de Autores (1992), a pedagogia (teoria e método) utilizada pressupõe a compreensão sobre a ação dos homens na sociedade, sendo que a reflexão tem como finalidade contribuir para a compreensão crítica da realidade. Para tanto, o currículo escolar assume as características de um PPP, o qual deve ser definido por todos os professores, pois esse projeto orienta suas práticas pedagógicas.

Na concepção do Coletivo de Autores (1992, p. 15), o PPP

representa uma intenção, ação deliberada, estratégia. É político porque expressa uma intervenção em determinada direção e é pedagógico porque realiza uma reflexão sobre a ação dos homens na realidade explicando suas determinações. [...] orienta a sua prática no nível da sala de aula: a relação que estabelece com os seus alunos, o conteúdo que seleciona para ensinar e como o trata científica e metodologicamente, bem como os valores e a lógica que desenvolve nos alunos.

É preciso que cada educador tenha bem claro: qual o projeto de sociedade e de homem que persegue? Quais os interesses de classe que defende? Quais os valores, a ética e a moral que elege para consolidar através de sua prática? Como articula suas aulas com este projeto maior de homem e de sociedade?

Pense a respeito

Na sua intencionalidade, podemos afirmar que o PPP se trata de um planejamento que pressupõe o olhar específico para o lugar em que se espera chegar. Nesse sentido, o projeto é político porque presume direcionamento, tomada de decisões e escolhas, e é pedagógico porque atende aos anseios imediatos da sociedade. Nele, está implícita uma leitura sobre o modelo da sociedade atual, um projetar-se à frente em relação à sociedade que se deseja construir e aos caminhos que levarão à construção dessa nova sociedade.

É a dimensão pedagógica que põe em prática o projeto educativo da escola. Porém, o PPP não expressa apenas os conteúdos a serem trabalhados ele também apresenta o tipo de sociedade que se propõe a construir a partir das ações e reflexões pedagógicas. Para tanto, como já comentamos no decorrer desta obra, a reflexão pedagógica assume três características: diagnóstica, judicativa e teleológica (Coletivo de Autores, 1992), ou seja, faz um diagnóstico da situação imediata, um juízo de valores sobre ela e aponta um direcionamento explícito no PPP.

Como citado no decorrer do texto, a elaboração de planos de ação será utilizada para exemplificar a construção e o desenvolvimento do PPP. Para tanto, a proposta pensada deve utilizar uma organização híbrida, com elementos das diferentes proposições teórico-metodológicas para a Educação Física. Não se trata de rediscutir, reapresentar ou aprofundar teorias, até porque elas já foram suficientemente abordadas pelos diferentes autores das proposições. Mas, como mencionamos, existem pontos em comum que aproximam diferentes proposições e apresentam consenso em relação aos conteúdos trabalhados pela área. Isso porque os diferentes autores interagem e dialogam sobre a Educação Física. Em função disso, na produção dos planos de ação, utilizaremos elementos das proposições aqui intituladas como *progressistas*, das quais extrairemos os pontos que as aproximam – ou seja, uma composição híbrida, com conhecimentos trazidos por diferentes autores e proposições.

Diante disso, o ponto de partida utilizado para a prática pedagógica do professor é a elaboração do PPP, o qual apresenta três eixos norteadores: **eixo político**, **eixo pedagógico** e **eixo operacional**. Cada um direciona a reflexões (diagnóstica, judicativa e teleológica) sobre a prática pedagógica do professor. Por meio do PPP utilizado para exemplificar a elaboração de planos de ação para a Educação Física, apresentaremos estratégias didáticas para as aulas. Destacamos que as trajetórias de ensino que serão apresentadas se referem apenas a algumas – dentre muitas outras – possibilidades para a área, e não a uma sequência obrigatória a ser seguida. No Quadro 3.1, a seguir, indicamos os itens que compõem os eixos do PPP e que serão apresentados nos capítulos seguintes:

Quadro 3.1 Eixos do projeto político-pedagógico

Eixo político	Eixo pedagógico	Eixo dinâmico/operacional
Contexto social	Perspectivas	Plano de ação
Diagnóstico	Fundamentação teórica	Trajetórias de ensino
Juízo de valores	Finalidades do ensino	Situações de aprendizagem
Princípios norteadores	Critérios de organização	Conteúdos
Competências	Definição de papéis	Avaliação do processo de ensino-aprendizagem
	Processos de avaliação	Adequações

Diante disso, o PPP expressa um conjunto de saberes e fazeres – dentre eles, a concepção política que direcionará a prática pedagógica, a ser construída por meio de reflexões pedagógicas com três características: é diagnóstica, judicativa e teleológica (Coletivo de Autores, 1992).

A seguir, faremos uma contextualização social e indicaremos uma maneira de realizar uma reflexão diagnóstica sobre a realidade social e de apontar juízo de valores sobre ela.

Para tanto, é importante que você faça para si alguns questionamentos, pensando sobre a realização do diagnóstico da sociedade: você já avaliou o perfil da sociedade em que vivemos atualmente? Quais são os princípios e valores que condicionam as ações das pessoas na sociedade? Será que vivemos em uma sociedade justa? Aliás, o que é uma sociedade justa? Quais são as expectativas que a sociedade tem em relação aos jovens? O que a sociedade espera da escola? Como transformar a sociedade? A propósito, pode um professor contribuir com a tarefa de transformar a sociedade? E quanto à Educação Física, de que forma ela pode contribuir com a mudança social?

As respostas a esses questionamentos exigem um posicionamento político. É certo que muitas delas podem apresentar consenso, como os princípios e valores que condicionam a sociedade atual. Também é possível que as palavras utilizadas para expressar um sentimento em relação à sociedade sejam distintas, mas, no geral, tais respostas podem revelar termos como *individualismo, desonestidade, competitividade, isolamento, desrespeito, discriminação, preconceito* etc. Isso não significa, no entanto, que todas as pessoas sigam esses princípios e cultuem tais valores. Porém, são traços marcantes das relações na sociedade em que vivemos.

É imperativo afirmar também que tais análises ocorrem em função da perspectiva de análise do sujeito e estão relacionadas a interesses de classes. Em outras palavras, os interesses de segmentos sociais populares, geralmente ligados à necessidade de sobrevivência, diferenciam-se dos das classes mais favorecidas, que gozam dos benefícios do acúmulo de riqueza e da ampliação do consumo.

Enquanto um desses grupos se preocupa em lutar por condições dignas de sobrevivência, por se libertar dos dogmas da classe dominante e buscar outros valores de uma sociedade democrática, o outro procura se manter na colocação privilegiada que ocupa, desfrutando das conquistas que tal colocação lhe confere – é o que se entende por *status quo*, que significa "o estado das coisas". Para que essa condição permaneça, o grupo hegemônico dissemina uma ideologia, impondo um direcionamento político, intelectual e moral impregnado de interesses e valores éticos e morais tidos como universais e essenciais a todos os indivíduos, mesmo àqueles que não pertencem ao grupo. Esse direcionamento social é o que Gramsci entende por **hegemonia** (Coletivo de Autores, 1992).

Como podemos perceber, os objetivos dos diferentes grupos não são comuns. Quando se busca pensar os valores que direcionam uma sociedade, a análise se realiza em função da perspectiva e do atendimento das necessidades de um dos grupos. Assim, as respostas dadas às questões propostas inicialmente trazem um diagnóstico inicial a respeito da sociedade, expressam juízos de valores na perspectiva de classes e traduzem, por meio de uma ação prática/reflexiva, o sentido de pensar/construir uma sociedade idealizada para o futuro – esse é o sentido teleológico da reflexão proposto pelo Coletivo de Autores (1992). Para tanto, o resultado da reflexão diagnóstica, quando submetida ao juízo de valores, implica uma tomada de decisão e uma resposta à seguinte questão por parte do professor: trabalhar em função de mudar ou manter os princípios e valores sociais?

Pense a respeito

A resposta a essa primeira questão política pode provocar uma crise existencial, não no sentido *stricto* da palavra, mas em seu sentido *lato*, mais abrangente. Ela revela um questionamento interior sobre os fundamentos, as finalidades e os valores educacionais, bem como a respeito de crenças, concepções e avaliações sobre a aproximação ou o distanciamento dos princípios esperados para a sociedade do futuro. A crise existencial é, portanto, a precursora de novas pedagogias.

De acordo com o Coletivo de Autores (1992, p. 14): "A pedagogia é a teoria e método que constrói os discursos, as explicações sobre a prática social e sobre a ação dos homens na sociedade, onde se dá a sua educação. Por isso a pedagogia teoriza sobre educação que é uma prática social em dado momento histórico". Ainda, conforme Souza (citado por Coletivo de Autores, 1992, p. 14), a pedagogia significa a "reflexão e teoria da educação capaz de dar conta da complexidade, globalidade, conflitividade e especificidade de determinada prática social que é a educação".

Sendo a pedagogia uma reflexão e, ao mesmo tempo, uma teoria da educação, os diagnósticos da realidade que impliquem mudanças de interesses e valores sociais e proponham novos objetivos educacionais pressupõem, então, a escolha de uma nova pedagogia que atenda ao referido momento histórico.

Para tanto, outra questão precisa ser respondida: qual é o perfil de aluno a ser formado? A resposta a essa questão também exige um posicionamento político, uma vez que presume a opção por caminhos a seguir. Se, anteriormente, pensamos no rompimento com princípios e valores hegemônicos, nesse momento, temos que refletir e propor novos posicionamentos que conduzirão o processo de formação dessa nova sociedade. Logo, o que está em jogo é que a escolha do perfil de egresso deve implicar a construção de novos discursos, novas explicações e ações necessárias à prática social e à ação dos homens na sociedade.

É, portanto, a opção pelo perfil de egresso que orientará tanto a escolha das competências a serem construídas junto aos alunos quanto o método de ensino e as reflexões que permearão o processo de ensino-aprendizagem. Sob essa ótica, destacamos que o desenvolvimento de competências ocorre na relação entre professor, aluno, conteúdo, estratégias e contexto, a qual é indissociável e imprescindível ao novo projeto. Diante do apresentado, não só a escolha do perfil de egresso, mas também o formato que assume a atuação pedagógica do professor contribui e se constitui como um relevante instrumento para as mudanças sociais.

3.2 Atuação profissional e o perfil do egresso

O PPP é um importante instrumento de orientação do professor, uma vez que indica caminhos para a formação dos alunos em função dos interesses imediatos da sociedade que se deseja construir. No entanto, é importante ter clareza a respeito do perfil do egresso da educação básica que se pretende formar – o termo *egresso* é entendido como alguém que se retirou de um lugar, deixou de pertencer a uma comunidade. Assim, o perfil de egresso da educação básica é representado pelos atributos que se espera incutir no sujeito e que lhe permitam viver, trabalhar, relacionar-se, conhecer, produzir conhecimento e, enfim, ter capacidade de aprender a aprender.

De acordo com a função atribuída ao PPP, a escola tem o compromisso com o futuro da sociedade e, consequentemente, dos seus alunos. As escolas não sobrevivem nos ambientes em que não são necessárias, mas, sim, em locais em que há demanda social para sua existência. Tendo-se isso em vista, a definição do perfil do egresso – que certamente deve representar o futuro adulto para nosso tempo e espaço – deve ser compreendida no contexto do diagnóstico da realidade social, uma vez que é possível incorrer no equívoco de colocá-lo a serviço dos interesses do capital, caso tais interesses se contraponham ao perfil esperado.

Pensar a educação sob esse prisma é pressupor a ação pedagógica como um importante instrumento contrário à injustiça social. Reconhecer a função da escola como instrumento do processo de transformação da realidade social é reconhecer, também, o professor como partícipe dessa dinâmica – sendo que, muitas vezes, há necessidade de mudança de seu papel, bem como de suas crenças e concepções sobre educação e Educação Física.

Quanto à Educação Física, a ressignificação da função e dos conceitos do professor em relação à disciplina – quando se propõe a trabalhar com o atendimento das demandas da sociedade contemporânea com base em juízos de valores realizados sobre o diagnóstico da realidade social – pressupõe romper com velhas imagens e metáforas que compõem seus saberes e suas certezas em relação à prática pedagógica.

Observe a Figura 3.1, a seguir. Como as concepções e as certezas que compõem o conhecimento do professor são constituídas?

Figura 3.1 Constituição das concepções, crenças e convicções dos professores

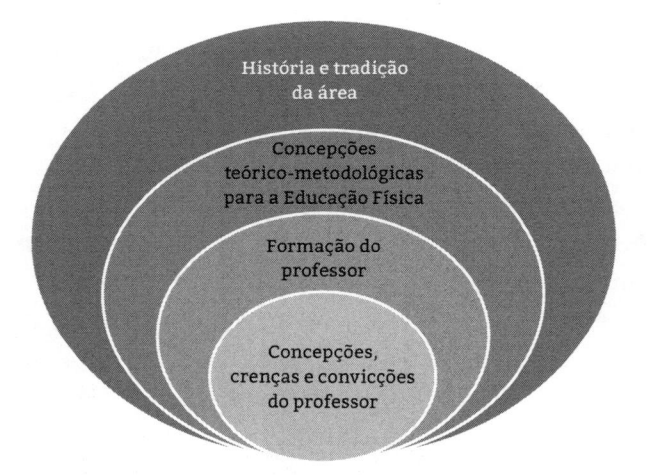

- História e tradição da área
- Concepções teórico-metodológicas para a Educação Física
- Formação do professor
- Concepções, crenças e convicções do professor

Conforme representado na imagem, a concepção do professor é impregnada pela história e pela tradição da área. Isso significa que quando um licenciando inicia seus estudos para se tornar professor de Educação Física, traz com ele vários conhecimentos a respeito da disciplina, pois já teve contato com ela na escola – quando era aluno da educação básica –, assistiu a diversos eventos esportivos na TV, leu entrevistas, matérias de jornais e revistas que abordam o assunto, conversou com pessoas, praticou esportes, ginásticas, danças, lutas etc. Toda essa bagagem confere ao licenciando o conhecimento a respeito de uma tradição que a área carrega com ela.

Ao longo do curso de formação, o graduando tem contato com diferentes concepções de Educação Física, bem como com formas de abordar o conteúdo na escola, métodos de ensino, conteúdos e experiências com a prática de ensinar etc. Todos esses elementos são e serão ressignificados por ele quando iniciar o trabalho com a profissão – é o que se entende por *transposição didática do conteúdo*. Diante disso, os conhecimentos que antecederam a formação, juntamente com os obtidos no curso superior e com as primeiras experiências profissionais, vão constituindo as concepções e crenças em relação à disciplina, à educação, à escola e à constituição de egresso, materializando suas certezas e convicções.

Ainda assim, tais concepções e crenças não são suficientes quando se pretende considerar as demandas sociais como indicadoras da especificidade do papel do professor, até porque, no contexto de atuação, a função dos professores não se resume apenas ao conhecimento sobre as especificidades da área, mas

> *define-se pelas necessidades sociais que o sistema educativo deve dar resposta, as quais se encontram justificadas e mediatizadas pela linguagem técnica pedagógica. O conceito de educação e de qualidade tem acepções diferentes segundo os vários grupos sociais e os valores dominantes nas distintas áreas do sistema educativo.* (Gimeno Sacristán, 1991, p. 67)

Trabalhar em função do atendimento da demanda, a partir de juízos de valores sobre o diagnóstico da realidade social, muitas vezes pressupõe repensar alguns elementos, tais como:

- o perfil do aluno egresso;
- quem atende a esse perfil proposto;
- o papel da Educação Física nesse processo;
- se o papel do professor contribui para o desenvolvimento do perfil proposto. Não é demais imaginar que, ao refletir sobre essas questões, talvez as crenças, certezas e convicções do professor sejam colocadas em xeque, o que pode gerar um rompimento com tais crenças, levando-o à necessidade de se reinventar no e durante o processo.

É nesse momento que se instala a crise e surge a necessidade de novas pedagogias que deem respostas e apontem caminhos ao professor. Não é um processo simples, uma vez que pressupõe abandonar muitos saberes e fazeres construídos no decorrer de um longo processo. Embora pareça uma ação individual, a mudança pedagógica a que nos referimos diz respeito ao perfil do aluno, que é de incumbência de todos na escola.

Ainda assim, essa ação de reestruturação, muitas vezes, resulta em isolamento do professor, que, em muitos casos, não encontra outras vozes na escola para discutir a sua disciplina. Esse isolamento pode se apresentar como um empecilho para repensar a Educação Física. Da mesma forma, a sobrecarga de trabalho do professor se coloca como um dos muitos obstáculos à sua atuação e às mudanças pretendidas na prática pedagógica, uma vez que a ampliação de suas funções e os diferentes papéis assumidos na escola têm dificultado a realização de suas tarefas, como aponta Nóvoa (1995, p. 108):

> nos últimos vinte anos, houve uma grande fragmentação da actividade do professor: muitos profissionais fazem mal o seu trabalho, menos por incompetência e mais por incapacidade de cumprir simultaneamente, um enorme leque de funções. Para além das aulas devem desempenhar tarefas de administração, reservar tempo para programar, avaliar, reciclar-se, orientar os alunos e atender os pais, organizar actividades várias, assistir a seminários e reuniões de coordenação, de disciplina ou de ano, porventura mesmo vigiar edifícios e materiais, recreios e cantinas.

Diante das dificuldades pelas quais os professores passam na escola, ainda assim, a definição do perfil de egresso deve ser balizadora de sua atuação e necessária ao atendimento das necessidades de aprendizagem relativas à constituição do perfil de egresso pretendido em função das demandas sociais.

Na sequência, continuaremos abordando o perfil do egresso, porém, relacionando-o ao desenvolvimento das competências necessárias à constituição desse perfil.

3.3 Perfil do egresso e a constituição das competências

Após ter clareza a respeito do perfil do egresso, é imprescindível encontrar os princípios norteadores necessários para o desenvolvimento das competências que constituirão esse perfil. Entretanto, o trabalho com tais competências pressupõe a utilização de estratégias de ação diferentes das tradicionalmente utilizadas na escola e que valorizam o domínio de um conceito. As competências designam saberes ligados a fazer, ser e aprender.

O trabalho com o desenvolvimento de competências objetiva a integração entre teoria e prática. Assim, para a Educação Física, trata-se de superar a máxima de que a teoria se aprende na sala de aula, e a prática, na quadra. A lógica da competência se concentra na análise do pensar, aprender, agir e ser na relação que se estabelece com o fazer (Le Boterf, 1995).

A prática pedagógica do professor assume a função de conduzir o aluno a desenvolver competências para fazer coisas que o auxiliem a buscar soluções para os problemas da sua vida. Uma competência possibilita a mobilização de saberes (pensar, aprender, agir, ser) para enfrentar situações do cotidiano, bem como a capacidade para buscar diferentes recursos adequados a uma situação e num momento específico. As competências a serem desenvolvidas junto aos alunos representam expectativas e demandas sobre o perfil do aluno egresso, diante das exigências de dada sociedade.

3.3.1 Definição de competências

Nas últimas décadas, o intenso debate a respeito da utilização das competências no âmbito escolar possibilitou a compreensão das diferentes funções assumidas por essa prática. Principalmente na década de 1990, autores como Perrenoud, Lino de Macedo, Thurler,

Charlier, Paquay, Hirata, Markert, Zarifian, Touraine, Baethge e Beck, entre outros, apresentaram diferentes reflexões a respeito do papel social e educacional do trabalho com o desenvolvimento de competências no âmbito educacional. Nesse mesmo período, críticas foram endereçadas ao trabalho escolar voltado ao desenvolvimento de competências, em especial invocando o caráter técnico dessa prática.

Na busca por distanciar o trabalho com competências do mundo técnico do trabalho e da formação acrítica, Machado (1998), em seus estudos em defesa do trabalho com competências, afirma:

> A noção de competência é, de fato, uma noção forte e deve ser recuperada, mas numa perspectiva que rompa com os critérios que a estão orientando na atualidade: o fatalismo da disputa competitiva [...]. Do mundo do trabalho vem o "modelo de competências" com todas as contradições que ele suscita. Vem também a constatação de que ser competente representa, também, saber transgredir. (Machado, 1998, p. 93)

A noção de competência tratada por Machado (embora esteja associada à qualificação para o mundo do trabalho) revela a necessidade de romper com o conceito de origem para se conectar às necessidades do mundo atual. Em outras palavras, as competências não podem ser compreendidas apenas como necessidade de novos conceitos de produção. Ainda que estejam relacionadas à noção de qualificação (e que isso se assemelhe à ideia de pensá-las em função das exigências do mercado de trabalho), é o perfil de egresso explicitado no PPP que confere princípios, valores e significados para o trabalho na escola.

Para tanto, o conceito de qualificação não pode ser entendido como conjunto de atitudes, comportamentos, atributos técnicos e cognitivos relativos às profissões, mas, sim, como mediador da construção de identidades individuais e coletivas (Ramos, 2001). Segundo a autora, tanto o conceito de qualificação como o de competência podem ser ressignificados e resgatados simultaneamente como qualificadores da relação social, pois, dessa forma, podem expressar suas dimensões cultural (conceitual), social e experimental (Ramos, 2001).

A dimensão conceitual é entendida como o domínio de conceitos e processos de formação. A dimensão social é compreendida no âmbito das lutas do trabalhador por melhores condições de carreira, emprego e renda, e está intimamente vinculada às relações sociais estabelecidas em função do conteúdo de determinada atividade e de seu reconhecimento social. Por sua vez, na dimensão experimental, priorizam-se as práticas do saber e do saber fazer.

Utilizar as competências no âmbito da formação pressupõe, então, ir além da qualificação técnica, atendendo às necessidades de formação do indivíduo. Também na busca por romper com essa ideia, embora sem descartá-la totalmente, Markertin (2001) apresenta, como objetivos para a formação pessoal, a construção de competências técnicas, metodológicas, sociais e pessoais, as quais são explicadas pelo autor da seguinte maneira:

> a) "competência técnica": domínio técnico e autodeterminado sobre as tarefas e os conteúdos da área de trabalho; b) "competência metodológica": a capacidade autônoma de encontrar novos caminhos para solucionar as tarefas novas e complexas, e poder transferir as competências adquiridas para novas situações (competência para a transferência); e c) "competência social": capacidade de cumprir tarefas em cooperação e comunicação com outras pessoas. Alguns autores falam também de "competência pessoal", a fim de acentuar a capacidade autônoma e emancipada da ação. (Markertin, 2001, p. 24)

Compreender a competência como algo que vai além da qualificação técnica representa, então, o primeiro passo para o desenvolvimento da constituição do perfil do egresso. É importante destacarmos também que, como salientaram Ramos (2001) e Markertin (2001), a apropriação da competência ocorre quando há o domínio sobre suas três dimensões do conhecimento: conceitual (saberes), procedimental (fazeres) e atitudinal (valores).

Esse entendimento é apresentado também por outros autores que se propuseram a discutir o conceito de competência. Nesse sentido, Vieira e Luz (2005) apresentam diversos autores que, na década de 1990, discutiram a definição do termo em questão, considerado polissêmico por ser debatido em diferentes contextos e enfatizar componentes distintos. No Quadro 3.2, a seguir, indicamos algumas considerações trazidas pelos autores:

Quadro 3.2 Conceitos de competências

Autor	Ano	Conceito de competência
Barato	1998	Capacidade do indivíduo para articular os saberes com o fazer.
Joras	1995	Conjunto de saberes (saber, o saber-fazer e o saber-ser) mobilizados em situação de trabalho.
Stroobants	1997	A competência é resultante de três componentes: o saber, o saber- fazer e o saber-ser.
Le Boterf	1995	O autor considera como componentes das competências: o saber, o saber-agir e o saber-ser, sendo que a essência da competência é o saber-agir (diferente do saber-fazer), uma vez que a ação é diferente do comportamento, pois a ação tem significação para o sujeito – em muitas situações, aliás, uma ação pode ocorrer pelo ato da não agir.

Fonte: Elaborado com base em Vieira; Luz, 2005.

A definição apresentada por Charlier (2001) também não difere das demais. A autora designa competência como a articulação entre saberes, esquemas de ação e o repertório de condutas e rotinas disponíveis. Perrenoud (1999), por sua vez, considera a competência a partir de características fundamentais: tomada de decisão, mobilização de recursos e ação.

Embora diversas concepções tenham sido apresentadas, o saber (conhecimento), o saber agir (ação) e o saber ser (atitude) são componentes característicos das competências, ainda que tenham sido apontados pelos autores considerando diferentes interpretações. Destacamos que a competência não se relaciona diretamente ao desempenho, mas, sim, ao indivíduo, uma vez que o conhecimento, a atitude e a ação são características a serem desenvolvidas no sujeito, embora o domínio e a utilização ordenada desses saberes possam indicar o desempenho.

Isso implica afirmar que, na escola, o trabalho com a construção de competências está relacionado diretamente à construção de valores sociais. Em função disso, retomamos a discussão sobre o PPP, especialmente considerando o papel político desempenhado pela escola: qual é o papel da escola? A quem ela atende? A quais interesses deve servir? As respostas a esses questionamentos também orientarão a escolha do perfil de egresso e as competências necessárias à constituição desse perfil.

Em relação à Educação Física, propor um trabalho voltado à construção de competências traz como desafio inicial o deslocamento do foco de um trabalho que valoriza apenas o saber agir (considerado como tradição da área) para o desenvolvimento de ações que consideram também os outros saberes. Ainda que o desafio seja grande, é fundamental para a construção de uma nova sociedade. Por isso, o trabalho com a constituição de competências foi escolhido como opção para a apresentação da proposta que será desenvolvida nos próximos capítulos.

Destacamos que a compreensão a respeito de competência é entendida como um referencial progressista, devido ao seu caráter estruturante para a transformação da realidade social.

3.4 Princípios norteadores para a constituição das competências

Como citamos anteriormente, o PPP é um documento que contempla a organização político-pedagógica do processo de ensino-aprendizagem. É por meio da elaboração desse documento que se torna possível refletir sobre a concepção de mundo, as expectativas em relação ao futuro e a necessidade de se manter ou transformar a sociedade, tendo como ponto de partida o papel social da escola, a quem ela atende e a que interesses deve servir. Pontos como esses são norteadores para a concepção de um perfil de egresso integrado ao mundo contemporâneo e necessário à sociedade do futuro. É esse perfil de egresso que orienta, portanto, a necessária escolha das competências a serem constituídas junto ao aluno.

Ainda que se tenha claro o perfil de aluno que se deseja formar, antes da indicação das competências a serem constituídas, faz-se necessária a realização de outra reflexão que objetiva levantar quais são os princípios orientadores das competências que constituirão o perfil de egresso.

O termo *princípio*, de acordo com o dicionário *on-line* Michaelis, é polissêmico e pode se relacionar a diferentes expressões e áreas do conhecimento. Para a educação, tem o sentido de "proposição filosófica que lhe serve de fundamento". Pode significar também "conjunto de proposições fundamentais e diretivas que servem de base e das quais todo desenvolvimento posterior deve ser subordinado" (Princípio, 2019).

Partindo desses sentidos, no PPP, os princípios orientadores das competências se relacionam às leituras de mundo dos profissionais que elaboram o documento. Nessas leituras, estão expressas convicções e fundamentos a respeito da sociedade existente e daquela que se objetiva gerar. Sob essa ótica, pensar os princípios norteadores do processo de desenvolvimento de competências somente terá sentido se isso ocorrer em função do contexto de aplicação, visto que tais princípios expressam concepções e ideias particularizadas, bem como as razões, as causas e os motivos que as justificam.

Pense a respeito

Se os princípios expressam ideias particularizadas, é possível que um documento de abrangência nacional apresente competências para serem trabalhadas em todos os estados e em todas as escolas? Embora a resposta afirmativa para esse questionamento pareça contraditória, é possível, sim! Perceba que existem diferentes formas de pensar as sociedades que temos e que queremos. Logo, podemos considerar a sociedade a partir do entorno de uma realidade concreta; da mesma forma, os problemas sociais (generalizados a todo o país) podem ser analisados de forma globalizada, buscando pensar uma sociedade melhor. Podemos, também, unir tudo isso e apresentar competências gerais e específicas, atendendo a diferentes situações. Isso porque os problemas que os jovens ou a sociedade enfrentam são generalizados.

Além disso, é possível também que as diferentes disciplinas do currículo, que trabalham com saberes e ações específicas, desenvolvam seus conteúdos tendo em vista certas especificidades. Nesse sentido, ao propor como competência "Estabelecer relações entre as diversas linguagens e gêneros textuais, inferindo conclusões pessoais de forma criativa e lógica" (conforme será visto no Quadro 3.4), por exemplo, a Educação Física pode partir da experiência com um elemento da cultura por meio do qual o aluno extrairá os sentidos pessoais produzidos nessa ação, contrastando-os com o discurso expresso na mídia televisiva ou impressa, o que presume o estabelecimento de relações entre as linguagens corporal e audiovisual, por exemplo. Por outro lado, essa mesma competência poderia ser trabalhada na disciplina de Artes por meio da análise de obras de arte, imagens ou, mesmo, de uma experiência cênica, considerando a relação com a análise e produção de sentidos a respeito da experiência.

A afirmação de que os problemas sociais são generalizados pode parecer uma construção realizada pelo senso comum. Porém, os dados da pesquisa nacional Perfil da Juventude Brasileira, realizada no ano de 2003, por meio de questionários aplicados a 3.501 jovens de 15 a 24 anos de idade, distribuídos por 198 municípios de 25 estados brasileiros, apresentados na obra *Retratos da juventude brasileira: análises de uma pesquisa nacional* (Abramo; Branco, 2005), demonstram que, do Norte ao Sul do país, o jovem brasileiro apresenta um perfil muito parecido.

No terceiro capítulo, intitulado "Brasil: jovens de norte a sul", o cientista político Antonio Lassance (2005), que participou da elaboração da obra anteriormente citada, apresenta uma caracterização do perfil do jovem brasileiro. Entre as semelhanças regionais, o estudioso destaca o perfil demográfico dessa população. Já em relação às diferenças, elas foram notadas na comparação entre: jovens do centro e da periferia de uma mesma cidade; jovens de grandes, médias e pequenas cidades; jovens das zonas rural e urbana. Mereceu destaque também o valor que os jovens dão à família e à educação, bem como o otimismo demonstrado quanto ao Brasil e ao próprio futuro, a compreensão a respeito dos seus direitos e deveres, a vulnerabilidade social do jovem, a descrença e o pouco envolvimento com a política, a pouca consideração em alterar as desigualdades e a preocupação com o emprego (Lassance, 2015). Essas diferenças foram apresentadas como comuns às diferentes regiões do país.

Em face das constatações do autor, é possível inferir que as semelhanças regionais possibilitam o desenvolvimento de competências gerais, e que as diferenças podem ser tratadas com competências específicas que se adaptam ao contexto local.

A análise do perfil da juventude brasileira apresenta indicadores que servem como norteadores para o trabalho na escola. Observando as informações levantadas anteriormente, os jovens se dizem preocupados com o próprio futuro e com o emprego. Essa realidade se faz presente nas diferentes regiões do Brasil e pressupõe que o mercado de trabalho deve ser levado em consideração quando o perfil do egresso é discutido, bem como que os princípios norteadores para a elaboração das competências devem ser pensados em função dessas informações.

Porém, não se trata de transformar a escola em um curso técnico, mas, sim, de refletir sobre quais aspectos do mundo profissional são necessários ao profissional do futuro. Certamente surgirão palavras como *ética, responsabilidade, empatia, relacionamento, conhecimento*, entre outras. Observe que não se trata de qualidades específicas a uma região do país, tampouco de qualificação profissional ou necessidade de alguma profissão específica. Trata-se, no entanto, de qualidades gerais e necessárias ao perfil de cidadão desejado, as quais, portanto, deve ser consideradas como princípios para o estabelecimento das competências.

Por outro lado, é possível que, em uma escola, comunidade ou região específica, os alunos sejam muito acanhados e tenham dificuldade de trabalhar em grupos, devido à própria educação recebida no lar. Diante desse problema, há preocupação com a indicação de princípios que assegurem o desenvolvimento de competências que atendam a essa especificidade.

Novamente, estamos diante da dimensão política do processo de ensino-aprendizagem. Como é possível concluir, esse processo, desde o início, exige tomada de decisão por parte dos professores e gestores, sendo o aluno sempre considerado protagonista da ação. Ao eleger o perfil de egresso, os princípios norteadores das competências e as competências necessárias à constituição desse perfil, também se indica uma nova sociedade se emancipando das amarras que reproduzem o modelo de desigualdade social.

3.5 Pensando o perfil de egresso a partir da reflexão

Considerando o desenvolvimento de competências como um processo de mobilização de recursos que dependem da apropriação de saberes (conhecimento, ação e atitude), é necessário que a construção do plano de ação seja definida após as indicações do perfil de egresso, dos princípios norteadores e das competências. Em outras palavras, a referência para a construção do plano de ação é sempre o aluno, o protagonista do processo.

Ainda que estejamos discutindo o processo de elaboração do perfil e das competências do egresso tendo como referência o componente curricular *Educação Física*, esse processo não deve ser realizado isoladamente pelo professor, uma vez que constitui uma opção política da escola e, portanto, deve ser pensado coletivamente.

Para que o projeto da escola seja fruto do trabalho coletivo, é fundamental que os envolvidos estejam com a mente aberta para o novo, sejam capazes de perceber e aceitar possíveis aproximações e distanciamentos em relação às suas concepções e se proponham a pensar sob o ponto de vista do outro e para o outro, dispondo-se a dialogar e aprender. Esse trabalho coletivo presume uma prática reflexiva, à qual Liston e Zeichner (citados por Contreras, 2002, p. 139) afirmam pressupor

> *uma situação institucional que leve a uma orientação reflexiva e a uma definição de papéis, que valorize a reflexão e a ação coletivas orientadas para alterar não só as interações dentro da sala de aula e na escola, mas também entre a escola e a comunidade imediata e entre a escola e as estruturas sociais mais amplas.*

O trabalho coletivo prevê, então, a existência de uma prática reflexiva compromissada com determinados valores ou posicionamentos diante das preocupações sociais e políticas, pautando-se em um conteúdo concreto para realizar a reflexão, não se voltando apenas às modificações na situação imediata de ensino. Nesse sentido, Zeichner (1993), utilizando-se das definições de Dewey, chama a atenção para três atitudes necessárias ao profissional reflexivo objetivando a mudança de atitude:

1. **Abertura de espírito**: refere-se à mentalidade aberta para a descoberta do novo, para o ato de ouvir mais; diz respeito a buscar alternativas e a entender os seus erros, mesmo que contrariem as suas mais profundas concepções.
2. **Responsabilidade**: traduz-se no questionamento constante dos motivos que levam o profissional a entender o que faz, de qual forma e por qual razão; é fundamental para o repensar cotidiano da própria prática representada pelas consequências de determinada ação (como está sendo o resultado e para quem interessa).
3. **Sinceridade**: é a atitude relativa ao exame das próprias concepções e dos resultados advindos das experiências realizadas, quando em contraste com novas experiências, assegurando a mente aberta para novas proposições.

Assim, na concepção de plano de ação aqui defendida, o primeiro passo a seguir é a definição do perfil de egresso calcada na reflexão coletiva e no compromisso com os valores e as preocupações político-sociais referentes às necessidades de formação dos alunos, considerando a ampliação do exercício de cidadania como a finalidade da educação básica.

3.5.1 Que sociedade formar?

Para iniciarmos a construção dos nossos planos de ação, é imprescindível refletir sobre o perfil dos alunos que desejamos formar. Para tanto, alguns questionamentos devem ser respondidos, por exemplo: como é a sociedade que imaginamos para o futuro? Que adulto queremos formar? Quais são os grandes desafios do mundo contemporâneo? Em que medida tais desafios afetam nossa vida e a de nossos alunos?

As respostas a essas questões – e a outras que possam surgir – possibilitam encontrar, mesmo que no plano das ideias, a sociedade que desejamos formar. Dessas reflexões, emerge o perfil de aluno a ser constituído na educação básica.

O perfil de egresso é constituído a várias mãos e tem relação direta com o contexto de aplicação do plano de ação. Como mencionamos anteriormente, a elaboração desse perfil pode conter características gerais ou específicas diretamente relacionadas à percepção do grupo de profissionais que constitui esse perfil.

Embora tenhamos ciência de que esse processo é uma construção coletiva, para a continuação do nosso estudo, apresentaremos uma simulação da realidade para constituir o perfil do egresso, bem como os princípios e as competências que orientarão a elaboração dos planos de ação nos capítulos seguintes. Diante disso, indicamos a seguir, na Figura 3.2, uma representação com a sequência do processo a ser utilizado na elaboração dos planos de ação (conteúdos dos Capítulos 5 e 6), representando o caminho entre a sociedade a ser formada e o perfil de egresso.

Figura 3.2 Representação gráfica para a organização dos planos de ação

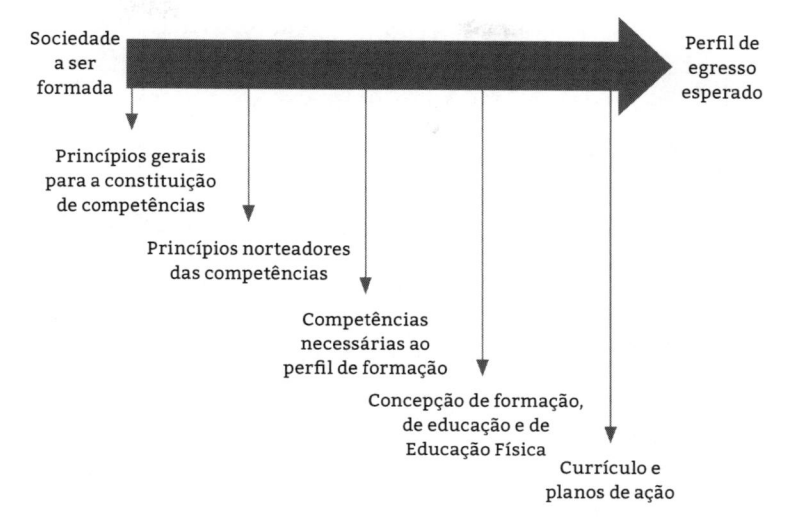

Sociedade a ser formada → Perfil de egresso esperado

Princípios gerais para a constituição de competências

Princípios norteadores das competências

Competências necessárias ao perfil de formação

Concepção de formação, de educação e de Educação Física

Currículo e planos de ação

Fonte: Maffei, 2017, p. 44.

3.5.1.1 Ponto de partida: o perfil de sociedade que se pretende formar

> **Pense a respeito**
>
> Uma sociedade justa, igualitária e que priorize o direito de oportunidade a todos; em que as pessoas valorizem o ser humano em sua totalidade, respeitando os valores morais e guiando-se por atitudes éticas, com a competência necessária para buscar e produzir novos conhecimentos sempre que necessário: essa é a sociedade que se pretende formar.

Será que a sociedade que se espera formar no futuro necessita dessas características? Para orientar o trabalho com o PPP e a construção de planos de ação para a Educação Física, utilizaremos em nossos exemplos o perfil de sociedade proposto no parágrafo anterior. Com base nele, direcionaremos as competências que guiarão o desenvolvimento da proposta apresentada. É importante salientarmos que não se trata de um modelo, uma diretriz ou proposição a ser seguida, mas, sim, de um exemplo de dinâmica para a construção do PPP.

3.5.1.2 Ponto de chegada: o perfil do egresso a ser formado

Ao longo da educação básica, espera-se que a atuação do professor de Educação Física possibilite o desenvolvimento de alguns princípios norteadores das competências (PNCs) necessários à constituição do perfil de ser humano esperado. Utilizando o ponto de partida proposto no item anterior, ou seja, o perfil de sociedade esperada para o futuro, como exemplo para a constituição do quadro de competências a serem formadas, quatro princípios gerais (PGs) são elencados como fatores fundamentais para essa tarefa. Para cada um deles, são apresentados seis PNCs.

É importante destacarmos que tanto os PGs como os PNCs são utilizados para exemplificar as ideias apresentadas e não se constituem, portanto, como uma obrigação a ser seguida; mesmo porque a dinâmica indicada serve apenas para exemplificar um processo que a escola pode utilizar para compor as competências a serem propostas para o trabalho escolar.

Porém, antes de apresentar os PNCs considerados em nossa proposta, é importante que você assista ao vídeo "Educação por competências no ensino básico – Nilson Machado", presente na seção "Indicações culturais" localizada ao fim deste capítulo.

3.5.1.3 Princípios norteadores das competências

Tendo como ponto de partida a sociedade que se pretende formar e o perfil de cidadão integrante dessa coletividade, apresentamos, no Quadro 3.3, a seguir, os PGs e os PNCs necessários à constituição desse cidadão egresso da educação básica. Novamente, vale a pena ressaltarmos que estamos apenas trazendo uma simulação da realidade, pois a sociedade que se espera formar e o perfil de egresso devem ser definidos coletivamente na escola e, além disso, podem presumir outras configurações – o mesmo pode ocorrer com os PGs e os PNCs. Também é importante destacarmos que estamos utilizando essa elaboração como um exemplo para ilustrar a elaboração de planos de ação, e não como um modelo rígido a ser seguido.

Quadro 3.3 Princípios gerais e princípios norteadores das competências

Princípios gerais (PG)	Autonomia	Conhecimento	Produção do conhecimento	Relacionamento inter e intrapessoal
	Autossuficiência	Apropriação	Capacidade de síntese	Alteridade
	Confiança	Conhecimento	Competência	Empatia
Princípios norteadores das competências (PNC)	Empreendedorismo	Iniciativa	Curiosidade/ Entusiasmo	Proatividade
	Pragmatismo	Maturidade	Gosto pelo estudo	Responsabilidade social
	Protagonismo	Raciocínio	Investigação	Sociabilidade
	Tolerância	Reflexão	Observação	Solidariedade

Fonte: Maffei, 2017, p. 42.

3.5.1.4 Competências norteadoras do perfil a ser formado

Após esclarecer os PNCs, o passo seguinte se refere à descrição das competências com base em tais princípios. A dinâmica apresentada no Quadro 3.4 se estende a todos os PNCs, os quais podem ser contemplados com mais de uma competência, se for o caso.

A seguir, apresentamos algumas competências como exemplo para o perfil simulado. Lembramos que elas reproduzem apenas uma simulação da realidade, atendendo apenas à proposta que pretendemos apresentar, afinal, nas escolas, elas podem apresentar especificidades contextuais de acordo com as necessidades locais. Nesse momento, nosso enfoque principal é a compreensão da dinâmica proposta para o trabalho com o perfil de egresso, as competências e o plano de ação.

Quadro 3.4 Competências norteadoras do perfil de formação

PG	PNC	Competências
Autonomia	Autossuficiência e confiança	Encontrar diferentes soluções para a resolução de problemas, tendo em vista que as atividades criadas pelo homem são, por natureza, calcadas na incerteza, na imperfeição e na diversidade.
	Empreendedorismo	Utilizar-se da capacidade de convencer os outros a mudarem sua maneira de pensar e se comportar, demonstrando iniciativa, autoconfiança, adaptação a mudanças e vontade de assumir riscos.
	Pragmatismo	Procurar maneiras de resolver situações com praticidade, de forma viável e racional.

(continua)

(Quadro 3.4 – continuação)

PG	PNC	Competências
Autonomia	Protagonismo	Agir com responsabilidade nos momentos que exijam assumir posicionamento para tomar decisões, seja para transformar ou manter determinada situação ou ponto de vista.
	Tolerância	Ter como fundamento a flexibilidade nas diferentes decisões a serem tomadas no cotidiano.
Conhecimento	Apropriação	Utilizar a capacidade de traduzir o que lê, vê e ouve, com as próprias palavras, preservando o seu significado.
	Conhecimento	Buscar soluções práticas e criativas, utilizando os próprios recursos para encontrar caminhos viáveis.
	Iniciativa	Agir com prontidão e disposição em situações que exijam ação ou tomada de decisão.
	Maturidade	Envolver-se com as atividades de sua responsabilidade, mantendo o foco nas metas pessoais e coletivas.
	Raciocínio	Identificar pressupostos nos discursos dos outros, sendo capaz de observar, comparar e argumentar a partir dos dados apresentados.
	Reflexão	Estabelecer relações entre as diversas linguagens e gêneros textuais, inferindo conclusões pessoais de forma crítica, criativa e lógica.

(Quadro 3.4 – continuação)

PG	PNC	Competências
Produção do conhecimento	Capacidade de síntese	Utilizar a capacidade de fazer definições e distinções, formular hipóteses, analisar, generalizar e sintetizar conceitos, aplicando-os em situações reais.
		Expressar oralmente e por escrito suas ideias.
		Relacionar analiticamente fatos, com atitude crítica, de forma dedutiva, avaliando ideias e hipóteses.
	Competência	Identificar, ao resolver problemas, alternativas que levem a decisões racionais.
		Avaliar as próprias ações, sendo capaz de transferir princípios e estratégias de uma situação à outra.
	Curiosidade/ Entusiasmo	Demonstrar interesse na busca por respostas e resolução de problemas individuais e coletivos, mostrando-se estimulado a procurar novos caminhos.
	Gosto pelo estudo	Selecionar estratégias adequadas nas diversas situações da vida, respeitando e reconhecendo suas limitações.
	Investigação	Ser capaz de buscar informações nos diversos meios de comunicação e nas situações reais da vida, utilizando a atitude inquiridora e o raciocínio indutivo na geração de ideias e hipóteses.
	Observação	Ser intuitivo e observador para antecipar problemas e soluções para as situações que se apresentem na vida.

(Quadro 3.4 – conclusão)

PG	PNC	Competências
Relacionamento inter e intrapessoal	Alteridade e empatia	Colocar-se no lugar do outro nos momentos em que as decisões envolvam grupos ou pessoas.
	Proatividade	Agir com prontidão, eficiência e presteza nas ações que solicitem escolha e tomadas de decisão individual e coletiva.
	Responsabilidade social	Agir com responsabilidade nas tomadas de decisão que envolvam pessoas, procurando antecipar problemas e minimizar riscos.
	Sociabilidade	Utilizar-se de recursos variados para evitar e resolver conflitos, cooperando e obtendo cooperação dos outros.
	Solidariedade	Adotar atitudes de respeito mútuo, dignidade e solidariedade ao resolver problemas que exijam tomadas de decisão individuais ou coletivas.

A apresentação das competências que constituirão o perfil de egresso finaliza o eixo político que subsidia o PPP. Para tanto, esse item se voltou à reflexão pedagógica que, segundo o Coletivo de Autores (1992), assume as características diagnóstica, judicativa e teleológica. Sob essa ótica, o diagnóstico da situação imediata e o juízo de valores sobre ela apontaram como direcionamento a construção de um perfil de formação, bem como de seus princípios orientadores e das competências que constituirão esse perfil.

Finalizada essa tarefa, o próximo passo diz respeito à organização pedagógica/disciplinar, com base em novas reflexões e na proposta de uma pedagogia adequada à dimensão política apresentada.

No capítulo seguinte, discutiremos o eixo pedagógico do PPP, para, então, partirmos à elaboração do plano de ação.

▐▌▎ Síntese

Neste capítulo, elencamos subsídios para a elaboração do PPP que, por sua vez, fundamenta a elaboração dos planos de ação do professor. Inicialmente, apresentamos uma visão contextual a respeito do documento, utilizando, para isso, conhecimentos trazidos da obra *Metodologia do ensino de Educação Física* (Coletivo de Autores, 1992).

Em seguida, abordamos questões relativas à importância da atuação do professor ao desenvolver o perfil de egresso pretendido, o que, em muitas situações, exige do profissional a ressignificação de seus conhecimentos e o rompimento com certezas e concepções cristalizadas, levando-o a assumir uma nova postura político-pedagógica em relação ao seu trabalho.

Na sequência, discutimos a necessidade de trabalhar na escola em função de um perfil de adulto a ser formado, condição para a proposição de competências a serem constituídas no decorrer da escolarização. Nesse sentido, iniciamos nosso debate com a conceituação e justificativa a respeito da escolha por um trabalho que se volta ao desenvolvimento de competências.

Por fim, trouxemos uma composição do perfil de egresso da educação básica com base em reflexões pedagógicas, por meio das quais realizamos um diagnóstico simulado partindo de uma comunidade fictícia, atribuindo juízos de valores sobre ela.

Com nossa simulação, indicamos as competências necessárias para a construção de um perfil de formação, bem como de seus princípios gerais e norteadores. Essa reflexão, ainda que possibilitada por uma situação hipotética, propiciou a construção de um quadro de competências que será utilizado na confecção dos planos de ação na sequência desta obra.

ɪɪɪ *Indicações culturais*

Capítulo de livro

COLETIVO DE AUTORES. A educação física no currículo escolar: desenvolvimento da aptidão física ou reflexão sobre a cultura corporal. In: _____. **Metodologia do ensino da Educação Física**. São Paulo: Cortez, 1992. p. 13-23.

Sugerimos essa leitura para que você possa saber mais sobre o PPP e o currículo ampliado. Entre outros temas, o capítulo aborda conhecimentos sobre PPP, concepção de currículo ampliado, o princípios curriculares no trato com o conhecimento, além de ciclos de escolarização da Educação Física na dinâmica curricular. A leitura desse texto possibilita aprofundar conhecimentos que permitem uma maior compreensão a respeito da relação entre escola, Educação Física e sociedade.

Vídeos

D-27 – projeto político-pedagógico. Disponível em: <https://www.youtube.com/watch?v=Pxoyx6ciqYA>. Acesso em: 15 mar. 2019.

RODA de conversa – tema: projeto político-pedagógico – Parte 1. Disponível em: <https://www.youtube.com/watch?v=fntnXK-LroY>. Acesso em: 15 mar. 2019.

Para aprofundar seus conhecimentos sobre o PPP, sugerimos que assista aos dois vídeos indicados, os quais apresentam concepções de autores que estudam, pesquisam e escrevem sobre essa temática.

EDUCAÇÃO por competências no ensino básico – Nilson Machado. Disponível em: <https://www.youtube.com/watch?v=GNh2goLlRcg>. Acesso em: 15 mar. 2019.

Nesse vídeo, gravado pela Univesp TV, o professor Nilson Machado fala sobre a mediação do professor no desenvolvimento de competências na escola.

■ **Atividades de autoavaliação**

1. A elaboração de planos de ação, embora pareça uma tarefa fácil para o professor experiente, envolve uma série de conhecimentos não só relacionados à Educação Física, mas, também, a outros temas discutidos na escola e que tornam o currículo e a formação interdisciplinares. Nesse sentido, analise as afirmações que seguem:

    I. Todos os professores da escola trabalham em função das competências que constituem o perfil do egresso a ser formado.

    II. Existe um perfil do egresso a ser formado, e cada professor trabalha na sua disciplina com os conteúdos, as finalidades e as competências próprios à disciplina, suficientes para a formação do egresso.

    III. O que direciona a elaboração do plano de ação é o perfil de egresso a ser constituído, e não o interesse particularizado e disciplinar dos componentes curriculares.

    Assinale a alternativa que indica as afirmações corretas:

    a) As afirmativas I, II e III estão corretas.
    b) Somente as afirmativas II e III estão corretas.
    c) Somente as afirmativas I e III estão corretas.
    d) Somente as afirmativas I e II estão corretas.
    e) As afirmativas I, II, e III estão incorretas.

2. Na elaboração do PPP, segundo o Coletivo de Autores (1992), a reflexão assume características diagnósticas, judicativas e teleológicas. Segundo essas características, é correto afirmar que:

    a) A reflexão assume essas características, mas, na prática, o que vale é o conhecimento científico que o professor transmite ao aluno.

b) Nas aulas, o professor faz o diagnóstico da turma tendo como base o nível de desenvolvimento dos alunos, informa os pais e gestores da escola e encaminha os estudantes para o reforço escolar, quando necessário.

c) As características diagnósticas, judicativas e teleológicas são distintas, sendo que: a diagnóstica deve ser realizada no início do ano letivo; a judicativa, no decorrer do ano, com juízos de valores sobre as aprendizagens; e a teleológica, no final do ano, indicando o prosseguimento dos estudos do aluno.

d) Deve-se realizar um diagnóstico da realidade imediata de dada sociedade, avaliar os dados levantados tendo como base um conjunto particular de valores e apontar um caminho a ser seguido com vistas à melhoria da sociedade diagnosticada.

e) A reflexão é individual do professor, para direcionar o seu trabalho e atender às especificidades de cada disciplina. Por esse motivo, ela assume as três características: diagnóstica, judicativa e teleológica.

3. De acordo com a concepção de PPP para a formação do egresso, indique os elementos fundamentais para a elaboração dos planos de ação:

   a) Perfil de egresso, competências a serem desenvolvidas, concepção de educação e de Educação Física.

   b) Conhecimento do aluno, conhecimento de Educação Física, material disponível.

   c) Bom relacionamento com a comunidade escolar, frequência na aula e participação nos eventos da escola.

   d) Domínio sobre os conteúdos procedimentais, atitudinais e conceituais.

   e) Atendimento aos interesses dos alunos, aulas voltadas ao plano da recreação, parcerias com diferentes ambientes sociais.

4. Ao elaborar o PPP, uma das incumbências do professor é avaliar o perfil da sociedade atual. A partir dessa ação, é correto afirmar:

a) O resultado da avaliação pode mostrar se o aluno está aprendendo os conteúdos trabalhados.

b) A avaliação do perfil da sociedade serve como parâmetro para discutir a sociedade em que vivemos e propor caminhos que levem a uma melhora do quadro atual.

c) Por se tratar de um importante meio de controle social, os governantes recomendam que seja realizada uma avaliação do perfil da sociedade atual.

d) De nada adianta a discussão sobre a sociedade se não houver financiamento para a educação, escolas bem estruturadas e a comunidade apoiando o professor.

e) A avaliação do perfil da sociedade é útil para compreender as necessidades de mudança da política e dos governantes atuais.

5. Os estudos sobre o desenvolvimento de competências têm sido aplicados em diferentes âmbitos profissionais, dentre eles, o educacional. Embora o termo *competência* seja polissêmico, refere-se aos saberes comuns às diferentes noções utilizadas pelos autores trabalhados neste capítulo. Sob essa ótica, assinale a seguir a alternativa que expressa os saberes comuns às diferentes concepções de competência, conforme apresentado no texto:

a) Saber, realizar e avaliar.
b) Domínio do conteúdo, saber prático e ação.
c) Aprendizagem, desenvolvimento e domínio.
d) Destreza, capacidade e resolução de problemas.
e) Saber, saber ser e saber agir.

▪ Atividades de aprendizagem

Questões para reflexão

1. Em sua opinião, como o PPP pode direcionar as ações da escola e do professor?

2. Qual é a relação entre o PPP, as concepções de educação e Educação Física do professor e a elaboração dos planos de ação para serem trabalhados em aula?

Atividade aplicada: prática

1. Faça uma pesquisa na internet sobre a expressão *projeto político-pedagógico* e procure encontrar projetos de escolas que estão disponíveis para consulta. Digite o termo na aba de consulta no seu computador e, em seguida, procure nos *links* de acesso o projeto de alguma escola. Nos documentos encontrados, observe como as escolas articulam a leitura da realidade com a formação do perfil de egresso esperado. Caso a escola não apresente tais indicadores, o que ela utiliza para propor objetivos, competências, missão, visão ou valores, ações etc.? Elabore um texto apresentando suas conclusões a respeito da pesquisa.

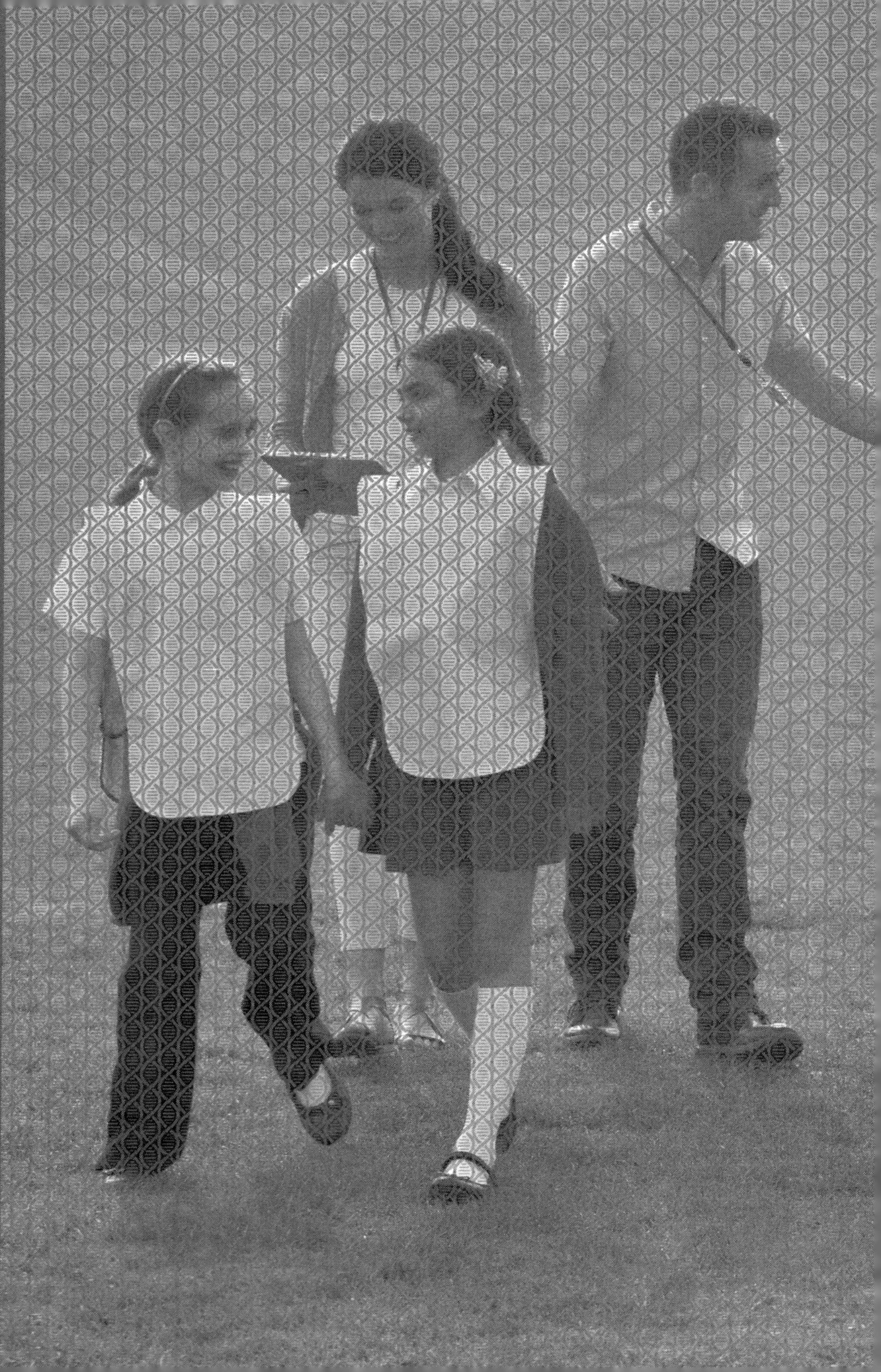

Capítulo 4

Subsídios para a elaboração do projeto político-pedagógico: eixo pedagógico

Nos **capítulos** anteriores, preocupamo-nos em situar o campo pedagógico da Educação Física, trazendo algumas considerações sobre as discussões promovidas na década de 1990 que culminaram no surgimento de proposições teórico-metodológicas para a disciplina. Em seguida, propusemos uma reflexão sobre a elaboração de um projeto político-pedagógico (PPP) para a Educação Física. No Capítulo 3 especificamente, discutimos exclusivamente a dimensão política da proposta.

Neste capítulo, abordaremos a dimensão pedagógica do projeto, para, em seguida, avançarmos nas propostas de ação pedagógica com a disciplina. É importante destacarmos que a escolha da linha pedagógica a ser seguida também pressupõe uma tomada de decisão e, portanto, também é política. Por outro lado, tal escolha presume uma ação e uma intenção sociopedagógicas em que concepções, certezas e crenças pessoais fundamentam a tomada de decisão, embora também guardem relação com o eixo político, visto que o eixo pedagógico operacionaliza, possibilita e auxilia na realização da tarefa proposta no eixo político.

4.1 A prática pedagógica com base em proposições teórico-metodológicas

Na busca por estabelecer uma lógica interna com as proposições progressistas, apresentaremos uma composição híbrida direcionada pelo conhecimento de diferentes proposições. As proposições aqui apresentadas fundamentarão a elaboração dos planos de ação construídos nos Capítulos 5 e 6.

Não se trata de apresentar uma nova proposição teórico-metodológica, mas, sim, de oferecer elementos que direcionam a ação e contribuem para a constituição de práticas significativas que utilizam conhecimentos das diferentes proposições para a elaboração de situações didáticas e de planos de ação para a Educação Física na escola. Para tanto, o eixo pedagógico do plano de ação utilizará os conhecimentos das seguintes proposições:

4.1.1 Proposição sociológico-sistêmica (Betti, 1991)

Desta proposição, destacaremos alguns elementos que estarão presentes na elaboração do PPP, entre eles, a compreensão sobre o modelo sociológico-sistêmico, em que, no nível macrossocial, os anseios sociais são mecanismos para imputar valores e prioridades à escola.

Ainda que a reflexão pedagógica (Coletivos de Autores, 1992) seja realizada coletivamente na escola (como debateremos na organização do PPP), os desejos de transformação ou manutenção social determinam os valores e as prioridades da formação. Em função disso, os planos propostos para os diferentes níveis de ensino refletirão os valores pensados e propostos nas ações, com o objetivo de influenciar a personalidade humana. Destacamos que, diferentemente do modelo sociológico-sistêmico – que Betti (1991) utiliza para explicar como o meio educacional é influenciado pela política –, a dinâmica proposta para a elaboração do PPP será apresentada como alternativa ao modelo, visto que é pensada na perspectiva de classe (e não de reprodução).

Na elaboração dos planos de ação, também consideraremos dois princípios trazidos na proposição: **não exclusão** e **diversidade**. Diante disso, o princípio da não exclusão será atendido no plano de ação com propostas de atividades em que todos possam participar, independentemente do nível de desenvolvimento das habilidades corporais e das capacidades física. Em momento algum será exigida *performance*, mesmo nas propostas voltadas ao esporte e à ginástica de condicionamento físico; pelo contrário, o incentivo se voltará à participação para a geração de sentidos próprios sobre a relação com os elementos da cultura. Assim sendo, a diversidade de ações (experiências corporais/reflexivas, leituras, textos, debates, rodas de conversas, atividades de reflexão em grupo etc.) e de elementos da cultura (esporte, ginástica de condicionamento físico, jogos – inclusive de outras culturas –, brincadeiras etc.) será proposta como forma de atender à individualidade e à inclusão dos alunos.

Também, considerando a complexidade e a adequação ao aluno, valorizaremos os princípios da tematização dos elementos da cultura propostos por Betti e Zuliani (2002), partindo sempre da simples informação. Por isso, as experiências partem do levantamento do conhecimento do aluno sobre determinado assunto para, em seguida, problematizar e desenvolver o conteúdo e reconstruir o conhecimento – isto é, da informação à análise –, considerando a capacidade do aluno em função do nível de ensino. Dessa forma, serão considerados os seguintes elementos da proposição sociológico-sistêmica: modelo sociológico-sistêmico (possibilitando reflexões sobre a influência do meio social na Educação Física); modelo de polaridades (reflexão sobre a forma como se dará a atuação do profissional em função da tomada de decisão na ação); não exclusão e diversidade; tematização dos elementos da cultura com o objetivo de apropriação crítica; complexidade e adequação ao aluno.

4.1.2 Proposição crítico-superadora (Coletivo de Autores, 1992)

A reflexão pedagógica, proposta pelo Coletivo de Autores (1992) para a elaboração do PPP, também será considerada para o desenvolvimento dos planos de ação, ao propor a reflexão e apropriação crítica dos elementos culturais do movimento. Para isso, utilizaremos a tematização dos elementos culturais do movimento, também proposta por Betti e Zuliani (2002), e a seleção dos conteúdos e temas priorizará critérios relativos à relevância social e à contemporaneidade dos temas, proporcionando reflexões sobre padrões de beleza, mercantilização do corpo, consumismo, influência da mídia, competição, convivência, entre outros temas.

A escolha dos conteúdos e temas levará em consideração a adequação às condições do aluno, que apresenta características, capacidades e interesses relativos ao nível de ensino. Ainda que os conteúdos sejam propostos para determinado ano/série e bimestre, é fundamental destacarmos que se trata de um exemplo, pois podem ser aplicados em outros momentos da escolaridade, uma vez que se preserva o princípio da simultaneidade dos conteúdos. Portanto, não há prerrequisito para o desenvolvimento das ações propostas; porém, o aprofundamento e a complexidade dos conhecimentos tratados devem levar em consideração a capacidade de análise da turma em que o plano de ação será desenvolvido, bem como a sensibilidade do professor em perceber o nível dos alunos e a relação com o grau de aprofundamento das reflexões.

Por esse motivo, e por tratarmos de situações hipotéticas, não pretendemos prever, nas situações de ensino-aprendizagem, o tipo de aprofundamento que se busca.

Assim, na elaboração dos planos de ação, utilizaremos os seguintes elementos da proposição crítico-superadora: construção do PPP; reflexão pedagógica; tematização dos elementos culturais do movimento com o objetivo de apropriação crítica; relevância social e contemporaneidade dos temas; adequação dos conteúdos à condição do aluno; princípio da simultaneidade dos conteúdos.

4.1.3 Proposição crítico-emancipatória (Kunz, 1991; 1994)

Dessa proposição, utilizaremos a compreensão sobre a dinâmica de desenvolvimento das situações de ensino-aprendizagem. Para tanto, exploraremos a concepção de encenação e as experiências a serem propostas buscarão estabelecer relações com ambientes e papéis sociais da vida real. Diante disso, as situações a serem propostas como exemplo utilizarão a dinâmica de problematização-encenação-transformação.

Assim, as situações de ensino-aprendizagem serão construídas considerando sempre uma prática social inicial. Por esse motivo, recorreremos à estratégia de problematização, com o objetivo de reconhecer a concepção do aluno e colocá-la em xeque (confrontá-la). Em seguida, proporemos a encenação, na intenção de instrumentalizar o aluno com temas extraídos da própria realidade, contrastando-os com os conhecimentos produzidos (científicos). Por fim, a transformação pressupõe um novo comportamento assumido em função da memória, da reflexão, da análise, das expressões verbais e das experiências vividas, presumindo uma nova prática social.

Em função disso, a elaboração das situações de ensino-aprendizagem deve considerar sempre uma prática social existente e se desenvolver de modo a reconhecê-la e problematizá-la, para instrumentalizar o aluno e construir junto a ele uma nova prática social, representada pela relação que o ser humano estabelece com a cultura. Dessa maneira, se trabalhamos com a ginástica de condicionamento físico, o ponto de partida deverá ser o conhecimento que o aluno tem sobre ela.

O objetivo da ação pedagógica é a construção de novas práticas sociais tendo sempre como princípio norteador a reflexão pedagógica (diagnóstica, judicativa e teleológica) proposta no PPP. Diante disso, dessa proposição destacaremos alguns elementos que estarão presentes na elaboração dos planos de ação: o princípio da encenação (problematização-encenação-transformação) e a construção de sentidos/significados por meio das experiências com o movimento.

4.2 Finalidade da Educação Física na escola

Inicialmente, para dar sentido ao papel da Educação Física na escola – e que será utilizado na construção de nossa proposta de trabalho –, é fundamental compreendê-la como uma das áreas de conhecimento que lida com o movimento corporal como atividade prática contextualizada. As construções culturais relativas ao homem, ao corpo e ao movimento foram incorporadas nos conteúdos desse componente curricular na forma de conhecimentos sobre o corpo, o jogo, o esporte, a dança, a ginástica e a luta. Nesse sentido, o trabalho escolar com essa disciplina procura construir em conjunto com os alunos sentidos e significados a respeito desses elementos culturais. Para isso, há necessidade de contextualizar a relevância histórica, o significado social, as transformações ocorridas ao longo do tempo e a utilização da Educação Física na escola e na sociedade, analisando-a, avaliando-a e recriando-a de acordo com as necessidades individuais e coletivas e aproximando o aluno das construções culturais.

Diante disso, embora muitas finalidades possam ser propostas para a Educação Física, apresentamos a descrita por Betti e Zuliani (2002, p. 75), pois ela traduz o pensamento utilizado para a área na proposta que será desenvolvida na sequência desta obra:

> introduzir e integrar o aluno na cultura corporal de movimento, formando o cidadão que vai produzi-la, reproduzi-la e transformá-la, instrumentalizando-o para usufruir do jogo, do esporte, das atividades rítmicas e dança, das ginásticas e práticas de aptidão física, em benefício da qualidade da vida.

Portanto, ao longo da educação básica, coloca-se para a Educação Física o papel de propiciar ao aluno a apropriação crítica das práticas culturais e o desenvolvimento da capacidade de discerni-las e reinterpretá-las de acordo com os seus conhecimentos e conforme o grupo social em que está inserido.

É importante destacarmos que estamos diante de um processo de formação – referimo-nos longitudinalmente à expressão *ao longo da educação básica*. Por isso, para cada etapa da escolaridade (educação infantil, ensino fundamental – anos iniciais e anos finais –, ensino médio), são apresentadas características próprias que levarão à apropriação crítica dos elementos da cultura e ao desenvolvimento de competências necessárias à constituição do perfil do egresso.

4.3 Prática pedagógica

O papel atribuído à prática pedagógica do professor contempla ação e reflexão pedagógica associadas à experiência corporal concreta. Assim, a ação pedagógica desenvolvida com a Educação Física implica a superação do fazer corporal mecânico, descontextualizado e acrítico dos elementos culturais do movimento, pressupondo a apropriação crítica por meio da reflexão sobre as próprias ações corporais experienciadas.

Trata-se, então, de ações e reflexões pedagógicas desenvolvidas sobre as representações do sujeito com o acervo das representações culturais, como afirmam Coletivo de Autores (1992) e Betti e Zuliani (2002), ainda que analisem essa relação a partir de concepções epistemológicas distintas:

> Na perspectiva da reflexão sobre a cultura corporal, a dinâmica curricular, no âmbito da Educação Física, tem características bem diferenciadas das da tendência anterior. Busca desenvolver uma reflexão pedagógica sobre o acervo de formas, representações do mundo que o homem tem produzido no decorrer da história, exteriorizada pela expressão corporal: jogos, danças, lutas, exercícios ginásticos, esporte, malabarismo, contorcionismo, mímica e outros, que podem ser identificados como formas de representação simbólica de realidades vividas pelo homem, historicamente criadas e culturalmente desenvolvidas. (Coletivo de Autores, 1992, p. 38)

> A Educação Física não pode transformar-se num discurso **sobre** a cultura corporal de movimento, sob pena de perder a riqueza de sua especificidade, mas deve constituir-se como uma ação pedagógica **com** aquela cultura. Essa ação pedagógica a que se propõe a Educação Física será sempre uma vivência impregnada da corporeidade do **sentir** e do **relacionar-se**. A dimensão **cognitiva** far-se-á sempre sobre esse substrato corporal. O professor de Educação Física deve auxiliar o aluno a compreender o seu sentir e o seu relacionar-se na esfera da cultura corporal de movimento. (Betti; Zuliani, 2002, p. 75, grifo do original)

A ação e a reflexão pedagógicas guardam um sentido integrador entre experiência e os sentidos/conhecimentos construídos por meio dela.

Da fala de Betti e Zuliani (2002), destacamos que a falta de lucidez em relação ao termo *reflexão pedagógica* pode levar à falsa impressão de se tratar de um discurso sobre o corpo, o movimento ou a cultura – ou seja, uma reflexão desprovida de experiência concreta.

Mas como esses componentes apresentados influenciam diretamente a prática do professor na aula?

Uma ação ou reflexão pedagógica relacionada à cultura, conforme propõem Betti e Zuliani (2002), pressupõe a elaboração de um plano de ação, o qual implica escolhas a serem feitas pelo profissional. Tanto a compreensão a respeito das finalidades da Educação Física quanto a forma como o professor atuará no processo de ensino-aprendizagem requerem tomada de decisão. Trata-se do direcionamento político que permeará o processo. Diante disso, não existe ação pedagógica sem posicionamento político que implique manutenção ou mudança do modelo social hegemônico. Mesmo quando o profissional pensa em ocupar um posicionamento de neutralidade no processo, já fez a sua opção pela manutenção do modelo, visto que optou por não transformá-lo.

Um plano de ação coerente pressupõe uma concepção de Educação Física que atenda ao direcionamento político pretendido e que seja pensada na forma de currículo – ambos (direcionamento político e currículo) convergem para a prática pedagógica do professor. Estamos nos referindo a alguns princípios filosóficos que direcionam o trabalho do professor. É o plano das ideias que guiará a sua prática pedagógica. Nunca é demais destacar que, desde o princípio, o processo de reflexão deve guiar os passos do professor, e a reflexão deve ser diagnóstica, judicativa e teleológica (Coletivo de Autores, 1992). Na sequência, apresentamos algumas considerações a respeito da forma como os conteúdos serão abordados nos planos de ação que apresentaremos em seguida.

4.4 Tratamento dos conteúdos

Acompanhe o trecho a seguir:

> O profissional de Educação Física não atua sobre o corpo ou com o movimento em si, não trabalha com o esporte em si, não lida com a ginástica em si. Ele trata do homem nas suas manifestações culturais relacionadas ao corpo e ao movimento humanos, historicamente definidas como jogo, esporte, dança, luta e ginástica. (Daolio, 2005, p. 108)

De acordo com Daolio (2005), a Educação Física se interessa pelos sentidos gerados no e pelo homem nas relações estabelecidas com as manifestações culturais. Nesse sentido, para a Educação Física escolar, não basta apenas ensinar o jogo, o esporte, a dança etc., mas, sim, refletir sobre as representações construídas na e a partir da relação com a cultura.

Isso significa afirmar que os conteúdos trabalhados na Educação Física estão atrelados aos temas presentes na relação do homem com os elementos da cultura constituída sobre o corpo. Esse entendimento corrobora com estudos realizados por Betti e Zuliani (2002) e pelo Coletivo de Autores (1992). Os autores da obra *Metodologia do ensino de Educação Física* afirmam que, "provisoriamente, diremos que a Educação Física é uma prática pedagógica que, no âmbito escolar, **tematiza formas de atividades expressivas corporais** como: jogo, esporte, dança, ginástica, formas estas que configuram uma área de conhecimento que podemos chamar de cultura corporal" (Coletivo de Autores, 1992, p. 50, grifo nosso).

A esse respeito acrescentam Betti e Zuliani (2002, p. 77, grifo nosso):

> A esse conjunto devem somar-se outras estratégias quando se tem em vista o plano cognitivo: discussões sobre **temas da atualidade** ligados à cultura corporal de movimento, leitura de textos, dinâmicas de discussão em grupo, matérias de jornais e revistas, uso de vídeo/TV (produções específicas ou gravações de programas da TV), mural de notícias

e informações sobre esporte e outras práticas corporais, organização de campeonatos pelos próprios alunos, trabalhos escritos, pesquisas de campo etc.

A ação pedagógica com os elementos da cultura pressupõe que a Educação Física tematize a relação que o homem estabelece com esses elementos a partir da discussão de questões de relevância social. De acordo com esse entendimento, não basta dizer que a disciplina desenvolve um esporte, uma ginástica ou um jogo, mas, sim, que ela propõe uma ação e reflexão pedagógicas e busca compreender a ação do homem em relação ao elemento da cultura, bem como os seus desdobramentos que têm relação direta com os temas da atualidade.

A Figura 4.1, apresentada, a seguir, traz uma representação da intencionalidade pedagógica sobre os elementos da cultura tematizados por importantes questões sociais a serem discutidas na atualidade e que são compreendidas como estudo da contemporaneidade:

Figura 4.1 Intencionalidade pedagógica

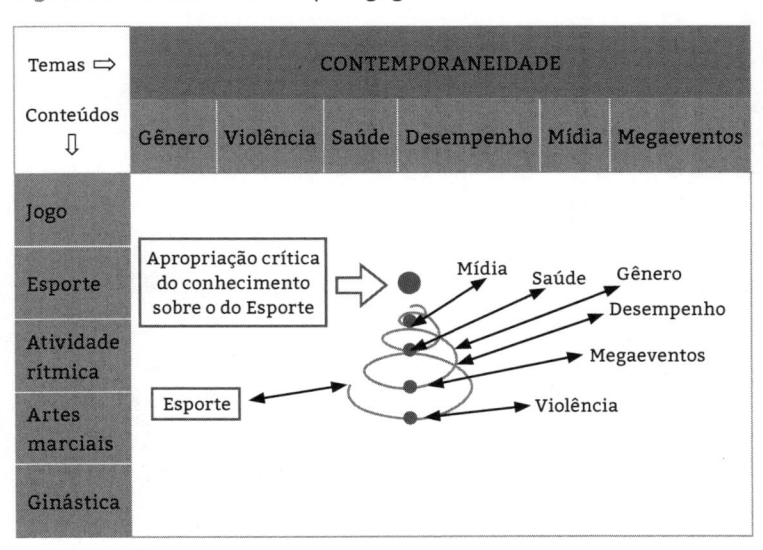

Temas ⇒ Conteúdos ⇩	CONTEMPORANEIDADE					
	Gênero	Violência	Saúde	Desempenho	Mídia	Megaeventos
Jogo						
Esporte	Apropriação crítica do conhecimento sobre o do Esporte ⇒ Esporte			Mídia Saúde Gênero Desempenho Megaeventos Violência		
Atividade rítmica						
Artes marciais						
Ginástica						

Fonte: Maffei, 2015, p. 104

Essa representação mostra um eixo em que são apresentados os conteúdos da Educação Física e outro em que estão propostos os temas. A intencionalidade pedagógica do professor – com o conteúdo *esporte* – está também representada na imagem (observe o início da espiral).

De que forma essa espiral se relaciona com a Educação Física? Como os temas podem ser tratados na aula? Perceba que, na figura, não se define qual é o esporte, pois o que nos importa são as relações que com ele o sujeito estabelece. Assim, por exemplo, podemos partir de uma experiência com os posicionamentos de ataque e defesa no voleibol, analisando como eles acontecem no esporte de alto nível, buscando elementos para relacioná-los ao treinamento e à alta exigência para a movimentação no jogo e, por fim, elencando os problemas de saúde promovidos pelo esporte de alto nível.

No caminho para chegarmos a esse entendimento, passamos por temas como desempenho, megaeventos esportivos, influência da mídia, profissionalização do esporte, entre outros, para que o aluno se aproprie criticamente desse elemento da cultura. Para isso, diferentes estratégias podem ser utilizadas, como: pesquisa com problematização do tema; entrevistas com atletas ou ex-atletas; experiências com treinamento em quadra; encenação de um jogo profissional; leitura de artigo sobre a vida de um medalhista olímpico; análise e reflexão sobre o material coletado, entre outras.

Assim, a espiral se refere à representação da ideia de que o conhecimento vai sendo lapidado pelos temas utilizados para a compreensão crítica da relação estabelecida entre sujeito e cultura. Além disso, ela representa, também, um processo contínuo em que o ponto de chegada é a apropriação crítica, e os conteúdos e temas vão se alternando e combinando para que a construção do conhecimento seja plena.

O trabalho com temas possibilita ao aluno explorar diferentes dimensões do conteúdo, e não somente a vivência corpórea do movimento. Para a Educação Física, esse trabalho possibilita promover uma apropriação crítica dos conhecimentos da cultura e, também, a possibilidade de ampliar os conhecimentos da área.

No trabalho com a tematização dos conteúdos da cultura, a prática pedagógica do professor deve superar a tradição de considerar apenas os conteúdos relativos ao fazer como relevantes para a Educação Física e adicionar as dimensões conceituais e atitudinais dos conteúdos, visto que, sem elas, não será possível tematizar os elementos da cultura, tampouco compreender as relações que emergem das ações entre homem e cultura.

4.4.1 As dimensões dos conteúdos

Para Coll (1998), os conteúdos apresentam três dimensões que devem ser exploradas quando se pretende compreender um fenômeno: **conceitos**, **procedimentos** e **atitudes**.

De acordo com Pozo (1998), a dimensão conceitual se evidencia nas relações significativas estabelecida com os fatos, obtendo-se conceitos e princípios, ou seja, "trata-se de um processo no qual o que aprendemos é o produto da informação nova interpretada à luz daquilo que sabemos" (Pozo, 1998, p. 32). Nesse sentido, a dimensão conceitual não pressupõe o ensino de algo pronto, acabado. Uma aprendizagem significativa presume o encontro do fato com concepções prévias, interesses e experiências pessoais daquele que aprende (Zabala, 1999).

Por sua vez, a dimensão atitudinal expressa as crenças pessoais, os sentimentos e as ações manifestadas segundo as próprias normas de conduta expressas nos valores particulares. Sarabia (1998) define os conteúdos relativos a essa dimensão como "tendências ou disposições adquiridas e relativamente duradouras a avaliar de um modo determinado um objeto, pessoa, acontecimento ou situação e a atuar de acordo com essa avaliação" (Sarabia, 1998, p. 122).

Além disso, a dimensão procedimental, que se refere aos conteúdos tradicionalmente explorados pela Educação Física, apresenta-se como "ações ou decisões que compõem a elaboração ou a participação" (Coll; Valls, 1998, p. 77).

Somados a essas características apresentadas para os conteúdos, na proposta de ação que indicaremos na sequência deste livro, consideraremos os seguintes princípios descritos pelo Coletivo de Autores (1992):

- **Relevância social dos conteúdos**: "implica compreender o sentido e o significado do mesmo para a reflexão pedagógica escolar" (Coletivo de Autores, 1992, p. 30).
- **Contemporaneidade do conteúdo**: a "seleção deve garantir aos alunos o conhecimento do que de mais moderno existe no mundo contemporâneo mantendo-o informado dos acontecimentos nacionais e internacionais, bem como do avanço da ciência e da técnica" (Coletivo de Autores, 1992, p. 30-31). É necessário, portanto, garantir o acesso às novidades do mundo moderno, sem perder de vista a relevância do passado. Isso pressupõe o entendimento da provisoriedade do conhecimento.
- **Adequação às possibilidades sociocognoscitivas do aluno**: "Há de se ter, no momento da seleção, competência para adequar o conteúdo à capacidade cognitiva e à prática social do aluno" (Coletivo de Autores, 1992, p. 31). Ao propor um percurso de aprendizagem para o aluno, deve-se levar em conta suas capacidades, seus conhecimentos e suas possibilidades.
- **Simultaneidade dos conteúdos**: "os conteúdos de ensino são organizados e apresentados aos alunos de maneira simultânea" (Coletivo de Autores, 1992, p. 31). Não são exigidos prerrequisitos, uma vez que "são dados da realidade que não podem ser pensados nem explicados

isoladamente" (Coletivo de Autores, 1992, p. 32). Sob essa ótica, os conteúdos são apresentados na forma de eventos, em que o conhecimento vai se construindo à medida que o pensamento vai se ampliando. Além disso, eles são desenvolvidos de forma espiralada, o que pressupõe a existência de uma sequência de processos que ocorrem continuamente.

Além dos princípios descritos pelo Coletivo de Autores (1992), Bettti e Zuliani (2002, p. 77) propõem que os seguintes princípios sejam considerados na ação pedagógica:

Princípio da inclusão
Os conteúdos e estratégias escolhidos devem sempre propiciar a inclusão de todos os alunos.

Princípio da diversidade
A escolha dos conteúdos deve, tanto quanto possível, incidir sobre a totalidade da cultura corporal de movimento, incluindo jogos, esporte, atividades rítmicas/expressivas e dança, lutas/artes marciais, ginásticas e práticas de aptidão física, com suas variações e combinações.

Princípio da complexidade
Os conteúdos devem adquirir complexidade crescente com o decorrer das séries, tanto do ponto de vista estritamente motor (habilidades básicas à combinação de habilidades, habilidades especializadas etc.) como cognitivo (da simples informação à capacidade de análise, de crítica etc.).

Princípio da adequação ao aluno
Em todas as fases do processo de ensino deve-se levar em conta as características, capacidades e interesses do aluno, nas perspectivas motora, afetiva, social e cognitiva.

Destacamos que, em relação ao princípio da inclusão, a palavra *todos* não se refere apenas às pessoas com alguma limitação de movimento, mas, também, àquelas que, por algum motivo, acreditam que não sabem jogar, ou que têm vergonha de participar ou se expor. Portanto, tal princípio diz respeito à inclusão de todos aqueles que, de alguma forma, sentem-se excluídos das aulas de Educação Física.

4.5 Princípios norteadores da ação pedagógica

Tão importante quanto pensar sobre o papel da Educação Física, o currículo e a prática pedagógica que darão o direcionamento político da ação, é eleger o princípios teórico-metodológicos que a orientarão. Se na seção anterior concebemos um plano filosófico ou ideológico para o currículo, sua realização se efetiva no plano da ação. Diante disso, ela deve ser pensada em função dos pressupostos contemplados no ideário do PPP, que deve considerar, também, os princípios que regem a ação do professor.

Como a escola é um espaço de reconstrução de saberes, e a cultura corporal de movimento se refere a uma parcela da cultura geral carregada de significados, o professor passa a ter o importante papel de mediar o processo de ensino-aprendizagem com a função de ressignificar, em conjunto com os alunos, os conhecimentos socialmente constituídos e historicamente preservados como patrimônio da humanidade, desenvolvendo-os na forma de conteúdos de ensino.

A esse respeito, observe a Figura 4.2:

Figura 4.2 Mediação no processo de ensino-aprendizagem

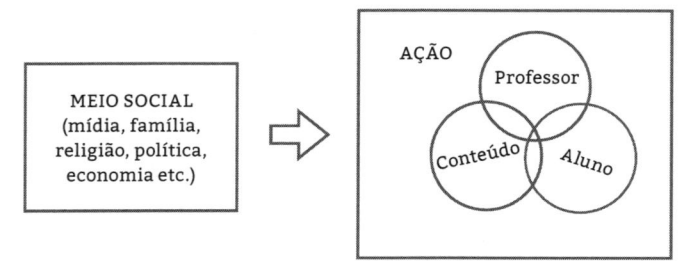

No processo de ensino-aprendizagem, professor, aluno, conteúdo e ação se tornam um complexo indissociável, e a tríade professor-aluno-conteúdo é mediada pela ação.

Perceba, na imagem, que toda ação pedagógica pressupõe a participação indissociável de três elementos. É por meio desse trio que se constroem os conhecimentos escolares, sendo que, em uma ação em que uma dessas arestas seja frágil (professor-aluno, professor-conteúdo, conteúdo-aluno), a aprendizagem estará comprometida. É importante ressaltarmos que essa relação se dá em um ambiente social que influencia e é influenciado pelo meio, como bem nos alertou Betti (1991). Diante disso, é preciso observar alguns princípios que orientarão a ação.

4.5.1 Princípios pedagógicos para a organização da Educação Física na escola

Toda ação pedagógica realizada pelo professor apresenta características próprias que conferem diferentes significados ao processo de ensinar e aprender. A forma como o professor age e se relaciona com os alunos, as estratégias escolhidas para o ensino dos conteúdos, os conhecimentos a serem construídos, o direcionamento político das reflexões, além de outros fatores a serem considerados, constituem o direcionamento político-filosófico do professor. Esse direcionamento não pode estar em desacordo com o PPP, pois, de outra maneira, este perde seu sentido e se torna um projeto de gaveta ou de gabinete – característica de iniciativas dessa natureza construídas pelo coletivo da escola e que, por algum motivo, não são seguidos pelos professores.

Sob essa perspectiva, a partir de agora, apresentaremos alguns princípios que guiarão os planos de ação para a Educação Física e que serão abordados com mais profundidade na sequência desta obra.

4.5.2 Professor como mediador do processo de ensino-aprendizagem

A ação do professor como mediador do processo de ensino-aprendizagem tem como objetivo a superação do modelo educacional de transmissão do conhecimento, no qual ele assume o papel de protagonista do processo. Nessa dinâmica, a inversão de papéis pressupõe, então, que o aluno tenha papel fundamental na ação, e que o professor deve ser o mediador, a ponte entre estudante e conhecimento, o meio para que o jovem aprenda a refletir e questionar o ambiente em que vive, comportando-se de forma ativa diante de novos saberes. A aprendizagem mediada é, portanto, o caminho pelo qual o professor mediador, guiado por suas ações, intenções, crenças e concepções, estimula o aluno a pensar e buscar caminhos alternativos e viáveis de aprender.

Contrário ao processo de transmissão do conhecimento, o professor mediador deixa de ser o transmissor do saber e passa a ter o papel de promover estratégias que levem os alunos à busca do conhecimento, à realização de análises reflexivas, sínteses, comparações, bem como ao estabelecimento de relações, produzindo novos conhecimentos e assumindo o protagonismo do processo.

4.5.3 Protagonismo do aluno

Antes de comentarmos sobre o papel do aluno no processo de ensino-aprendizagem, é fundamental apresentarmos a concepção de ensino-aprendizagem que utilizaremos na elaboração dos planos de ação. O ponto de partida é a aprendizagem como consequência da interação entre estruturas mentais e o ambiente. Nesse processo, o professor é o mediador/facilitador, promotor de possibilidades para que o conhecimento possa ser significado e ressignificado, construído e reconstruído continuamente. A aprendizagem constitui-se, então, por meio das construções conceituais (saberes), procedimentais (fazeres) e atitudinais (valores), obtidas com a experiência construída por fatores ambientais, emocionais, sociais e mentais, que possibilitem ao sujeito pensar, aprender, agir e ser.

Dar ao aluno o protagonismo da própria aprendizagem pressupõe conferir-lhe a oportunidade de ressignificar e produzir sentido sobre a própria experiência e experimentar novas formas de comunicação com as pessoas e o mundo. Nesse ponto de vista, *interatividade* é o termo que define a relação que o indivíduo estabelece com o ambiente e que lhe possibilita novas aprendizagens. Nessa relação, o professor desempenha a função de mediador do processo de experiência e significação, visto que mediar é possibilitar meios que levem os indivíduos às mudanças.

Partindo desse entendimento, as estratégias de ensino que utilizam experiências reais e simuladas, que tornam o aluno protagonista da própria aprendizagem e ativo no processo de construção do conhecimento, merecem ser valorizadas no processo de ensino-aprendizagem. Tais recursos constituem metodologias ativas, entendidas como processos de aprendizado que se utilizam de situações concretas para refletir e solucionar problemas relativos à prática social em diferentes contextos (Berbel, 2011).

4.5.4 Interdisciplinaridade

Conforme apresentado no capítulo anterior, o PPP é construído coletivamente, e nele são expressos o perfil de formação desejado e as competências que devem constituir esse perfil. Diante disso, as competências indicarão quais conteúdos devem compor o currículo das disciplinas e as estratégias a serem realizadas. Portanto, o caráter interdisciplinar deve ser definido na elaboração do currículo, e não nas escolhas dos conteúdos a serem trabalhados. A conversão dos sentidos expressos no PPP e a contemplação de seus itens nas ações desenvolvidas em cada disciplina representam esse caráter interdisciplinar.

A interdisciplinaridade compreendida dessa maneira estará garantida pela concepção do PPP, e não por uma aproximação ou aglutinação entre conteúdos, disciplinas ou temas geradores. Quando o PPP é construído por diferentes agentes do processo e representa os anseios coletivos, os conteúdos articulam-se entre si, e não será essencialmente a organização do currículo por eixos temáticos a responsável por determinar o caráter interdisciplinar da formação, tampouco a organização disciplinar do currículo o levará a fragmentar-se.

4.5.5 Transdisciplinaridade

A transdisciplinaridade é compreendida como o movimento de interação entre a escola e as questões sociais que devem ser consideradas pelo trabalho educativo, pois a sociedade é, ao mesmo tempo, a origem e o destino das ações educativas.

O caráter transdisciplinar do PPP é compartilhado pelo coletivo da escola, que anseia pelo desenvolvimento das competências necessárias à constituição do perfil do egresso, o qual está diretamente referenciado na figura do jovem a ser formado e da sociedade que se espera constituir. Diante disso, na elaboração do plano de ação, é necessário levar em consideração tanto o caráter multidisciplinar do PPP quanto a decisão sobre o perfil do egresso da educação básica, com base na sociedade que se espera formar.

A sustentação dos conceitos de interdisciplinaridade e de transdisciplinaridade é necessária para o alcance da formação que caracteriza um perfil de egresso. É fundamental também para orientar a seleção dos conteúdos, as estratégias a serem utilizadas e o processo de avaliação.

4.5.6 Estratégias de ensino

Não basta que os conteúdos sejam escolhidos para que as competências se materializem. É necessário garantir-lhes um tratamento compatível com a proposta inicialmente idealizada – ou seja, como ensiná-los. Assim, mais do que apenas definir a didática, é imprescindível também delimitar o campo metodológico.

A apropriação efetiva dos conhecimentos está subordinada ao tratamento dado aos conteúdos por parte dos professores. Nesse sentido, como já comentamos, é indispensável reconhecer as diferentes dimensões dos conteúdos, para que as competências do egresso sejam construídas.

Para que seja possível cumprir essa tarefa, as estratégias de ensino são fundamentais, uma vez que representam o meio pelo qual os conhecimentos são construídos. Assim, tais estratégias devem estar adequadas ao que se pretende na ação. É importante, também, que sejam variadas e possibilitem aos alunos diferentes formas de experiências, para que suas habilidades sejam testadas e as competências possam ser constituídas.

É necessário mencionarmos que a Educação Física escolar, ao longo de sua trajetória, constituiu um saber-fazer que valorizava demasiadamente as vivências corporais, com objetivos geralmente voltados ao desenvolvimento biológico do corpo, isto é, fazer Educação Física era aprender o movimento. De certa forma, tal atitude se caracterizou como uma marca da área, com grande ênfase aos conteúdos procedimentais e menor enfoque aos atitudinais e conceituais.

Acompanhe as colocações de Kunz (1994), a seguir, a respeito da expressão *encenação do esporte* e observe: apenas o conteúdo procedimental, ou seja, a vivência corporal daria conta da compreensão crítica a respeito do esporte?

> *A encenação, utilizando o termo por empréstimo do teatro, enquadra-se bem no mundo dos esportes. No teatro, a encenação significa pôr-se de forma sempre renovada em cena.*
>
> *[...] O problema é descobrir que compromisso educacional a encenação pedagógica do esporte deve assumir quando da presença de um educador e no espaço escolar.*

> [...] O objeto de ensino da Educação Física é assim, não apenas o desenvolvimento das ações do esporte, mas propiciar a compreensão crítica das diferentes formas da encenação esportiva, os seus interesses e os seus problemas vinculados ao contexto sociopolítico. É, na prática, permitir apenas o desenvolvimento de formas de encenação do esporte que são pedagogicamente relevantes. (Kunz, 1994, p. 68-73)

De forma muito parecida com o que ocorre no teatro (o desempenho dos atores depende do texto, e as ações são rigidamente estabelecidas, pincipalmente nas apresentações oficiais), o autor propõe a dinâmica da encenação do esporte porque afirma que nos esportes existem papéis predeterminados.

Sob essa ótica, Kunz (1994) apresenta uma sequência de ações que podem conduzir o aluno à compreensão crítica do esporte. Para tanto, o autor sugere uma metodologia pautada em algumas estratégias metodológicas:

- descoberta;
- encenação ou vivência;
- problematização;
- ampliação;
- reconstrução coletiva do conhecimento.

Perceba que a vivência corporal está presente na proposta, porém, não se configura como ação única. Essa dinâmica, permeada pela linguagem, requer que o professor utilize estratégias variadas para que o aluno possa perceber os sentidos advindos da experiência e construir significados a partir da ação. Portanto, de certa forma, essa dinâmica prevê ao menos três estratégias distintas:

1. dramatização ou realização de oficinas;
2. observação e verbalização;
3. resolução de problemas.

Uma ação pedagógica que se pretende desenvolver com a Educação Física, então, deve transcender a experiência corporal, embora necessite dela. Do contrário, tal ação poderá se transformar num mero discurso ou palestra sobre o corpo. Assim, é importante que o professor conheça estratégias diferenciadas, para o desenvolvimento de diferentes cenários, a fim de que possa utilizá-las de acordo com a proposta de ação pensada.

Quais são as estratégias que favorecem a aprendizagem dos alunos? É muito improvável pensar que há uma estratégia que realmente favoreça o processo de ensino-aprendizagem, pois ele é dinâmico, ao passo que os alunos são heterogêneos. Não podemos partir do pressuposto de que uma estratégia deve agradar a todos, facilite a aprendizagem ou assegurar que todos tenham o mesmo aproveitamento. Por isso, é importante que as estratégias sejam coerentes com as propostas de ensino e que sejam variadas, procurando atender a todos na medida do possível.

Para ser coerente com a proposição apresentada até o momento, é necessário que as estratégias de ensino utilizadas nos planos de ação permitam ao aluno ser o protagonista da ação, ou seja, atuar em diferentes contextos e cenários que possibilitem descobertas e a construção de novos conhecimentos.

Nesse sentido, é importante que as estratégias estejam alinhadas com a concepção do PPP e os princípios norteadores dos planos de ação. Partindo desses pressupostos, apresentamos nas subseções a seguir algumas estratégias de ensino-aprendizagem acompanhadas de suas dinâmicas de realização e de alguns critérios de avaliação.

Para compreender as informações presentes nesses itens, é importante observar a relação que a estratégia de ensino-aprendizagem estabelece com a dinâmica da atividade e com a avaliação.

Por exemplo: na primeira estratégia, intitulada "Aula expositiva dialogada", a ideia é que haja a exposição do conteúdo pelo professor, mas que não o faça em forma de monólogo. Assim, a participação do aluno durante a exposição será fundamental para a construção dos conceitos pretendidos. Diante disso, na descrição da estratégia, consta a informação de que, após o levantamento do conhecimento prévio dos alunos a respeito do tema, o professor deve "possibilitar que os estudantes questionem, interpretem e discutam o objeto de estudo, a partir do reconhecimento e do confronto com a realidade".

E por que o professor deve fazer isso? A explicação sobre o motivo que leva à utilização de determinadas ações é mencionada na coluna "Dinâmica da atividade". Utilizando o exemplo apresentado, a dinâmica da atividade explicita que o professor deve contextualizar "o tema de modo a mobilizar as estruturas mentais do estudante, para operar com as informações que este traz, articulando-as às que serão apresentadas. Ainda, fazer a apresentação dos objetivos de estudo da unidade e sua relação com a disciplina ou curso".

Portanto, quando essa estratégia é utilizada, tem-se a expectativa de que o tema a ser trabalhado se articule ao conhecimento de que o aluno dispõe, contribuindo para a construção de novos conceitos.

Como se tratam de estratégias de ensino-aprendizagem, as subseções também apresentam critérios de avaliação, propondo instrumentos para o levantamento de informações e de expectativas relacionadas ao retorno das ações propostas.

Acompanhe a seguir, então, as estratégias de ensino-aprendizagem, com base em Anastasiou e Alves (2009, p. 79-98).

4.5.6.1 Aula expositiva dialogada

■ **Descrição**

Trata-se da exposição do conteúdo com participação ativa dos estudantes, e seus conhecimentos prévios devem ser considerados e tomados como ponto de partida.

O professor deve possibilitar que os estudantes questionem, interpretem e discutam o objeto de estudo com base no reconhecimento e no confronto com a realidade. Além disso, cabe ao professor favorecer a análise crítica, resultando na produção de novos conhecimentos, bem como propor a superação da passividade e da imobilidade intelectual dos estudantes.

■ Dinâmica da atividade

O professor deve contextualizar o tema de modo a mobilizar as estruturas mentais do estudante, para operar com as informações que este traz, articulando-as às que serão apresentadas.

Além disso, deve fazer a apresentação dos objetivos de estudo da unidade e sua relação com a disciplina ou curso.

Também cabe ao educador fazer uma exposição bem preparada do conteúdo, podendo solicitar exemplos aos estudantes, buscando o estabelecimento de conexões entre a experiência vivencial dos participantes, o objeto estudado e o todo da disciplina.

É importante ouvir o estudante, procurando identificar sua realidade e seus conhecimentos prévios, os quais podem mediar a compreensão crítica do assunto e problematizar essa participação.

O forte dessa estratégia é o diálogo, com espaço para questionamentos, críticas e solução de dúvidas. É imprescindível que o grupo discuta e reflita sobre o que está sendo tratado, a fim de que uma síntese integradora seja elaborada por todos.

■ Avaliação

A participação dos estudantes, por meio de perguntas, respostas e observações, deve contribuir para a exposição.

Pela participação do estudante, avalia-se a compreensão e a análise dos conceitos apresentados e construídos.

Na avaliação, pode-se utilizar diferentes formas de obtenção da síntese pretendida na aula: de forma escrita, oral, pela entrega de perguntas, esquemas, portfólios, sínteses variadas, complementação de dados no mapa conceituais e outras atividades complementares a serem efetivadas em continuidade pelos estudantes.

4.5.6.2 Estudo de texto

■ **Descrição**

Refere-se à exploração das ideias de um autor por meio do estudo crítico de um texto e/ou da busca por informações e exploração de ideias dos autores estudados.

■ **Dinâmica da atividade**

1. Contexto do texto: exposição da data e do ano do texto, bem como identificação de autoria e dados do autor.
2. Análise textual: preparação do texto – visão de conjunto, busca de esclarecimentos, verificação de vocabulário, fatos, autores citados e esquematização.
3. Análise temática: compreensão da mensagem do autor – tema, problema, tese, linha de raciocínio, ideia central e ideias secundárias.
4. Análise interpretativa/extrapolação ao texto: levantamento e discussão de problemas relacionados com a mensagem do autor.
5. Problematização: interpretação da mensagem do autor – corrente filosófica e influências, pressupostos, associação de ideias e crítica.
6. Síntese: reelaboração da mensagem, com base na contribuição pessoal.

■ **Avaliação**

Produção, escrita ou oral, com comentário do estudante, tendo em vista as habilidades de compreensão, análise, síntese, julgamento, inferência e interpretação dos conteúdos fundamentais e as conclusões a que chegou.

4.5.6.3 Portfólio

■ **Descrição**

Consiste na identificação e construção de registro, análise, seleção e reflexão das produções mais significativas ou identificação dos maiores desafios/dificuldades em relação ao objeto de estudo, assim como das formas encontradas para superação.

■ **Dinâmica da atividade**

- O portfólio pode evidenciar o registro do processo de construção de uma atividade, um bloco de aulas, uma fase, um módulo, uma unidade, um projeto etc.
- A preparação deve ser feita pelo professor por meio da mobilização para a tarefa. Alguns passos podem ser seguidos, tais como:
    - combinar as formas de registro, que podem ser escritas manualmente ou digitadas;
    - identificar o material com dados como nome, série, ano, disciplina etc.; pode-se incluir um comentário que demonstre o momento que o estudante está vivendo;
    - incluir orientações de formatação de trabalho científico, tais como: capa, contracapa, sumário, os relatos em si, considerações finais, referências utilizadas no decorrer das aulas/trabalhos;
    - escrever apenas num dos lados da página, deixando o outro como espaço para o diálogo do professor:
    - nomear os relatos em si, e tais títulos devem expressar o sentimento mais evidente daquele momento;
    - incluir nos registros trabalhos de pesquisa, textos individuais e coletivos considerados interessantes, acrescidos de uma profunda reflexão sobre seu significado para a formação;

- incluir outras produções significativas, a exemplo de: fotos, desenhos etc., com as respectivas análises;
- anotar o sentimento de avanços e dificuldades pessoais;
- inserir uma avaliação construtiva do desempenho pessoal e do desempenho do professor;
- ao professor, compete proceder às leituras dos textos/produções e apontar os avanços e os aspectos que precisam ser retomados pelo estudante.

Lembre-se de que o professor estabelece um diálogo com o estudante; por essa razão, é seu dever ser produtivo em favor da verdadeira aprendizagem.

Avaliação

Os critérios de avaliação devem ser definidos conjuntamente com relação ao ensino e à aprendizagem, bem como ao desempenho dos estudantes e do professor.

Os critérios de avaliação relacionados à individualidade de cada um são:

- organização e cientificidade das ações de professor e estudante;
- clareza de ideias na produção escrita;
- construção e reconstrução da escrita;
- objetividade na apresentação dos conceitos básicos;
- envolvimento e compromisso com a aprendizagem.

4.5.6.4 Tempestade cerebral

Descrição

Trata-se da possibilidade de estimular a geração de novas ideias de forma espontânea e natural, deixando fluir a imaginação. Nessa abordagem, não há certo ou errado. Tudo o que for levantado será considerado, solicitando-se, se necessário, uma explicação posterior do estudante.

■ **Dinâmica da atividade**

Ao serem perguntados sobre uma problemática, os estudantes devem:

1. Expressar em palavras ou frases curtas as ideias sugeridas pela questão proposta.
2. Evitar uma atitude crítica que levaria a emitir juízo e/ou excluir ideias.
3. Registrar e organizar a relação de ideias espontâneas.
4. Fazer a seleção das ideias conforme o seguinte critério (ou a ser combinado):
   - possibilidade de as ideias serem logo postas em prática;
   - serem compatíveis com outras ideias relacionadas ou enquadradas numa lista de ideias;
   - serem apreciadas operacionalmente quanto à eficácia a curto, médio e longo prazo.

■ **Avaliação**

Observação das habilidades dos estudantes na apresentação de ideias quanto à capacidade criativa, concisão, logicidade, aplicabilidade e pertinência, bem como em relação ao desempenho deles na descoberta de soluções apropriadas ao problema apresentado.

4.5.6.5 Mapa conceitual

■ **Descrição**

Consiste na construção de um diagrama que indica a relação de conceitos em uma perspectiva bidimensional, procurando mostrar as relações hierárquicas entre os conceitos pertinentes à estrutura do conteúdo.

Dinâmica da atividade

O professor pode selecionar um conjunto de textos, dados, objetos ou informações sobre um tema ou objeto de estudo de uma unidade de ensino e aplicar a estratégia do mapa conceitual, propondo ao estudante as seguintes ações:

- identificar os conceitos-chave do objeto ou texto estudado;
- selecionar os conceitos por ordem de importância;
- incluir conceitos e ideias mais específicas;
- estabelecer relação entre os conceitos por meio de linhas e identificá-las com uma ou mais palavras que explicitem essa relação;
- identificar conceitos e palavras que devem ter um significado ou expressar uma proposição;
- buscar estabelecer relações horizontais e cruzadas;
- perceber que há várias formas de traçar o mapa conceitual;
- compartilhar os mapas coletivamente, comparando-os e complementando-os;
- justificar a localização de certos conceitos, verbalizando seu entendimento.

Avaliação

Acompanhamento da construção do mapa conceitual com base na definição coletiva dos seguintes critérios de avaliação:

- conceitos claros;
- relação justificada;
- riqueza de ideias;
- criatividade na organização;
- representatividade do conteúdo trabalhado.

4.5.6.6 Estudo dirigido

Descrição

É o ato de estudar sob a orientação e a diretividade do professor, visando sanar dificuldades específicas.

É preciso ter em mente em que consiste a sessão, bem como para que e como ela é preparada.

- **Dinâmica da atividade**

Essa estratégia prevê atividades realizadas individualmente ou em grupo, tais como:

- leitura individual por meio de um roteiro elaborado pelo professor;
- resolução de questões e situações-problema a partir do material estudado;
- no caso de grupos de atendimento, debate sobre o tema estudado, permitindo a socialização dos conhecimentos, a discussão de soluções, bem como a reflexão e o posicionamento crítico dos estudantes ante a realidade vivida.

- **Avaliação**

O acompanhamento se dará à medida que o estudante vai construindo sua produção, bem como na execução das atividades propostas, nas questões que formula ao professor e nas revisões que este lhe solicita, a partir das quais vai se inserindo gradativamente nas atividades do grupo a que pertence. Trata-se de um processo avaliativo eminentemente diagnóstico, sem preocupação classificatória.

4.5.6.7 Lista de discussão por meios informatizados

- **Descrição**

Diz respeito à oportunidade de um grupo de pessoas poder debater, a distância, um tema sobre o qual tais pessoas sejam especialistas, a respeito do qual tenham realizado um estudo prévio ou, ainda, caso desejem aprofundar o tema por meio eletrônico.

■ **Dinâmica da atividade**

Essa estratégia envolve a organização de um grupo de pessoas para discutir um tema ou de vários subgrupos para trabalhar com determinados tópicos de uma temática, na intenção de que realizem uma reflexão contínua, um debate fundamentado que conte com as intervenções do professor, que, como membro do grupo, traz suas contribuições.

Não se trata de um momento de perguntas e respostas apenas entre estudantes e professor, mas, sim, entre todos os integrantes, que são parceiros no processo.

É importante estabelecer um tempo limite para o desenvolvimento da temática.

Esgotando-se o tema, o processo poderá ser reativado pela proposição de novos problemas.

■ **Avaliação**

Essa é uma estratégia em que ocorre uma avaliação grupal, ao longo do processo, cabendo a todos esse acompanhamento.

No entanto, como o professor é o responsável pelo processo de ensino, o acompanhamento da participação, da qualidade das inclusões e das elaborações apresentadas torna-se elemento fundamental para as retomadas necessárias na lista e, oportunamente, em classe.

4.5.6.8 Solução de problemas

■ **Descrição**

Refere-se ao enfrentamento de uma nova situação, exigindo pensamento reflexivo, crítico e criativo tendo como base dados expressos na descrição do problema. Além disso, demanda a aplicação de princípios e leis que podem ou não ser expressas em fórmulas matemáticas.

- **Dinâmica da atividade**
    1. Apresentar ao estudante um determinado problema, mobilizando-o para a busca da solução.
    2. Orientar os estudantes ao levantamento de hipóteses e à análise de dados.
    3. Executar as operações e comparar as soluções obtidas.
    4. A partir da síntese, verificar a existência de leis e princípios que possam se tornar norteadores de situações similares.

- **Avaliação**

Observação das habilidades dos estudantes na apresentação das ideias quanto à concisão, logicidade, aplicabilidade e pertinência, bem como seu desempenho na descoberta de soluções apropriadas ao problema apresentado.

4.5.6.9 Phillips 66

- **Descrição**

Trata-se de uma atividade realizada em grupos em que são feitas uma análise e uma discussão sobre temas/problemas do contexto dos estudantes. Pode também ser útil para a obtenção de informações rápidas sobre interesses, problemas, sugestões e perguntas.

- **Dinâmica da atividade**
    1. Dividir os estudantes em grupos de seis integrantes. Eles terão 6 minutos para discutir um assunto, tema ou problema na busca de uma solução, síntese final ou provisória. A síntese pode ser explicitada durante mais 6 minutos. Como suporte para a discussão nos grupos, pode-se tomar por base um texto ou, simplesmente, o aporte teórico que o estudante traz consigo.

2. Preparar a melhor forma de apresentar o resultado dos trabalhos e possibilitar que todos os grupos elejam um representante para expor suas conclusões.

■ **Avaliação**

Os avanços, os desafios e as dificuldades enfrentadas variam conforme a maturidade e autonomia dos estudantes e devem ser encarados processualmente.

A avaliação será feita sempre em relação aos objetivos pretendidos, destacando-se:

- o envolvimento dos integrantes do grupo;
- a participação conforme os papéis estabelecidos;
- a pertinência das questões e/ou sínteses elaboradas;
- o processo de autoavaliação dos participantes.

4.5.6.10 Grupos de verbalização e de observação (GV/GO)

■ **Descrição**

Consiste na análise de tema/problemas sob a coordenação do professor, que divide os estudantes em dois grupos: um de verbalização (GV) e outro de observação (GO). Trata-se de uma estratégia aplicada com sucesso ao longo do processo de construção do conhecimento. Requer leituras e estudos preliminares, isto é, um contato inicial com o tema.

■ **Dinâmica da atividade**

1. Dividir os estudantes em dois grupos: um para a verbalização (GV) de um tema/problema e outro para a observação (GO).
2. Organizá-los em dois círculos: um interno e outro externo, dividindo o número de membros conforme o número de estudantes da turma. Em classes muito numerosas,

o grupo de observação deverá ser numericamente maior que o de verbalização.

3. Num primeiro momento, o GV verbaliza, expõe e discute o tema; enquanto isso, o GO observa e registra, conforme a tarefa que lhe tenha sido atribuída. Em classes muito numerosas, as tarefas poderão ser diferenciadas para grupos destacados na observação.
4. Fechamento: o GO passa a oferecer sua contribuição, conforme a tarefa que lhe foi atribuída, e o GV passa à escuta.
5. Em classes com menor número de estudantes, o grupo externo poderá trocar de lugar e mudar de função de observador para verbalizador.
6. O tempo deve ser dividido conforme a capacidade do tema de manter os estudantes mobilizados.
7. O fechamento, papel fundamental do docente, deve contemplar os objetivos e, portanto, incluir elementos do processo e dos produtos obtidos.

■ **Avaliação**

O grupo de verbalização será avaliado pelo professor e pelos colegas da observação.

Os critérios de avaliação são decorrentes dos objetivos, tais como:

- clareza e coerência na apresentação;
- domínio da problemática na apresentação:
- participação do grupo observador durante a exposição;
- relação crítica da realidade.

4.5.6.11 Dramatização

■ **Descrição**

Diz respeito a uma representação teatral a partir de um problema, um tema etc. Pode conter explicitação de ideias, conceitos e argumentos e representar, também, um jeito particular de estudo de casos, já que a teatralização de um problema ou uma situação perante os estudantes equivale a lhes apresentar um caso de relações humanas.

■ **Dinâmica da atividade**

A dramatização pode tanto ser planejada como espontânea. No primeiro caso, o professor escolhe o assunto e os papéis e os distribui entre os estudantes, orientando sobre como devem atuar.

No segundo caso, o planejamento pode ser deixado inteiramente por conta dos estudantes, o que dá mais autenticidade ao exercício.

É possível montar um círculo ao redor da cena, para que todos observem bem a apresentação.

O professor informa o tempo disponível e pede aos alunos que prestem atenção em pontos relevantes, conforme o objetivo do trabalho.

No final, deve-se proceder ao fechamento da atividade.

■ **Avaliação**

O grupo será avaliado pelo professor e pelos colegas.

Sugestão de critérios de avaliação:

- clareza e coerência na apresentação;
- participação do grupo observador durante a apresentação;
- utilização de recursos que possam tornar a dramatização mais real;
- criatividade e espontaneidade.

4.5.6.12 Seminário

■ **Descrição**

Trata-se do estudo de um tema a partir de fontes diversas a serem analisadas e sistematizadas pelos participantes, visando construir uma visão geral do tema abordado. Portanto, não se reduz a uma simples divisão de capítulos ou tópicos de um livro entre grupos.

- **Dinâmica da atividade**
    1. Preparação: nessa etapa, o papel do professor é fundamental, pois ele deve:
        - apresentar o tema e/ou selecioná-lo conjuntamente com os estudantes, justificar sua importância, desafiar os alunos, apresentar os caminhos para que eles realizem as pesquisas considerando as diversas modalidades (bibliográfica, de campo ou de laboratório);
        - organizar o calendário para as apresentações dos trabalhos dos estudantes;
        - orientar os alunos na pesquisa (apontar fontes de consulta bibliográfica e/ou pessoas/instituições) e na elaboração de seus registros para a apresentação ao grupo;
        - organizar o espaço físico para favorecer o diálogo entre os participantes.
    2. Desenvolvimento: essa etapa envolve:
        - Discussão do tema: que quem está secretariando anota os problemas formulados, as ideias-chave, as soluções e as conclusões encontradas; cabe ao professor dirigir a sessão de crítica ao final de cada apresentação, fazendo comentários sobre cada trabalho e sua exposição, organizando uma síntese integradora do que foi apresentado.
    3. Relatório: trabalho escrito em forma de resumo e que pode ser produzido individualmente ou em grupo.

- **Avaliação**

Os grupos são avaliados e exercem também a função de avaliadores.

Os critérios de avaliação devem ser adequados aos objetivos da atividade em termos de conhecimento, habilidades e competências.

Sugestão de critérios de avaliação:
- clareza e coerência na apresentação;
- domínio do conteúdo apresentado;

- participação do grupo durante a exposição;
- utilização de dinâmicas e/ou recursos audiovisuais na apresentação.

4.5.6.13 Estudo de caso

Descrição

Refere-se à análise minuciosa e objetiva de uma situação real que necessita ser investigada e é desafiadora para os envolvidos.

Dinâmica da atividade

1. O professor expõe o caso a ser estudado (distribui ou lê o problema aos participantes) – pode ser um caso para cada grupo ou um único caso para diversos grupos.
2. O(s) grupo(s) analisa(m) o caso, expondo seus pontos de vista e os aspectos sob os quais o problema pode ser enfocado.
3. O professor retoma os pontos principais, analisando coletivamente as soluções propostas.
4. O(s) grupo(s) debate(m) as soluções, discernindo as melhores conclusões.

O papel do professor é selecionar o material de estudo, apresentar um roteiro para trabalho, orientar os grupos no decorrer do trabalho e elaborar instrumento de avaliação.

Análise de um caso:

- Descrição do caso: aspectos e categorias que compõem o todo da situação. O professor deverá indicar categorias mais importantes a serem analisadas.
- Prescrição do caso: o estudante faz proposições para a mudança da situação apresentada.
- Argumentação: o aluno justifica suas proposições mediante a aplicação dos elementos teóricos de que dispõe.

- **Avaliação**

O registro da avaliação pode ser realizado por meio de ficha com critérios a serem considerados, tais como:

- aplicação dos conhecimentos (a argumentação explicita os conhecimentos produzidos a partir dos conteúdos?);
- coerência na prescrição (os vários aspectos prescritos apresentam uma adequada relação entre si?);
- riqueza na argumentação (profundidade e variedade de pontos de vista);
- síntese.

4.5.6.14 Júri simulado

- **Descrição**

É a simulação de um júri em que, a partir de um problema, são apresentados argumentos de defesa e de acusação. Pode levar o grupo à análise e avaliação de um fato proposto com objetividade e realismo, à crítica construtiva de uma situação e à dinamização do grupo para estudar profundamente um tema real.

- **Dinâmica da atividade**

    1. Nessa estratégia, o professor pode partir de um problema concreto e objetivo, estudado e conhecido pelos participantes.
    2. Um estudante faz o papel de juiz, e outro, o de escrivão. Os demais componentes da classe são divididos em quatro grupos: promotoria, de um a quatro estudantes; defesa, com igual número; conselho de sentença, com sete estudantes; o plenário, com os demais.
    3. A promotoria e a defesa devem ter alguns dias para a preparação dos trabalhos, sob orientação do professor – cada parte terá 15 minutos para apresentar seus argumentos.
        - O juiz mantém a ordem dos trabalhos e formulará os quesitos ao conselho de sentença.

- O escrivão tem a responsabilidade de fazer o relatório dos trabalhos.
- O conselho de sentença, após ouvir os argumentos de ambas as partes, apresenta sua decisão final.
- O plenário fica encarregado de observar os desempenhos da promotoria e da defesa e de fazer uma apreciação final sobre sua desenvoltura.

■ **Avaliação**

Considerar a apresentação concisa, clara e lógica das ideias, a profundidade dos conhecimentos e a argumentação fundamentada dos diversos papéis.

4.5.6.15 Simpósio

■ **Descrição**

Consiste na reunião de palestras e preleções breves apresentadas por várias pessoas (de duas a cinco) a respeito de um assunto específico ou sobre diversos aspectos de um único assunto.

Possibilita o desenvolvimento de habilidades sociais e de investigação, além de contribuir para a ampliação de experiências sobre um conteúdo específico e para o desenvolvimento da capacidade de estabelecer relações.

■ **Dinâmica da atividade**

O professor deve coordenar o processo de seleção dos temas e planejar o simpósio juntamente com os estudantes, da seguinte forma:

1. Divididos em pequenos grupos, os estudantes analisam e esquematizam a apresentação com antecedência, organizando o conteúdo em unidades significativas, de forma a apresentá-lo em no máximo 1h e 30min, destinando de 15 a 20 minutos para a apresentação de cada comunicador (apresentador do pequeno grupo).

2. O professor é o responsável pela indicação das bibliografias a serem consultadas para cada grupo, ou para cada subtema, a fim de evitar repetições.
3. Cada pequeno grupo indica um representante para exercer a função de comunicador e compor a mesa apresentadora do tema.
4. Durante as exposições, os comunicadores não devem ser interrompidos.
5. O grande grupo assiste à apresentação do assunto, anotando perguntas e dúvidas e encaminhando-as para o coordenador da mesa.
6. O coordenador da mesa resume as ideias apresentadas e encaminha as perguntas aos membros da mesa. O coordenador não precisa ser necessariamente o professor; pode ser um estudante indicado pelo grande grupo. Não há necessidade de um fechamento de ideias.

■ Avaliação

Levar em conta a concisão das ideias apresentadas pelos comunicadores quanto:

- à pertinência das questões apresentadas pelo grande grupo;
- à logicidade dos argumentos;
- ao estabelecimento de relações entre os diversos pontos de vista;
- aos conhecimentos relacionados ao tema e explicitados.

4.5.6.16 Painel

■ Descrição

Trata-se da discussão informal de um grupo de estudantes, indicados pelo professor (que já estudaram a matéria em análise ou que são interessados ou afetados pelo problema em questão), em que são apresentados pontos de vista antagônicos. Estudantes de outras fases, cursos ou, até mesmo, especialistas na área podem ser convidados a participar.

- **Dinâmica da atividade**
    1. O professor coordena o processo de painel.
    2. Cinco a oito alunos devem formar um semicírculo diante dos ouvintes, ou ao redor de uma mesa, para falar de um determinado assunto.
    3. Cada pessoa deve falar pelo tempo de 2 a 10 minutos.
    4. O professor anuncia o tema da discussão e o tempo destinado a cada participante.
    5. No final, o professor faz as conexões da discussão para, em seguida, convidar os demais participantes a formularem perguntas aos painelistas.

- **Avaliação**

Participação dos estudantes painelistas e da plateia, analisando:

- a habilidade de atenção e concentração;
- a síntese das ideias apresentadas;
- os argumentos consistentes tanto na colocação das ideias como nas respostas aos participantes;
- a consistência das perguntas elaboradas.

4.5.6.17 Fórum

- **Descrição**

Consiste num espaço do tipo reunião em que todos os membros do grupo têm a oportunidade de participar do debate de um tema ou problema determinado.

Pode ser utilizado após uma apresentação teatral, depois de palestras, em seguida à projeção de um filme, ou para discutir um livro que tenha sido lido pelo grupo, um problema ou fato histórico, um artigo de jornal etc.

- **Dinâmica da atividade**

Nessa estratégia, o professor deve explicar os objetivos do fórum, delimitar os tempos total (ex.: 40 min) e parcial de cada participante e definir as funções dos seguintes participantes:

- o coordenador, responsável por organizar a participação, dirigir o grupo e selecionar as contribuições dadas para a síntese final;
- o grupo de síntese, encarregado de fazer as anotações que irão compor o resumo;
- o público participante: cada integrante se identifica ao falar e dá sua contribuição, fazendo considerações e levantando questionamentos.

Ao final, um integrante do grupo de síntese deve relatar um resumo elaborado.

- **Avaliação**

A avaliação, estabelecida previamente, levará em conta:

- a participação dos estudantes como debatedores e/ou como público;
- a habilidade de atenção e concentração;
- a síntese das ideias apresentadas;
- a apresentação de argumentos consistentes;
- a produção da síntese.

4.5.6.18 Oficina (laboratório)

- **Descrição**

Refere-se à reunião de um pequeno número de pessoas com interesses comuns, a fim de estudar e trabalhar para o conhecimento ou aprofundamento de um tema, sob orientação de um especialista. Possibilita o aprender a fazer algo melhor, mediante a aplicação de conceitos e conhecimentos previamente adquiridos.

■ **Dinâmica da atividade**

O professor organiza o grupo e providencia com antecedência o ambiente e o material didático necessários à oficina. A organização é imprescindível para o sucesso dos trabalhos.

Os grupos não devem ultrapassar a quantidade de 15/20 componentes.

Essa estratégia pode ser desenvolvida por meio das mais variadas atividades: estudos individuais, consulta bibliográfica, palestras, discussões, resolução de problemas, atividades práticas, redação de trabalhos, saídas a campo etc.

■ **Avaliação**

Participação dos estudantes nas atividades e demonstração das habilidades visadas, expressas nos objetivos da oficina.

Pode-se propor autoavaliação, avaliação descritiva ou de acordo com os produtos, no final do processo.

4.5.6.19 Estudo do meio

■ **Descrição**

Trata-se de um estudo direto do contexto natural e social no qual o estudante se insere, visando a uma determinada problemática de forma interdisciplinar.

Cria condições para o contato com a realidade, além de propiciar a aquisição de conhecimentos de forma direta, por meio da experiência vivida.

- **Dinâmica da atividade**
    1. Planejamento: os estudantes decidem junto com o professor o foco de estudo, os aspectos importantes a observar e os instrumentos a serem usados para o registro da observação; na sequência, os alunos fazem uma revisão da literatura referente ao foco do estudo.
    2. Execução do estudo conforme o planejamento: levantamento de pressupostos, efetivação da visita, coleta de dados, organização e sistematização das informações, transcrição e análise do material coletado.
    3. Apresentação dos resultados: os estudantes apresentam as conclusões para a discussão do grande grupo, conforme os objetivos propostos para o estudo.

- **Avaliação**

O planejamento e o acompanhamento do processo devem ser contínuos. Normalmente, os objetivos estão em referência direta com os elementos relativos ao roteiro de observação e à coleta de dados, conforme exposto no plano.

As etapas de organização, análise e síntese devem ser acompanhadas das correções necessárias. O relatório final pode contemplar as etapas da construção ou se referir a elementos de extrapolação, dependendo dos objetivos traçados.

4.5.6.20 Ensino com pesquisa

- **Descrição**

Diz respeito à utilização dos princípios do ensino associados aos da pesquisa, tais como: concepção de conhecimento e ciência, em que a dúvida e a crítica são elementos fundamentais; visão do estudo como situação construtiva e significativa, com concentração e autonomia crescente; passagem da simples reprodução para um equilíbrio entre reprodução e análise.

- **Dinâmica da atividade**
    1. Desafiar o estudante como investigador.
    2. Estabelecimento de princípios: movimento e alteração do conhecimento, solução de problemas, critérios de validação, reprodução e análise.
    3. Construção do projeto:
        - definição do problema de pesquisa;
        - definição dos dados a serem coletados e dos procedimentos de investigação;
        - definição da análise dos dados:
        - interpretação/validação das suposições;
        - síntese e apresentação dos resultados;
        - revisões e recomendações.

- **Avaliação**

O acompanhamento do processo deve ser contínuo, com retroalimentação das fases já vivenciadas, assim como as devidas correções devem ser feitas em tempo real.

As hipóteses incompletas e os dados não significativos devem ser substituídos.

Um cronograma de fases e ações pode auxiliar no autocontrole do estudante ou grupo.

Os critérios de valorização devem ser estabelecidos antecipadamente e, por serem critérios construídos, podem ser reformulados no processo.

No decorrer das aulas, as estratégias podem ser combinadas, tendo como ponto de partida o conteúdo a ser tratado, as expectativas de aprendizagem em relação ao tema proposto e as competências que se pretende desenvolver. É importante destacarmos, também, que se tratam de estratégias ativas (ou seja, em que o estudante é o protagonista da ação) que preveem diferentes formas de mediação do professor e critérios de avaliação distintos, prestando-se também a diferentes objetivos quanto ao trabalho do professor.

Outro ponto a ser destacado é que as estratégias propostas não se relacionam diretamente com os conteúdos procedimentais. As estratégias recém-apresentadas são utilizadas na tematização dos conteúdos vivenciados nos cenários (encenações) propostos pelo professor, seja para problematizá-los, criticá-los ou construir novos conhecimentos e sentidos sobre a experiência.

4.5.7 A avaliação

Embora as estratégias de ensino apresentadas estejam acompanhadas de propostas e instrumentos de avaliação adequados a cada situação, tão importante quanto saber o instrumento a ser utilizado é saber: o que avaliar em Educação Física? Por que e para que avaliar? Quando e quem deve avaliar? De que forma avaliar as experiências e os conhecimentos construídos em Educação Física? Como avaliar sentidos e significados construídos na relação com os diferentes símbolos e códigos da Cultura? De que maneira organizar e sistematizar as experiências, de modo a proporcionar aos alunos estratégias para que avaliem a si próprios, as relações interpessoais desenvolvidas nas situações propostas e os conhecimentos obtidos? Por fim, como avaliar as competências para saber se o perfil do jovem está sendo constituído conforme o proposto? Como saber se o aluno está aprendendo e se as estratégias utilizadas atendem ao perfil a ser constituído?

4.5.7.1 A importância da avaliação

A avaliação é um dos grandes desafios de uma ação pedagógica que se pretende desenvolver com a Educação Física, até porque, como podemos depreender com base nas questões recém-levantadas e do vídeo que sugerimos, não basta avaliar o conteúdo trabalhado, mas, sim, conhecer a finalidade da avaliação, o momento propício para a sua aplicação, o instrumento adequado para ser utilizado em cada ocasião e, também, se as estratégias do professor são adequadas ao que ele se propõe a construir, se avaliam as competências etc. Enfim, avalia-se o produto final e o processo que originou esse produto, além de se esclarecer como os resultados da avaliação serão utilizados.

Esses diferentes momentos, finalidades e ações relativas à avaliação são condicionados por aspectos políticos e pedagógicos e, também, por condicionantes pessoais e institucionais. A esse respeito, Betti (2010, p. 143) afirma que "a prática da avaliação é condicionada por aspectos pessoais, sociais e institucionais, e ao mesmo tempo incide sobre todos os elementos envolvidos na escolarização: transmissão de conhecimentos, relações entre professores, alunos e família, interações no grupo, métodos, disciplina etc.".

Avaliar pressupõe, então, um momento de reflexão interior e exterior sobre diferentes elementos que compõem o processo de ensino-aprendizagem, estejam eles diretamente conectados à relação professor-aluno-conteúdo ou, ainda, mesmo que indiretamente influenciem essa relação, como no caso de expectativas externas (políticas educacionais, expectativas dos pais, proposta da escola, entre outras).

A avaliação presume, também, um momento de reflexão sobre o processo decorrido das ações propostas pelo professor. Dito de outro modo, avalia-se todos os elementos que compõem o processo de ensino-aprendizagem.

4.5.7.2 Concepções de avaliação

Não há uma única concepção, interpretação ou forma de conceituar a avaliação. Talvez esse seja um dos motivos pelos quais a compreendemos como algo tão complexo. Ainda assim, a literatura atual apresenta pontos convergentes em torno da função e do processo de avaliação. Entre outras coisas, está claro que avaliar é comprometer-se com o que será ensinado e com quem participa do processo de ensino-aprendizagem, o que pressupõe a participação tanto do professor quanto do aluno, pois este último necessita aprender algo, e o primeiro é o responsável por viabilizar as condições para que ele aprenda.

A avaliação não diz respeito apenas às condutas dos alunos em relação ao que precisa ser aprendido, mas a todas as dimensões do processo de ensino-aprendizagem, incluindo a intervenção do professor.

Apresentamos, a seguir, algumas concepções de diferentes autores sobre o processo de avaliação na escola.

Gimeno Sacristán (1998, p. 340) entende que a avaliação deve estar integrada ao processo de ensino-aprendizagem "como um processo natural de informação sobre o que acontece, que utiliza múltiplos recursos, sem estabelecer necessariamente procedimentos formais de avaliar, ou seja, de conhecer o aluno". Esse processo é dependente da capacidade docente de compreender situações, reações significativas na execução de tarefas e níveis de realizações e dificuldades.

Por sua vez, para Luckesi (2010), a avaliação é um julgamento de valor a partir de dados relevantes que direcionam a tomada de decisão. Articula objetivos, conteúdos e estratégias/métodos de ensino e se desenvolve em três momentos: constatação da realidade; qualificação da realidade constatada; tomada de decisão. Portanto, as etapas da avaliação consistem em levantar informações por meio de instrumentos de aferição da realidade, da análise qualitativa dessas informações e da escolha do caminho a seguir com base nos dados gerados pela análise das informações.

Muito próximo à percepção de Luckesi, Libâneo (2008) apresenta três características principais para a avaliação: verificação, qualificação e apreciação qualitativa, as quais, respectivamente, consistem em: coletar informações; verificar a aproximação ou o distanciamento dos objetivos propostos; comparar o desempenho com as expectativas de aprendizagem orientadoras do processo de ensino-aprendizagem.

4.5.7.3 Tipos de avaliação

Antes de apresentarmos os diferentes tipos de avaliação escolar, sugerimos que você assista ao vídeo "D-29 – Avaliação da aprendizagem: formativa ou somativa?", cujo *link* está presente na seção "Indicações culturais" ao final deste capítulo.

Há três tipos de avaliação que debateremos neste item: diagnóstica, somativa e formativa.

- **Avaliação diagnóstica**: realizada no início de uma sequência didática – ou seja, de uma unidade de estudo, uma disciplina, um curso, um ano letivo, um semestre ou um novo tema. Tem como objetivo constatar o nível de proficiência dos alunos a respeito do tema a ser tratado, bem como o domínio ou a deficiência quanto a prerrequisitos necessários aos estudos seguintes, além de outras particularidades que antecedem o início de um novo trabalho.
- **Avaliação somativa**: privilegia a etapa final do percurso de aprendizagem para avaliar os alunos individualmente, em geral, com o único propósito de estabelecer uma referência para a promoção (aprovação), mediante uma escala preestabelecida de notas/conceitos.
- **Avaliação formativa**: considera os diversos momentos, etapas e sujeitos que compõem o processo de ensino-aprendizagem, em que a avaliação é um procedimento contínuo, que demanda atividade cotidiana do professor e dos alunos, visando a uma melhor qualificação das aprendizagens e à constante reformulação do processo.

A avaliação é uma importante ferramenta educacional e, embora seja complexa e abrangente, desempenha funções primordiais no processo de ensino-aprendizagem. Em função disso, deve ser utilizada pelo professor como uma ferramenta de acompanhamento e compreensão da realidade dos alunos e do seu trabalho, e não somente como uma ação pontual voltada à qualificação momentânea do processo ou do aluno com a finalidade de aprovação/retenção ao final de uma etapa de aprendizagem.

4.6 Elementos constituintes do plano de ação

Conforme discutimos nos capítulos anteriores, o trabalho do professor deve articular desde o início intenções e ações. No plano das intenções (ou seja, o PPP), encontram-se aspectos políticos e pedagógicos que direcionam o fazer do professor em função do ponto de chegada, que seria o perfil de aluno a ser construído ao longo da escolaridade. Nesse sentido, o plano de ação é o integrante do currículo responsável pela operacionalização das intenções. Entende-se por *currículo* o "conjunto de práticas que propiciam a produção, a circulação e o consumo de significados no espaço social e que contribuem, intensamente, para a construção de identidades sociais e culturais" (Moreira; Candau, 2008, p. 18).

Embora tenhamos recorrido ao conceito anteriormente exposto, em substituição à expressão "consumo de significados" temos preferência pela utilização dos termos *compartilhamento* e *construção de significados*, que são mais adequados às ideias aqui discutidas.

Portanto, o currículo representa e organiza a dimensão ativa do processo educacional. Ele contempla as ideias presentes no PPP e as transforma em ação por meio dos planos de ação propostos pelo professor, sempre tendo como ponto de partida e chegada o aluno, protagonista do processo. Os planos de ação são utilizados como meios que possibilitam a circulação, o compartilhamento e a construção de significados, contribuindo para a constituição da identidade social e cultural do estudante, tendo como base o perfil de egresso esperado.

Logo, o plano de ação é uma ferramenta utilizada para o planejamento, desenvolvimento e acompanhamento das atividades curriculares e, consequentemente, do PPP. Não há um modelo específico de plano de ação, visto que ele pode ser adaptado a diferentes situações

Para a construção dos planos de ação para a Educação Física na escola, utilizamos como opção o trabalho com **sequência didáticas** ou **sequências de ensino-aprendizagem**. Tal opção se justifica em função de alguns pontos considerados fundamentais para a construção das competências, pois o trabalho com sequências didáticas:

- proporciona maior aprofundamento e tempo para a exploração de uma temática, possibilitando aos alunos a construção de sentidos e significados em função das experiências e cada um a seu tempo;
- possibilita ao professor estruturar melhor suas ações e articular os conhecimentos necessários em função das expectativas de aprendizagem;
- permite ligar os conhecimentos historicamente construídos à realidade imediata do mundo material.

É importante destacarmos que o plano de ação não se trata de um processo pedagógico ou manual didático para que todos os alunos possam aprender tudo, como nos antigos manuais técnicos. Mas, sim, um documento ordenado e estruturado que organiza o trabalho do professor valoriza o protagonismo do aluno e articula o conhecimento à vida do aluno, possibilitando o desenvolvimento das competências.

4.6.1 Sequência didática ou sequência de ensino-aprendizagem

Acompanhe os dois conceitos a seguir:

- **Sequência didática**: "conjunto de atividades ordenadas, estruturadas e articuladas para a realização de certos objetivos educacionais em relação a um conteúdo concreto" (Zabala, 1998, p. 78).

- **Sequência de ensino-aprendizagem** (*teaching-learning sequence* – TLS): no âmbito do ensino, designa uma situação de ensino-aprendizagem adaptada ao raciocínio do aluno (Méheut; Psillos, 2004).

Os conceitos apresentados não foram trazidos com objetivo de serem discutidos com profundidade, ou mesmo de apresentar pressupostos teóricos trazidos pelos autores, mas, sim, para apresentarmos a ideia de que um plano de ação é composto por um conjunto de atividades ordenadas sempre compostas por quatro componentes básicos: professor, aluno, conhecimento científico e mundo material.

Tais componentes se inter-relacionam por meio de duas dimensões: epistemológica (conteúdos a serem apreendidos, gênese histórica do conhecimento e relação do conhecimento científico com o mundo material) e pedagógica (aspectos inerentes ao papel do professor e processos de interação entre professor-aluno e aluno-aluno) (Méheut, 2005).

Nesse sentido, a proposta aqui apresentada utilizará alguns elementos dessas sequências e, por esse motivo, utilizaremos a expressão *situação de ensino-aprendizagem* como referência aos autores citados e, também, para atender às intenções da proposição aqui construída.

Assim, o planejamento da situação de ensino-aprendizagem envolve:

- intenções do professor (expressas no PPP);
- expectativas de aprendizagem;
- conteúdos de ensino;
- estratégias didáticas com base nas pedagogias ativas;
- percurso de ensino;
- instrumentos para a mediação do processo de ensino--aprendizagem.

São objetivos do plano de ação organizados a partir das situações de ensino-aprendizagem:

- definir trajetórias de ensino com vistas à construção de competências;
- estabelecer situações de ensino-aprendizagem em função das expectativas de aprendizagem;
- propor percursos de ensino com estratégias didáticas variadas em função das competências propostas e das expectativas de aprendizagem;
- indicar formas para a mediação do processo em desenvolvimento.

4.6.2 Itens básicos que compõem o plano de ação

Ainda que o plano de ação, que será apresentado em seguida, seja constituído por itens similares aos de um plano sequencial de aulas – também utilizado para direcionar o trabalho do professor –, o plano aqui proposto apresenta elementos que se distanciam da ideia original do plano de aula.

Dos itens básicos que compõem o plano de ação, destacamos como similar a ideia de trabalhar com a caracterização da turma em relação ao plano, aos conteúdos, ao desenvolvimento e à avaliação. Por outro lado, um plano de ação é pensado para ser desenvolvido ao longo de um período de tempo mais amplo que um plano sequencial de aulas, sendo que as atividades são propostas em função das expectativas de ensino, desenvolvidas por meio do fluxo de trabalho.

Isso significa dizer que o desenvolvimento do plano de ação ocorre em paralelo ao do grupo participante. Por exemplo: ao propor um plano de ação para 20 aulas – que pode ser dividido em três situações de ensino-aprendizagem –, para cada situação proposta, as atividades não se organizam por aulas, mas por sequências de atividades, em que uma dá continuidade à outra. Trata-se, portanto, de um processo em que o aluno, protagonista do processo, constrói seus conhecimentos ao longo de determinado período de tempo, por meio do ensino ativo.

Diante disso, as aulas não são previstas com parte inicial, conteúdo principal e final da aula (volta à calma), visto que não se prevê começo, meio e fim para a aula semanal. Partindo dessa ideia, o final de uma aula será, também, o início da aula seguinte (ou será retomada na próxima aula), de acordo com os passos previstos no percurso de ensino.

Para ser coerente com essa proposição, optamos por não utilizar os elementos da sequência de aulas, pois não recorreremos aos suplementos da didática básica, mas, sim, à ideia de fluxo de trabalho no desenvolvimento do conteúdo, em que a dinâmica das ações valoriza o tempo do aluno para desenvolver o conteúdo, e não o tempo cronológico relacionado ao número de aulas disponibilizado para cada atividade.

Diante disso, pensamos o plano de ação a partir de uma expectativa aproximada de tempo que levará ao desenvolvimento de uma trajetória de ensino, em vez de considerarmos um conteúdo pensado para uma ou duas aulas.

Partindo desse pressuposto, apresentamos a seguir os itens básicos que compõem o plano de ação:

1. Identificação: _____
2. Série: _____ Bimestre: _____ Turno: _____
3. Eixo dos conteúdos: _____
4. Eixo dos temas: _____
5. Trajetória de ensino: _____
6. Situação de ensino-aprendizagem (n.): _____
7. Competências a serem desenvolvidas: _____
8. Expectativas de aprendizagem: _____
9. Conteúdos a serem desenvolvidos: _____
10. Percurso de ensino: _____
11. Avaliação: _____

1. **Identificação**: trata-se do local em que o plano de ação será desenvolvido. Por se tratar de um plano para a escola, na identificação deve-se indicar o nome da escola.
2. **Série, bimestre e turno**: nesse item, deve-se apontar a quem se destina o plano, quando ele será desenvolvido e o período do dia em que será proposto.
3. **Eixo dos conteúdos**: refere-se aos elementos da cultura com os quais o sujeito se relaciona; dessa relação, emerge o objeto de estudo da Educação Física. O eixo do conteúdo é composto, então, por jogos, esportes, danças ou atividades rítmicas, ginásticas, lutas e artes marciais. Assim, o elemento da cultura (jogo, esporte, dança, lutas e ginástica) deve ser explicitado para que se tenha clareza sobre o direcionamento dado ao plano de ação.
4. **Eixo dos temas**: diz respeito à tematização dos elementos da cultura, possibilitando a ampliação e a diversificação dos conhecimentos tratados pela Educação Física. O eixo dos temas traz para a discussão assuntos polêmicos, de necessário debate pela sociedade ou, ainda, tópicos que

auxiliam na compreensão dos fenômenos da cultura e da sua abrangência em diferentes contextos de aplicação. Tanto o eixo dos temas quanto o dos conteúdos representam a dimensão epistemológica a ser tratada no plano de ação. Conforme apresentado anteriormente, são utilizados temas como: conhecimento sobre o corpo, mídia, megaeventos esportivos, gênero, violência, lazer, *doping*, entre outros.

5. **Trajetória de ensino**: relaciona-se à indicação das situações de ensino-aprendizagem que serão propostas. De acordo com o tempo de duração estipulado para o plano de ação, mais de uma situação de ensino-aprendizagem poderá ser proposta. Por exemplo: se um plano de ação for pensado para um bimestre (aproximadamente, 10 semanas), poderão ser propostas duas ou três situações de ensino-aprendizagem.

Sempre é importante observar que as situações propostas devem respeitar uma sequência de ações que possibilitem e ampliem a compreensão do tema tratado e, além disso, que sejam apresentadas em continuidade. Assim, uma situação não pode ser estanque, mas, sim, originar novos desdobramentos que deem continuidade ao anterior.

Além disso, nas dez semanas, poderá ser proposto mais de um plano de ação em função do nível de ensino a ser trabalhado. Em outras palavras, na educação infantil, os planos podem ser menos extensos, uma vez que o aprofundamento do conteúdo é diferente, por exemplo, do ensino médio.

É importante destacar que, em função do ritmo da turma, a trajetória de ensino deve ser pensada para um conjunto de aulas, possibilitando aos alunos um tempo maior para a aprendizagem. Por isso, trabalha-se com a ideia de continuidade de ações, e não com planos de aula, os quais representam uma ruptura no processo, pois, nesse caso, as ações são propostas em função de uma ou duas aulas semanais, por exemplo.

6. **Situação de ensino-aprendizagem**: proposta de ação composta pelo conjunto de atividades articuladas em função das competências, dos conteúdos e das expectativas de aprendizagem que se espera alcançar. As situações de aprendizagem são pensadas em função de uma trajetória de ensino. Nelas, estão explicitadas as dimensões epistemológicas e pedagógicas, bem como as estratégias de ensino e o percurso de ensino-aprendizagem.

7. **Competências a serem desenvolvidas**: referem-se aos fundamentos interdisciplinares do PPP. Como já debatemos, tais competências devem partir do perfil de egresso a ser formado e indicadas a partir das estratégias de ensino adotadas em função dos conteúdos a serem trabalhados. É relevante mencionar que as competências são desenvolvidas ao longo de toda a escolaridade dos alunos; portanto, uma mesma competência é requisitada em diferentes situações de ensino-aprendizagem.

8. **Expectativas de aprendizagem**: trata-se do indicador do marco conceitual a ser atingido no final da situação de ensino-aprendizagem ou da trajetória de ensino, demonstrado durante o processo de avaliação. As expectativas de aprendizagem, como o próprio termo *expectativa* sugere, são hipotéticas e representam as intenções do professor em função da aprendizagem dos alunos. Elas se referem à diretividade do processo de ensino-aprendizagem e possibilitam avançar na busca pela constituição do perfil de aluno a ser formado, com vistas aos princípios norteadores desse perfil, às competências necessárias, à concepção de área e ao estreitamento das relações com o conhecimento a ser tratado.

9. **Conteúdos a serem desenvolvidos**: são conteúdos de natureza conceitual (tais como fatos, acontecimentos,

regras, leis gerais que regem determinados conhecimentos etc.), procedimental (relacionados ao fazer, compõem o conhecimento tradicionalmente constituído e socialmente reconhecido para a área) e atitudinal (relativo à aprendizagem e à discussão de atitudes, normas e valores construídos pela e para a sociedade).

Os conteúdos a serem desenvolvidos devem ser pensados em função das necessidades de constituição do perfil a ser formado e propostos de acordo com a progressão dos alunos. São trabalhados conforme uma espiral, ou seja, ao longo da escolaridade, um mesmo conteúdo é reapresentado ao aluno, porém, os conceitos atrelados a tal conteúdo são aprofundados em razão da progressão do aluno, sempre em busca de sua apropriação crítica.

10. **Percurso de ensino**: trata-se da descrição pormenorizada de todos os passos que serão dados em uma situação de ensino-aprendizagem, considerando as ações do professor em função das expectativas, das estratégias de ensino e dos conteúdos propostos. Refere-se aos passos previstos para o desenvolvimento dos conteúdos e a aproximação das expectativas e abrange o desenvolvimento das ações. Portanto, quanto ao percurso de ensino, deve-se ter clareza sobre o que se quer atingir para saber como fazê-lo. É a materialização da ação pensada.

11. **Avaliação**: deve ser proposta em função das expectativas de aprendizagem e das estratégias propostas. Na avaliação, devem ser previstas ações que verifiquem a aprendizagem dos alunos e o êxito do plano de ação do professor, possibilitando-o fazer a mediação do processo.

Ainda que todos esses itens componham o plano de ação, é importante destacarmos que eles têm relação direta um com o outro e, também, com o plano filosófico do PPP. Por isso, devem sempre ser pensados em função de integrar o eixo político ao pedagógico, para formar um projeto interdisciplinar que atenda ao contexto imediato em que foi idealizado, e não a uma utopia projetada ideologicamente.

ııı Síntese

Neste capítulo apresentamos alguns subsídios do eixo pedagógico que compõem o PPP. Inicialmente, abordamos algumas considerações sobre a dimensão pedagógica do projeto, dentre elas, o entendimento sobre a finalidade da Educação Física na escola. Para tanto, recorremos aos autores Betti e Zuliani (2002).

Em seguida, analisamos a prática pedagógica na Educação Física e o tratamento dado ao conteúdo pela área. Em relação à prática pedagógica do professor, propusemos a ação e reflexão pedagógica com os elementos da cultura. Por sua vez, compondo a dimensão da prática, apresentamos os eixos dos temas e dos conteúdos como componentes da ação e que demonstram a intencionalidade pedagógica do professor.

Em relação aos conteúdos, traçamos importantes considerações em relação às escolhas a serem feitas e à necessidade não só de considerar a relevância social de tais escolhas, mas também a contemporaneidade, a adequação às possibilidades sociocognoscitivas do aluno e a simultaneidade dos conteúdos. Além disso, debatemos a respeito de alguns princípios que devem ser considerados no decorrer do trabalho, como os princípios da inclusão, da diversidade, da complexidade e da adequação ao aluno.

Na sequência, apresentamos, como princípios norteadores das ações pedagógicas na escola, o professor como mediador do processo de ensino-aprendizagem, o aluno como protagonista, a interdisciplinaridade, a transdisciplinaridade, além de diferentes estratégias de ensino que podem ser utilizadas pelo professor. Tais princípios serão considerados para a elaboração dos planos de ação que serão apresentados nos capítulos seguintes.

Para finalizar, abordamos os elementos constituintes do plano de ação, de acordo com a concepção apresentada no decorrer das discussões realizadas ao longo do capítulo, e destacamos os itens que compõem uma trajetória de ensino, com destaque para as situações de ensino-aprendizagem.

⦀ Indicações culturais

Artigo

MAFFEI, W. S. Educação física frente aos desafios da mudança. **Instrumento: Revista de Estudo e Pesquisa em Educação**, Juiz de Fora, v. 17, n. 1, p. 101-110, jan./jun. 2015. Disponível em: <https://instrumento.ufjf.emnuvens.com.br/revistainstrumento/article/view/2861/1965>. Acesso em: 15 mar. 2019.

Em relação ao trabalho com alguns dos elementos propostos, inclusive a apresentação de um plano de ação para a Educação Física, sugerimos a leitura do texto de Maffei, que traz uma proposta concreta desenvolvida na escola.

Vídeos

D-29 – AVALIAÇÃO da aprendizagem: formativa ou somativa? Disponível em: <https://www.youtube.com/watch?v=G5VEkMf5DRk>. Acesso em: 15 mar. 2019.

Esse vídeo de trata de um programa produzido pela Univesp TV que discute, entre outros assuntos, diferenças entre avaliação somativa e formativa.

JUSSARA Hoffmann em avaliação: caminhos para a aprendizagem – vídeo 01. Disponível em: <https://www.youtube.com/watch?v=ln7pcf1Th3M>. Acesso em: 15 mar. 2019.

Esse vídeo apresenta considerações de profissionais que pesquisam sobre avaliação educacional e apresentam uma concepção de avaliação como mediadora da aprendizagem.

■ **Atividades de autoavaliação**

1. Para construir um plano de ação para a Educação Física, alguns elementos precisam ser conhecidos, integrando a concepção do professor, para que suas ideias não naufraguem antes mesmo de serem iniciadas. Nesse sentido, elementos como o perfil de egresso, as competências a serem constituídas e as finalidades da Educação Física são essenciais para o professor. Diante disso, justifica-se como finalidade para a disciplina, de acordo com o apresentado anteriormente por Betti e Zuliani (2002):

   a) Introduzir e integrar o aluno na cultura corporal de movimento, para que se possa formar o cidadão que usufruirá com autonomia do jogo, do esporte, das atividades rítmicas e dança, das ginásticas e práticas de aptidão física, em benefício da qualidade da vida.

   b) Prover o aluno com habilidades e competências para que ele possa desempenhar diferentes papéis no jogo, no esporte, na dança, nas lutas e na ginástica, em benefício da *performance* humana.

   c) Desenvolver o vigor físico com vistas à melhoria da saúde em prol da qualidade de vida.

   d) Utilizar os elementos da cultura como atividades de lazer e recreação no tempo livre.

   e) Desenvolver, nas aulas de Educação Física, o esporte de rendimento com a finalidade da formação de atletas.

2. Dentre as diversas compreensões trazidas para a Educação Física, talvez a que mais se aproxime da proposta pedagógica da escola é aquela que propõe à disciplina a ação e a reflexão pedagógicas. Nesse sentido, a prática pedagógica do professor deve considerar:

   I. Que a Educação Física trabalha com o conhecimento oculto, ou seja, ao proporcionar um jogo para o aluno, automaticamente ele aprenderá a respeitar regras e os colegas, por exemplo.

II. Que a ação e a reflexão pedagógicas integram experiência aos sentidos/conhecimentos construídos a partir dela.

III. Que a Educação física não diz respeito a somente jogar. É interessante que, algumas vezes, o professor deixe de levar os alunos à quadra e dê uma palestra sobre saúde, por exemplo, para que eles compreendam a importância da atividade física.

Assinale a alternativa que indica a(s) afirmação(ões) correta(s):

a) Somente a afirmativa I está correta.
b) Somente as afirmativas I e II estão corretas.
c) Somente a afirmativa II está correta.
d) Somente as afirmativas II e III estão corretas.
e) Somente a afirmativa III está correta.

3. A avaliação é apontada como um importante instrumento para o processo de ensino-aprendizagem. Deve fazer parte de todo processo e ser utilizada para diferentes finalidades. Nesse sentido, analise as afirmativas a seguir, relativas à avaliação:

I. A avaliação objetiva constatar e qualificar a realidade para a tomada de decisão.

II. A avaliação deve ser utilizada do início ao fim do processo de ensino-aprendizagem.

III. A avaliação pode ser formativa (ao longo do processo) e somativa (no final do processo de ensino de uma unidade).

IV. A avaliação diagnóstica é utilizada no início de uma situação de ensino-aprendizagem, para o levantamento dos conhecimentos que o aluno têm sobre determinada temática.

Assinale a alternativa que indica as afirmações corretas:

a) Somente as afirmativas II, e III estão corretas.
b) Somente as afirmativas I, II, e III estão corretas.

c) Somente as afirmativas I, II e IV estão corretas.
d) Somente as afirmativas II, III e IV estão corretas.
e) Todas as afirmativas estão corretas.

4. Quais dos elementos a seguir compõem situações de ensino-aprendizagem? Verifique as opções:

   I. Intenções do professor (expressas no projeto político-pedagógico).
   II. Expectativas de aprendizagem.
   III. Conteúdos de ensino, estratégias didáticas e avaliação.
   IV. Percurso de ensino.

   Assinale a alternativa que indica as afirmações corretas:
   a) Somente as afirmativas I, II e III estão corretas.
   b) Somente as afirmativas II, III e IV estão corretas.
   c) Somente as afirmativas I e II estão corretas.
   d) Somente as afirmativas I, III e IV estão corretas.
   e) Todas as alternativas estão corretas.

5. Em relação aos itens básicos que compõem o plano de ação do professor, analise as afirmações a seguir:

   I. O eixo dos temas é formado pelos elementos culturais do movimento (jogo, esporte, dança, ginástica e luta).
   II. A trajetória de ensino apresenta as situações de ensino-aprendizagem que serão desenvolvidas.
   III. Nas sequências de ensino-aprendizagem, estão explicitadas as dimensões política e pedagógica do PPP, as quais devem ser propostas de forma a garantir a sequência e a continuidade das ações, em função do conteúdo e do tema propostos.
   IV. No percurso de ensino, estão previstos, detalhadamente, os passos a serem seguidos pelo professor para o alcance das expectativas de aprendizagem.
   V. Todos os itens do plano de ação guardam relação direta com o PPP.

Assinale a alternativa que indica as afirmações corretas:
a) Somente as afirmativas II, III, IV e V estão corretas.
b) Somente as afirmativas II, III e IV estão corretas.
c) Somente as afirmativas I, II, III e V estão corretas.
d) Somente as afirmativas I, III e IV estão corretas.
e) Todas as afirmativas estão corretas.

Atividades de aprendizagem

Questões para reflexão

1. No decorrer deste capítulo, assinalamos diversos fatores que o professor deve considerar para a elaboração dos planos de ação. Na sua concepção, de que forma fatores como a finalidade da Educação Física na escola, a intencionalidade pedagógica e a prática pedagógica influenciam o professor a elaborar seus planos de ação?

2. Em sua opinião e levando em consideração o conhecimento construído até o momento sobre o trabalho do professor na escola, por que é necessário construir planos de ação para um trabalho docente eficaz?

Atividade aplicada: prática

1. Vá até uma escola e procure assistir a uma aula de Educação Física. Após a aula, pergunte ao professor como ele organiza o plano de ação dele e o que ele leva em consideração para essa organização. Em seguida, contraste a resposta do professor com os conteúdos propostos para a elaboração do plano de ação e analise as aproximações e os distanciamentos do que está proposto nesse documento. Na sequência, elabore um fichamento apresentando suas conclusões.

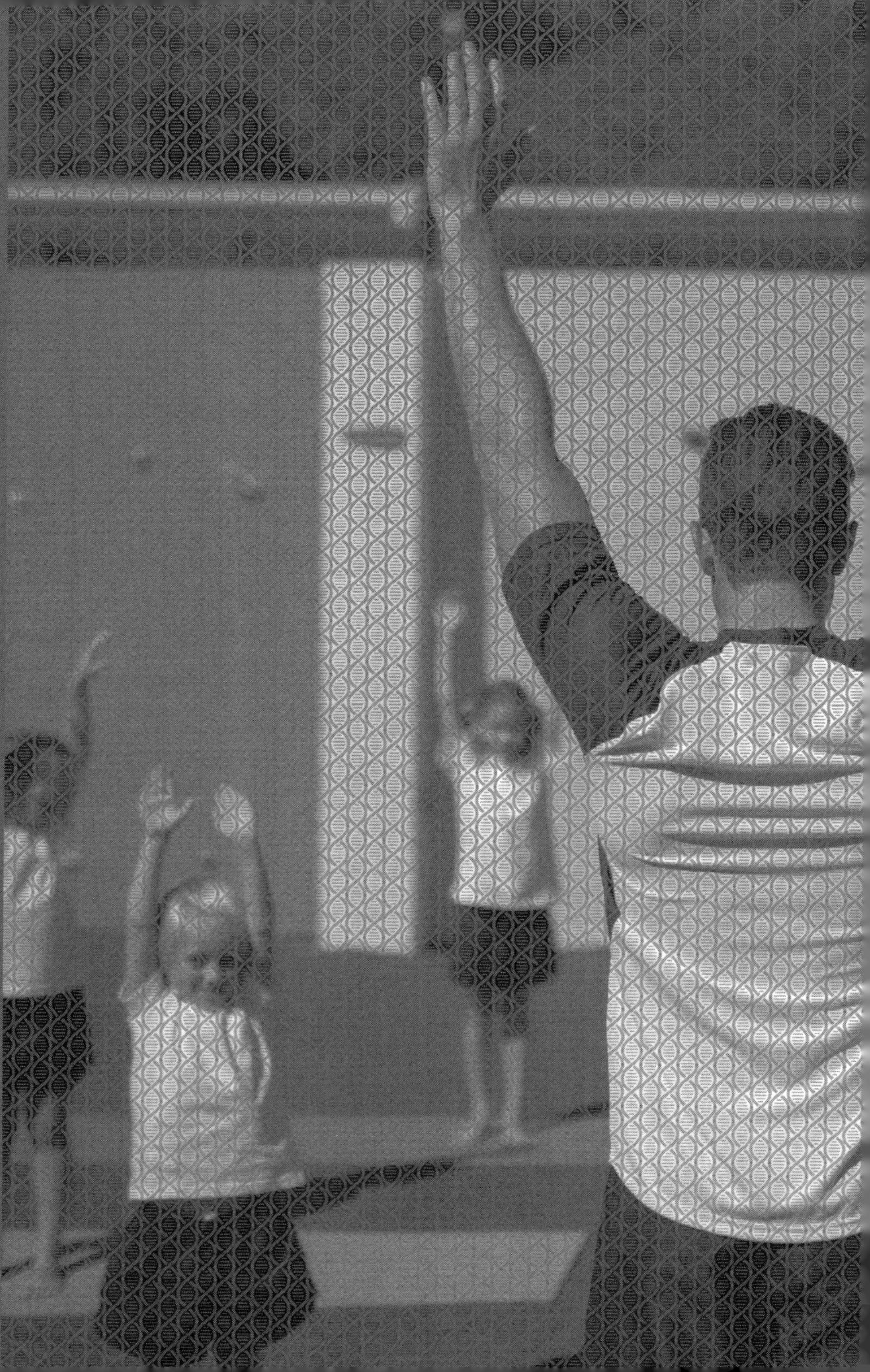

Capítulo 5

Eixo dinâmico-operacional: planos de ação para educação infantil e ensino fundamental

Nos capítulos anteriores, preocupamo-nos em situar o campo pedagógico da Educação Física, trazendo algumas considerações a respeito da elaboração do projeto político-pedagógico (PPP). Precisamente, no Capítulo 3, discutimos a dimensão política da proposta, ao passo que, no Capítulo 4, nos voltamos à dimensão pedagógica.

Neste capítulo, serão apresentaremos possibilidades de elaboração de planos de ação para a educação infantil e os anos iniciais do ensino fundamental. As proposições que debateremos seguem as diretrizes propostas anteriormente nas dimensões político-pedagógicas. Além disso, é importante mencionar: o que será apresentado em seguida é apenas uma opção pedagógica, como outras que podem ser encontradas.

Para tanto, é importante resgatarmos o quadro de competências a serem constituídas no egresso (proposto no Capítulo 3), uma vez que ele guiará a elaboração dos planos de ação, visto que as competências são o meio e o fim da formação do egresso.

Quadro 5.1 Competências norteadoras do perfil de formação

PG	PNC	Competências
Autonomia	Autossuficiência e confiança	Encontrar diferentes soluções para a resolução de problemas, tendo em vista que as atividades criadas pelo homem são, por natureza, calcadas na incerteza, na imperfeição e na diversidade.
	Empreendedorismo	Utilizar-se da capacidade de convencer os outros a mudar em sua maneira de pensar e se comportar, demonstrando iniciativa, autoconfiança, adaptação a mudanças e vontade de assumir riscos.
	Pragmatismo	Procurar maneiras de resolver situações com praticidade, de forma viável e racional.
	Protagonismo	Agir com responsabilidade nos momentos que exijam assumir posicionamento para tomar decisões, seja para transformar ou manter determinada situação ou ponto de vista.
	Tolerância	Ter como fundamento a flexibilidade nas diferentes decisões a serem tomadas no cotidiano.

(continua)

(Quadro 5.1 – continuação)

PG	PNC	Competências
Conhecimento	Apropriação	Utilizar a capacidade de traduzir o que lê, vê e ouve, com as próprias palavras, preservando o seu significado.
	Conhecimento	Buscar soluções práticas e criativas, utilizando os próprios recursos para encontrar caminhos viáveis.
	Iniciativa	Agir com prontidão e disposição em situações que exijam ação ou tomada de decisão.
	Maturidade	Envolver-se com as atividades de sua responsabilidade, mantendo o foco nas metas pessoais e coletivas.
	Raciocínio	Identificar pressupostos nos discursos dos outros, sendo capaz de observar, comparar e argumentar a partir dos dados apresentados.
	Reflexão	Estabelecer relações entre as diversas linguagens e gêneros textuais, inferindo conclusões pessoais de forma crítica, criativa e lógica.
Produção do conhecimento	Capacidade de síntese	Utilizar a capacidade de fazer definições e distinções, formular hipóteses, analisar, generalizar e sintetizar conceitos, aplicando-os em situações reais. Expressar oralmente e por escrito suas ideias. Relacionar analiticamente fatos, com atitude crítica, de forma dedutiva, avaliando ideias e hipóteses.

■ *Eixo dinâmico-operacional: planos de ação para educação infantil e ensino fundamental* ■

(Quadro 5.1 – continuação)

PG	PNC	Competências
Produção do conhecimento	Competência	Identificar, ao resolver problemas, alternativas que levem a decisões racionais. Avaliar as próprias ações, sendo capaz de transferir princípios e estratégias de uma situação à outra.
	Curiosidade/ Entusiasmo	Demonstrar interesse na busca por respostas e resolução de problemas individuais e coletivos, mostrando-se estimulado a procurar novos caminhos.
	Gosto pelo estudo	Selecionar estratégias adequadas nas diversas situações da vida, respeitando e reconhecendo suas limitações.
	Investigação	Ser capaz de buscar informações nos diversos meios de comunicação e nas situações reais da vida, utilizando a atitude inquiridora e o raciocínio indutivo na geração de ideias e hipóteses.
	Observação	Ser intuitivo e observador para antecipar problemas e soluções para as situações que se apresentem na vida.
Relacionamento inter e intrapessoal	Alteridade e empatia	Colocar-se no lugar do outro nos momentos em que as decisões envolvam grupos ou pessoas.
	Proatividade	Agir com prontidão, eficiência e presteza nas ações que solicitem escolha e tomadas de decisão individual e coletiva.
	Responsabilidade social	Agir com responsabilidade nas tomadas de decisão que envolvam pessoas, procurando antecipar problemas e minimizar riscos.

(Quadro 5.1 – conclusão)

PG	PNC	Competências
Relacionamento inter e intrapessoal	Sociabilidade	Utilizar-se de recursos variados para evitar e resolver conflitos, cooperando e obtendo cooperação dos outros.
	Solidariedade	Adotar atitudes de respeito mútuo, dignidade e solidariedade ao resolver problemas que exijam tomadas de decisão individuais ou coletivas.

5.1 Movimento na educação infantil

Antes de apresentarmos uma proposta de plano de ação para o *movimento* – termo utilizado como referência aos conteúdos da Educação Física para a educação infantil –, é importante ter clareza sobre a finalidade do movimento nesse nível de ensino.

A faixa etária da educação infantil abrange crianças de até 5 anos de idade. Entretanto, nessa etapa da educação básica, a matrícula é obrigatória apenas a partir dos quatro anos, conforme explícito no art. 5º da Resolução CNE/CEB n. 05, de 17 de dezembro de 2009, que fixa as Diretrizes Curriculares Nacionais para a Educação Infantil:

Art. 5 [...]

§ 2º É obrigatória a matrícula na Educação Infantil de crianças que completam 4 ou 5 anos até o dia 31 de março do ano em que ocorrer a matrícula.

§ 3º As crianças que completam 6 anos após o dia 31 de março devem ser matriculadas na Educação Infantil. (Brasil, 2009)

Portanto, de acordo com o exposto na referida diretriz, o movimento na educação infantil aqui abordado se refere ao trabalho com crianças entre 4 e 5 anos, ou seja, faixa etária que inicia a matrícula obrigatória na educação básica.

Nessa faixa etária, embora ainda de forma restrita, a criança ainda está descobrindo as possibilidades de realização de movimento com o corpo. Seu repertório motor está se ampliando, e os gestos instrumentais apresentam uma progressiva precisão, possibilitando a ela realizar movimentos que solicitam a coordenação de vários segmentos corporais para se ajustar a objetivos específicos. Nesse sentido, ocorre uma sofisticação de movimentos como manipular (lançar, rolar ou chutar uma bola), encaixar pequenas peças, saltar pequenos objetos etc.

A tendência lúdica da motricidade e a forma como se relacionam com o outro e com o mundo são aspectos marcantes das crianças dessa faixa etária. Diante disso, é comum que, no decorrer de uma atividade, o aluno desvie a sua atenção e passe a se relacionar de outra forma com os objetos propostos para a aula. Por exemplo: uma criança que está brincando de boliche com uma garrafa PET e uma bola, de repente, passa a usar a garrafa como um avião, um caminhão etc.

Portanto, o papel do componente curricular Educação Física nessa faixa etária é propiciar diferentes experiências corporais que levem a criança a reconhecer suas possibilidades corporais, possibilitando-as ampliarem seu repertório motor, tanto em relação à dimensão instrumental quanto expressiva do movimento.

Pense a respeito

A atividade lúdica para a criança tem papel e lugar específicos na sociedade. Ela não brinca apenas porque o seu imaginário – como utilizar uma garrafa PET simulando um avião – faz parte da sua natureza. A brincadeira e o jogo são formas que a criança encontra para representar o próprio contexto, que oscila entre a fantasia e realidade.

Aos poucos, a criança passa a ter o controle voluntário do movimento, o que a permite planejar e antecipar ações. O desenvolvimento crescente da capacidade de pensar antes de agir e, também, o crescente recurso da contenção motora, que a possibilita se manter em uma mesma posição por mais tempo, contribuem para que ela consiga planejar o próprio movimento.

Em relação à expressividade, o controle sobre a própria ação viabiliza a redução da impulsividade motora e a possibilidade de produzir e reproduzir gestos e movimentos que, no imaginário da criança, sejam associados a fatos, personagens, histórias e imagens. A estimulação por meio das práticas culturais predominantes e o meio em que a criança vive permitem que ela reconheça as possibilidades corporais e construa repertórios próprios de movimento.

Por exemplo: uma criança criada próxima a rios, lagos e piscinas poderá se interessar e aprender a nadar. Por sua vez, crianças que passam seus anos iniciais no meio rural podem desenvolver habilidades de escalar, correr, mudar de direção rapidamente, entre outras, diferentemente daquelas que crescem e vivem nas grandes cidades, uma vez que elas podem apresentar alguma limitação de movimento originada pela própria falta de espaços de convivência no meio urbano, pela dificuldade de brincar fora de casa devido à violência nas ruas, entre outros fatores.

As brincadeiras e os jogos que integram o repertório infantil se diferenciam culturalmente e são importantes para o desenvolvimento e a aprendizagem das crianças. Ao brincar, o pequeno constrói o próprio conhecimento. Por isso, uma das qualidades mais importantes atribuídas ao jogo e à brincadeira é a confiança despertada na criança em relação à capacidade de encontrar soluções, contribuindo para que ela possa chegar às próprias conclusões de forma autônoma.

Portanto, o ato de brincar não pode ser entendido simplesmente como uma forma de distração, divertimento, entretenimento. Trata-se da maneira mais imediata e completa que a criança tem de se comunicar consigo e com o mundo, uma vez que, durante a ação, estão implícitos o movimento, o pensamento e a verbalização, possibilitando diferentes formas de comunicação. Portanto, o ato de brincar é importante, é prazeroso, além de se constituir como uma necessidade interior e inerente ao desenvolvimento da criança.

Por meio da atividade lúdica, a criança assimila e se integra inicialmente ao contexto em que vive, por meio do qual passa a conviver como ser social e se adaptar às condições que o mundo lhe oferece.

É possível que o professor iniciante encontre dificuldades em saber quais conteúdos e expectativas de aprendizagem são adequados a essa faixa etária. Diante disso, a bibliografia contemporânea é repleta de conhecimentos que podem ajudá-lo a encontrar caminhos que atendam aos princípios elencados no PPP. A elaboração do documento citado e do plano de ação, muito embora atenda a particularidades locais, não requer o isolamento do professor, tampouco o ineditismo de produções, até porque existem muitas realidades próximas e que podem ser consideradas nessa elaboração, desde que atendam às necessidades do projeto.

Há, também, documentos de abrangência nacional que auxiliam estados, municípios e professores a elaborarem suas propostas curriculares, como é o caso dos Referenciais Curriculares Nacionais para a Educação Infantil (Brasil, 1998a; 1998b) e da Base Nacional Comum Curricular (BNCC) (Brasil, 2017).

Para o desenvolvimento do plano de ação proposto em seguida, adaptaremos à nossa proposta o conteúdo trazido na BNCC, documento nacional a ser utilizado na elaboração ou adequação dos currículos e propostas pedagógicas.

Na BNCC, o processo de ensino-aprendizagem está organizado por campos de experiências, referentes a áreas de conhecimentos a que se fundamentarão as experiências da criança na escola. No documento, são apresentados cinco campos de experiência para a educação infantil (Brasil, 2017, p. 25):

1. "O eu, o outro e o nós";
2. "Corpo, gestos e movimentos";
3. "Traços, sons, cores e formas";
4. "Escuta, fala, pensamento e imaginação";
5. "Espaços, tempos, quantidades, relações e transformações".

Embora seja um documento de abrangência nacional recém-homologado e publicado, com aceitação de determinados grupos e crítica de outros, a BNCC ainda não alcançou legitimidade (característica atribuída ao aspecto legal que é considerado um bem para a sociedade) nos meios acadêmico e pedagógico, uma vez que, até mesmo em virtude da falta de tempo hábil para a adequação curricular em escolas, municípios e estados, não foi validada por diferentes instituições e não há pesquisas que comprovem sua utilização e efetivação.

Por outro lado, no decorrer do processo de constituição desse documento, surgiram muitas críticas e questionamentos em torno de sua elaboração quanto às finalidades e aos interesses que representa, bem como em relação ao público de interesse. Especialmente porque a utilização da BNCC é obrigatória tanto para os sistemas públicos quanto para os sistemas privados de ensino. Isso não significa, porém, que o documento não apresente pontos positivos. Certamente, considerando a disciplina de Educação Física, trata-se de mais um relevante documento para orientar a elaboração de programas da área.

As impressões aqui apresentadas em relação à BNCC são compartilhadas por diversos pesquisadores, entidades e grupos de trabalho da área escolar. Reunindo pareceres e impressões, a revista

Motrivivência (2016) dedicou um número especial para que pesquisadores da área expressassem opiniões a respeito das expectativas e críticas em relação ao documento nacional. O conteúdo trazido nos textos publicados reforça a ideia de que a BNCC ainda não alcançou legitimidade (conforme entendimento apresentado anteriormente) nas comunidades acadêmica e pedagógica.

Ainda assim, para exemplificar a elaboração do plano de ação para a educação infantil, recorreremos à BNCC como documento-base, adaptado às intenções do PPP. Por se tratar de um documento nacional, é importante que ele seja ao menos conhecido para instrumentalizar o trabalho do futuro professor ou do professor em atividade.

No Quadro 5.2, a seguir, elencamos os objetivos e as sínteses de aprendizagens de acordo com os campos de experiência, conforme disposto na BNCC para a faixa etária de 4 anos a 5 anos e 11 meses.

Quadro 5.2 Objetivos e sínteses de aprendizagens para a educação infantil

Campo de experiências	Objetivos	Síntese das aprendizagens
O eu, o outro e o nós	■ Demonstrar empatia pelos outros, percebendo que as pessoas têm diferentes sentimentos, necessidades e maneiras de pensar e agir. ■ Agir de maneira independente, com confiança em suas capacidades, reconhecendo suas conquistas e limitações. ■ Ampliar as relações interpessoais, desenvolvendo atitudes de participação e cooperação. ■ Comunicar suas ideias e sentimentos a pessoas e grupos diversos. ■ Demonstrar valorização das características de seu corpo e respeitar as características dos outros (crianças e adultos) com os quais convive. ■ Manifestar interesse e respeito por diferentes culturas e modos de vida. ■ Usar estratégias pautadas no respeito mútuo para lidar com conflitos nas interações com crianças e adultos.	■ Respeitar e expressar sentimentos e emoções. ■ Atuar em grupo e demonstrar interesse em construir novas relações, respeitando a diversidade e solidarizando-se com os outros. ■ Conhecer e respeitar regras de convívio social, manifestando respeito pelo outro.

(continua)

(Quadro 5.2 – continuação)

Campo de experiências	Objetivos	Síntese das aprendizagens
Corpo, gestos e movimentos	■ Criar com o corpo formas diversificadas de expressão de sentimentos, sensações e emoções, tanto nas situações do cotidiano quanto em brincadeiras, dança, teatro, música. ■ Demonstrar controle e adequação do uso de seu corpo em brincadeiras e jogos, escuta e reconto de histórias, atividades artísticas, entre outras possibilidades. ■ Criar movimentos, gestos, olhares e mímicas em brincadeiras, jogos e atividades artísticas como dança, teatro e música. ■ Adotar hábitos de autocuidado relacionados a higiene, alimentação, conforto e aparência. ■ Coordenar suas habilidades manuais no atendimento adequado a seus interesses e necessidades em situações diversas.	■ Reconhecer a importância de ações e situações do cotidiano que contribuem para o cuidado de sua saúde e a manutenção de ambientes saudáveis. ■ Apresentar autonomia nas práticas de higiene, alimentação, vestir-se e no cuidado com seu bem-estar, valorizando o próprio corpo. ■ Utilizar o corpo intencionalmente (com criatividade, controle e adequação) como instrumento de interação com o outro e com o meio. ■ Coordenar suas habilidades manuais.

(Quadro 5.2 – continuação)

Campo de experiências	Objetivos	Síntese das aprendizagens
Traços, sons, cores e formas	▪ Utilizar sons produzidos por materiais, objetos e instrumentos musicais durante brincadeiras de faz de conta, encenações, criações musicais, festas. ▪ Expressar-se livremente por meio de desenho, pintura, colagem, dobradura e escultura, criando produções bidimensionais e tridimensionais.	▪ Discriminar os diferentes tipos de sons e ritmos e interagir com a música, percebendo-a como forma de expressão individual e coletiva. ▪ Expressar-se por meio das artes visuais, utilizando diferentes materiais. ▪ Relacionar-se com o outro empregando gestos, palavras, brincadeiras, jogos, imitações, observações e expressão corporal.
Escuta, fala, pensamento e imaginação	▪ Expressar ideias, desejos e sentimentos sobre suas vivências, por meio da linguagem oral e escrita (escrita espontânea), de fotos, desenhos e outras formas de expressão. ▪ Recontar histórias ouvidas e planejar coletivamente roteiros de vídeos e de encenações, definindo os contextos, os personagens e a estrutura da história. ▪ Recontar histórias ouvidas para a produção de reconto escrito, tendo o professor como escriba. ▪ Produzir suas próprias histórias orais e escritas (escrita espontânea), em situações com função social significativa.	▪ Expressar ideias, desejos e sentimentos em distintas situações de interação, por diferentes meios. ▪ Argumentar e relatar fatos oralmente, em sequência temporal e causal, organizando e adequando sua fala ao contexto em que é produzida. ▪ Ouvir, compreender, contar, recontar e criar narrativas.

Eixo dinâmico-operacional: planos de ação para educação infantil e ensino fundamental

(Quadro 5.2 – conclusão)

Campo de experiências	Objetivos	Síntese das aprendizagens
Espaços, tempos, quantidades, relações e transformações	- Estabelecer relações de comparação entre objetos, observando suas propriedades. - Observar e descrever mudanças em diferentes materiais, resultantes de ações sobre eles, em experimentos envolvendo fenômenos naturais e artificiais. - Identificar e selecionar fontes de informações, para responder a questões sobre a natureza, seus fenômenos e sua conservação. - Registrar observações, manipulações e medidas, usando múltiplas linguagens (desenho, registro por números ou escrita espontânea), em diferentes suportes. - Classificar objetos e figuras de acordo com suas semelhanças e diferenças. - Relatar fatos importantes sobre seu nascimento e desenvolvimento, a história dos seus familiares e da sua comunidade. - Relacionar números às suas respectivas quantidades e identificar o antes, o depois e o entre em uma sequência. Expressar medidas (peso, altura etc.), construindo gráficos básicos.	- Identificar, nomear adequadamente e comparar as propriedades dos objetos, estabelecendo relações entre eles. - Interagir com o meio ambiente e com fenômenos naturais ou artificiais, demonstrando curiosidade e cuidado com relação a eles. - Utilizar vocabulário relativo às noções de grandeza (maior, menor, igual etc.), espaço (dentro e fora) e medidas (comprido, curto, grosso, fino) como meio de comunicação de suas experiências. - Utilizar unidades de medida (dia e noite; dias, semanas, meses e ano) e noções de tempo (presente, passado e futuro; antes, agora e depois), para responder a necessidades e questões do cotidiano. - Identificar e registrar quantidades por meio de diferentes formas de representação (contagens, desenhos, símbolos, escrita de números, organização de gráficos básicos etc.).

Fonte: Brasil, 2017, p. 43-53.

De acordo com o apresentado no Quadro 5.2, as aprendizagens devem priorizar a formação pessoal, social e cultural da criança, bem como a percepção sobre as possibilidades expressivas e instrumentais do movimento, possibilitando a apropriação corporal de forma a agir com intencionalidade e autonomia.

Em seguida, apresentaremos um plano de ação para a educação infantil de acordo com as competências, as expectativas de aprendizagem, os conteúdos e os princípios apresentados para o trabalho com a Educação Física.

5.2 Plano de ação para a educação infantil

Para a elaboração do plano de ação, recorerremos ao modelo apresentado no capítulo anterior, na forma de situação de ensino-aprendizagem que compõe a trajetória de ensino.

Novamente, faz-se necessário esclarecer que tal plano de ação será utilizado para exemplificar as ideias apresentadas até o momento; não se trata, portanto, de uma sequência obrigatória a ser seguida. Vale lembrarmos que a dinâmica proposta possibilita a criação de uma infinidade de trajetórias de ensino e de diferentes situações de ensino-aprendizagem. Por isso, mais importante que o resultado final do plano de ação será a compreensão da dinâmica que envolve sua construção.

Em todos os planos de ação propostos na sequência deste livro, consideraremos as seguintes particularidades:

- As competências emergem da dimensão política do PPP, conforme preconiza a reflexão pedagógica proposta pelo Coletivo de Autores (1992). Além disso, elas são necessárias para a tematização dos conteúdos da cultura, pois possibilitam a geração de discussões importantes para superar problemas relativos, por exemplo: a relacionamento social (tais como preconceito, discriminação, equidade, autonomia, oportunidade etc.); à compreensão sobre os valores do esporte de rendimento ou à diferença entre o esporte de rendimento e o esporte praticado na escola; ao papel e à influência da mídia em relação à prática de atividade física e ao discurso a respeito dos elementos culturais; à relação de gênero presente nos elementos culturais do movimento; aos interesses do capital presentes na cultura constituída sobre o corpo, entre outros.

- A elaboração das trajetórias de ensino leva em consideração os conteúdos (elementos da cultura) e a sua tematização. Portanto, não se trata de aprender o jogo, mas, sim, de superar algumas ideias preconcebidas que permeiam tal aprendizado (por exemplo, em relação à autonomia na realização de jogos – como no caso desta trajetória de ensino). Nesse sentido, o desenvolvimento das situações de ensino-aprendizagem possibilitará a apropriação das expectativas de aprendizagem. Ao elaborar os percursos de aprendizagem, é necessário cuidado com a proposta de atividades que possibilitem a não exclusão e que favoreçam a diversidade. Logo, o princípio da diversidade de estratégias e elementos da cultura será considerado para que atenda a diferentes interesses e estilos pessoais, possibilitando a experiência a todos os alunos, independentemente de suas preferências, habilidades ou vivências anteriores. As estratégias de ação propostas nos planos de ensino devem ser condizentes com a aprendizagem ativa – o professor como mediador do processo, e não controlador, pois, lembramos, o aluno é o protagonista da ação.

Portanto, as atividades devem ser adequadas aos estudantes, mesmo que, no decorrer das aulas, haja complexidade de entendimento, isto é, caminha-se no sentido do mundo concreto para o abstrato (parte-se das experiências corporais concretas para as abstrações do mundo real). Esses princípios estão apresentados em Betti (1991; 1992).

- Para o desenvolvimento dos percursos de ensino de cada situação de ensino-aprendizagem, utilizaremos a dinâmica de ação proposta por Kunz (1991; 1994): problematização, encenação e transformação.

A Figura 5.1, apresentada a seguir, representa a estrutura proposta para os planos de ação que serão pensados para os diferentes níveis de ensino. Como já mencionamos anteriormente, os planos de ação serão utilizados como exemplificação das ideias trazidas para as aulas de Educação Física, e não como diretrizes obrigatórias a serem seguidas. Exemplo disso é o fato de que, para a educação infantil, os objetivos e as sínteses de aprendizagem propostos na BNCC serão utilizados para compor as expectativas de aprendizagens dos planos de ação para a educação infantil.

Para os ensinos fundamental e médio, recorreremos ao conteúdo dos Parâmetros Curriculares Nacionais (PCNs). É importante destacarmos que esses documentos não são balizadores da proposta aqui apresentada, pois o direcionamento do trabalho será a reflexão pedagógica utilizada na construção dos eixos político e pedagógico do PPP.

Os conteúdos dos PCNs, da BNCC ou de outro documento oficial construído por estados, municípios ou sistemas de ensino da rede privada também poderão ser usados na elaboração dos planos de ação, desde que atendam ao disposto nas intenções do PPP. Assim, trabalharemos com esses dois documentos de abrangência nacional (BNCC e PCNs) para a elaboração dos planos de ação, atendendo às finalidades expressas no PPP.

Figura 5.1 Síntese da estrutura do plano de ação pensado para a Educação Física

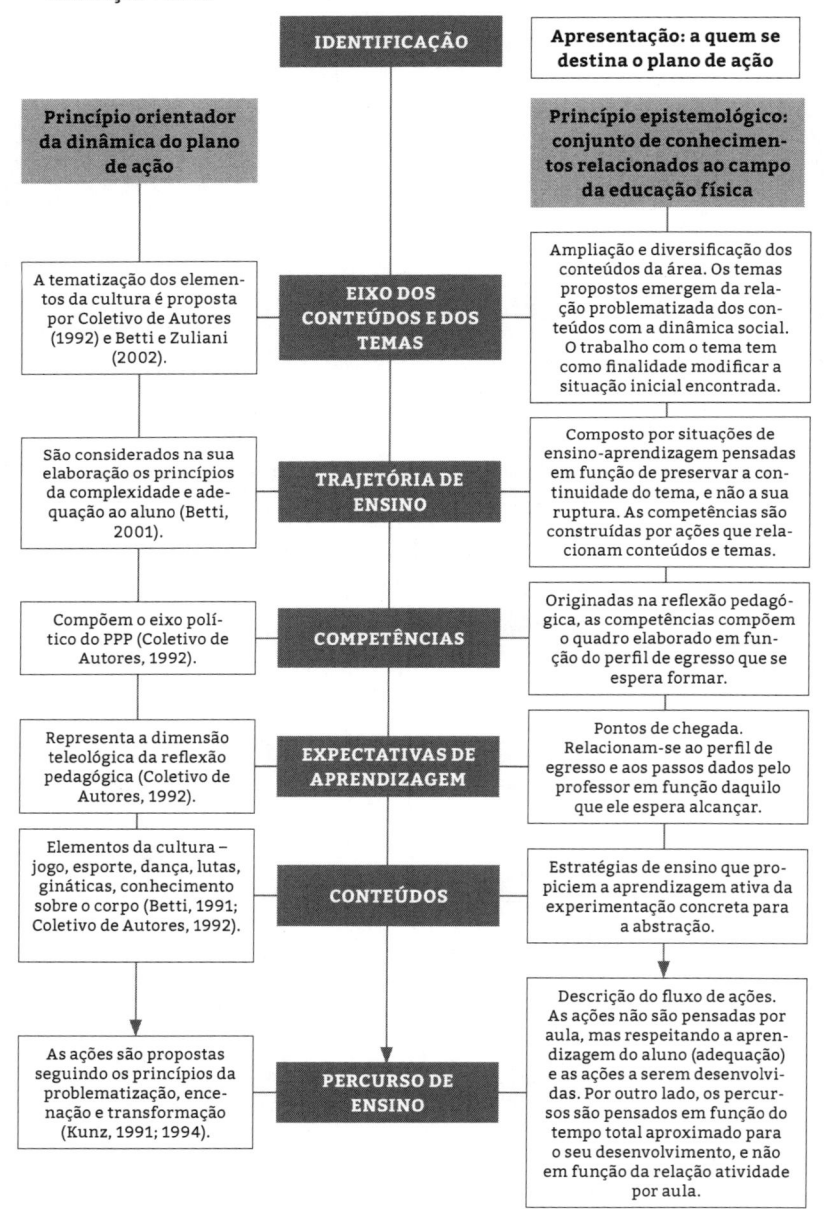

	IDENTIFICAÇÃO	**Apresentação:** a quem se destina o plano de ação
Princípio orientador da dinâmica do plano de ação		**Princípio epistemológico:** conjunto de conhecimentos relacionados ao campo da educação física
A tematização dos elementos da cultura é proposta por Coletivo de Autores (1992) e Betti e Zuliani (2002).	**EIXO DOS CONTEÚDOS E DOS TEMAS**	Ampliação e diversificação dos conteúdos da área. Os temas propostos emergem da relação problematizada dos conteúdos com a dinâmica social. O trabalho com o tema tem como finalidade modificar a situação inicial encontrada.
São considerados na sua elaboração os princípios da complexidade e adequação ao aluno (Betti, 2001).	**TRAJETÓRIA DE ENSINO**	Composto por situações de ensino-aprendizagem pensadas em função de preservar a continuidade do tema, e não a sua ruptura. As competências são construídas por ações que relacionam conteúdos e temas.
Compõem o eixo político do PPP (Coletivo de Autores, 1992).	**COMPETÊNCIAS**	Originadas na reflexão pedagógica, as competências compõem o quadro elaborado em função do perfil de egresso que se espera formar.
Representa a dimensão teleológica da reflexão pedagógica (Coletivo de Autores, 1992).	**EXPECTATIVAS DE APRENDIZAGEM**	Pontos de chegada. Relacionam-se ao perfil de egresso e aos passos dados pelo professor em função daquilo que ele espera alcançar.
Elementos da cultura – jogo, esporte, dança, lutas, ginásticas, conhecimento sobre o corpo (Betti, 1991; Coletivo de Autores, 1992).	**CONTEÚDOS**	Estratégias de ensino que propiciem a aprendizagem ativa da experimentação concreta para a abstração.
As ações são propostas seguindo os princípios da problematização, encenação e transformação (Kunz, 1991; 1994).	**PERCURSO DE ENSINO**	Descrição do fluxo de ações. As ações não são pensadas por aula, mas respeitando a aprendizagem do aluno (adequação) e as ações a serem desenvolvidas. Por outro lado, os percursos são pensados em função do tempo total aproximado para o seu desenvolvimento, e não em função da relação atividade por aula.

Fonte: Elaborado com base em Coletivo de Autores, 1992; Betti, 2001; Betti; Zuliani, 2002; Kunz, 1991; 1994.

Exemplo de plano de ação para a educação infantil[1]

1. **Identificação**: Escola de Educação Infantil X
2. **Série**: Fase 2 (crianças de 5 anos) | **Bimestre**: 1º | **Turno**: Tarde
3. **Eixo dos conteúdos**: jogos
4. **Eixo dos temas**: Movimento e autonomia
5. **Trajetória de ensino**: O jogo é jogado e também representado
6. **Situações de ensino-aprendizagem**:
   - Situação 1: Problematizando o jogo (aproximadamente, 4 aulas)
   - Situação 2: Batendo pinos (aproximadamente, 4 aulas)
   - Situação 3: Expressando o jogo (aproximadamente, 2 aulas)

Situação 1: Problematizando o jogo

- **Competências a serem desenvolvidas**:
  - adotar atitudes de respeito mútuo, dignidade e solidariedade ao resolver problemas que exijam tomadas de decisão individuais ou coletivas;
  - procurar maneiras de resolver situações com praticidade, de forma viável e racional;
  - agir com responsabilidade nos momentos que exijam assumir posicionamento para executar decisões, seja para transformar ou manter determinada situação ou ponto de vista;
  - estabelecer relações entre as diversas linguagens e gêneros textuais, inferindo conclusões pessoais de forma crítica, criativa e lógica;

---

[1] A elaboração desse exemplo de plano de ação para a educação infantil, como informado, tomou por base os pressupostos da Base Nacional Comum Curricular (Brasil, 2017). Nas "Expectativas de aprendizagem" e nos "Conteúdos a serem desenvolvidos", procuramos seguir as orientações presentes nos objetivos e sínteses de aprendizagem da BNCC.

- utilizar a capacidade de traduzir o que lê, vê e ouve, com as próprias palavras, preservando o seu significado;
- expressar oralmente e por escrito suas ideias.

- **Expectativas de aprendizagem**:
  - agir cooperativamente e ser solidário, desenvolvendo atitudes de ajuda e colaboração e compartilhando suas vivências;
  - utilizar os movimentos de preensão e encaixe para ampliar as possibilidades de manuseio de diferentes materiais e objetos;
  - expressar ideias, desejos e sentimentos em distintas situações de interação, por diferentes meios;
  - argumentar e relatar fatos oralmente, em sequência temporal e causal, organizando e adequando sua fala ao contexto em que é produzida.

- **Conteúdos a serem desenvolvidos**:
  - elaboração de roteiro e criação de jogos tendo como referência o recurso audiovisual e as ideias do grupo;
  - participação em situações em grupo que envolvam a combinação de regras de convivência referentes ao uso de materiais e ao espaço restrito;
  - manipulação de materiais diversos na construção de brinquedo, para a percepção de suas habilidades manuais.

- **Percurso de ensino**: a proposta deste percurso de ensino é que o professor, após passar e analisar um vídeo de desenho animado sobre o boliche, problematize o jogo com os alunos e, juntos, encontrem uma forma de jogar boliche na escola. As ações devem ser dirigidas no sentido de que os alunos pensem em construir com material reciclável os objetos necessários para essa prática.

a. Inicialmente, pode-se propor às crianças que assistam ao desenho animado "Urso Bernard (jogando boliche e fazendo compras)", disponível no seguinte *link*: <https://www.youtube.com/watch?v=T7Zn3ijxhGk>. Acesso em: 15 mar. 2019.
b. Antes de iniciar a apresentação, o professor deve explorar o conteúdo do vídeo conforme a estratégia "Estudo de texto", apresentada no Capítulo 4, uma vez que se trata de um estudo de texto audiovisual.
c. Em seguida, preparar as crianças para assistir ao vídeo solicitando a elas que respondam a algumas perguntas, tais como se conhecem o desenho animado, se já assistiram ao vídeo, sobre o que ele trata etc.
d. Reproduzir o vídeo para as crianças.
e. Ao final, perguntar às crianças o que mais lhes chamou a atenção, para que retomem momentos que acharam importantes, fazendo uma leitura interpretativa. Como o vídeo é curto, se houver necessidade, pode-se reproduzi-lo novamente.
f. Perguntar às crianças se elas gostariam de jogar boliche.
g. Se a resposta for afirmativa – e, possivelmente, será –, pode-se questionar como poderiam jogar boliche se eles não dispõem do material necessário? Se porventura a resposta for negativa, pode-se propor a realização de outro jogo ou brincadeira do repertório das crianças, pois o importante é que elas passem pela dinâmica de construção de um jogo.
h. Considerando a resposta afirmativa quanto à realização do boliche, para que elas cheguem a um consenso sobre como viabilizar a brincadeira, pode-se recorrer às estratégias "Tempestade cerebral" ou "Philipps 66",

também apresentadas no Capítulo 4, adequando o tempo disponível à faixa de idade das crianças. Tais estratégias podem ser propostas para que as crianças encontrem sugestões criativas para a resolução de problemas – dentre elas, a de produzir o próprio material, que é o que se espera.

i. Se chegarem a essa conclusão, o professor deverá solicitar que, em grupos, as crianças decidam que tipo de material será utilizado e como farão para consegui-lo. A ideia é que os próprios alunos tragam o material para ser utilizado e que, no final da atividade, ele seja distribuído entre os alunos ou encaminhado para a reciclagem.

j. Após as crianças decidirem como vão promover o jogo, deve-se aguardar uma semana para que os alunos providenciem os materiais e os levem à escola, para, aí sim, o boliche ser produzido. Caso o professor precise de sugestões para elaborar o jogo, na internet podemos encontrar diversos vídeos explicativos, como na sugestão apresentada a seguir:

> CRIANÇAS ensinam a fazer um jogo de boliche com garrafas pet. Disponível em: <https://www.youtube.com/watch?v=eLH_2CT4VhI>. Acesso em: 15 mar. 2019.

k. Por fim, pode-se construir boliches de diversos tamanhos, formatos e materiais para o jogo.

- **Avaliação**: será feita sempre em relação às expectativas de aprendizagem, com destaque para:
  - o envolvimento dos membros do grupo nas atividades propostas, bem como para a pertinência e a aplicabilidade das contribuições dos alunos;
  - o desempenho dos alunos na descoberta de soluções apropriadas ao problema apresentado, bem como para as atitudes relativas à aceitação das ideias dos colegas e a desenvoltura na produção dos materiais.

Situação 2: Batendo pinos

- **Competências a serem desenvolvidas:**
    - agir com responsabilidade nos momentos que exijam assumir posicionamento para executar decisões, seja para transformar ou manter determinada situação ou ponto de vista.
    - utilizar-se de recursos variados para evitar e resolver conflitos, cooperando e obtendo a cooperação dos outros;
    - agir com prontidão, eficiência e presteza nas ações que solicitem escolha e tomadas de decisão individual e coletiva;
    - colocar-se no lugar do outro nos momentos em que as decisões envolvam grupos ou pessoas.

- **Expectativas de aprendizagem:**
    - expressar ideias, desejos e sentimentos em distintas situações de interação, por diferentes meios;
    - utilizar o corpo intencionalmente (com criatividade, controle e adequação) como instrumento de interação com o outro e com o meio;
    - coordenar as habilidades manuais;
    - atuar em grupo e demonstrar interesse em construir novas relações, respeitando a diversidade e solidarizando-se com os outros;
    - enfrentar situações de conflitos, utilizando recursos pessoais, respeitando as outras crianças e opiniões e exigindo reciprocidade;
    - reconhecer e explorar diferentes qualidades e dinâmicas do movimento, como força e velocidade, percebendo gradativamente os limites e as potencialidades de seu corpo;
    - utilizar os movimentos de preensão e lançamento, para ampliar as possibilidades de manuseio de diferentes materiais e objetos;

- **Conteúdos a serem desenvolvidos:**
  - reconhecimento de singularidades próprias e das pessoas com as quais convive em situações de interação;
  - participação em brincadeiras em que as crianças escolham parceiros, objetos, regras e o espaço a ser utilizado;
  - coparticipação de meninos e meninas no jogo;
  - utilização do diálogo como forma de lidar com os conflitos;
  - participação em brincadeiras e jogos que envolvam correr, lançar e arremessar, para ampliar gradualmente o conhecimento e o controle sobre as possibilidades de movimento.

- **Percurso de ensino:** a proposta deste percurso de ensino é que as crianças inicialmente experimentem o jogo de boliche com os diferentes materiais que construíram. Em um segundo momento, espera-se que o professor problematize diferentes formas de brincar com os brinquedos, para que os alunos possam criar novas formas de jogar boliche e, assim, todos experimentem a diversidade. Ao final, o professor pode propor formas variadas de lançar a bola nos pinos, como possibilidades de movimentos ainda não explorados pelos alunos. É importante que conclusão de cada ciclo de trabalho o professor crie rodas de conversa, para que as crianças analisem as experiências. Se possível, é interessante reproduzir novamente o vídeo utilizado na "Situação 1" para ilustrar o comportamento do urso em relação ao jogo, relacionando-o às atitudes dos alunos enquanto brincam.

  a. Antes de iniciar a aula, o professor deve elaborar um circuito de atividades com os diferentes jogos de boliche construídos pelos alunos.

  b. Em seguida, pode-se solicitar aos alunos que se dividam em grupos para que participem juntos dos jogos. É recomendado que os grupos não sejam formados por

mais de quatro crianças, para que todas participem diversas vezes do jogo.

c. Durante a atividade, o professor deve marcar um tempo para que cada grupo permaneça em uma estação (jogo).

d. Depois de todas as crianças terem passado pelas estações e lançado as bolas nos pinos, deve-se reuni-los para uma roda de conversa.

e. Perguntar às crianças: como foi jogar boliche hoje? De qual jogo vocês mais gostaram? Como organizaram o jogo dentro dos grupos? É importante fornecer oportunidade de resposta a todas as crianças que quiserem participar. Além disso, pode-se solicitar a manifestação dos alunos mais tímidos, para que a conversa não fique centralizada em poucos integrantes.

f. Após a manifestação dos alunos, perguntar: existe outra forma de jogar boliche? Se nas respostas surgir uma ou mais maneiras de jogar boliche, pode-se pedir aos alunos que realizem as propostas dos grupos.

g. Caso as crianças não apresentem novas formas de jogar boliche, ou após a rodada proposta pelos alunos, o professor pode sugerir algumas variações para o jogo, tais como: lançar a bola com as duas mãos; lançar com a mão que não é dominante; chutar a bola; lançar de costas; lançar a bola com apoio em apenas uma perna; fechar os olhos e deixar um colega guiar o arremesso da bola (com a voz, próximo aos pinos ou ao lado do aluno, ou diretamente direcionando o corpo e o braço do aluno com a bola para o movimento). A cada mudança de movimento, pode-se sugerir às crianças que troquem a estação, bem como outras formas de participação, de acordo com a criatividade do professor.

h. Ao final, deve-se propor aos alunos que escolham a forma de jogar de que mais gostaram e solicitar que repitam o movimento por mais algum tempo.

i. A atividade pode ser finalizada com uma roda de conversa em que o professor pergunta aos alunos: se todos tiveram a mesma possibilidade de participação; quais foram as dificuldades; como a participação de todos ocorreu em função das regras do jogo; por que temos que respeitar as regras do jogo; se houve desrespeito aos colegas e às regras; como foi jogar somente com uma perna e com os olhos vendados – por exemplo; se eles sabiam que existem pessoas com limitações físicas; se tais pessoas podem participar de jogos e o que pode ser feito para elas participarem etc.

Embora o conteúdo seja referente ao jogo, às atitudes dos alunos ao brincar e à percepção das possibilidades corporais e diferenças individuais, o professor pode estabelecer relações com o "mundo fora do jogo", ou seja, as relações na escola e no dia a dia da criança com os amigos e a família.

j. Ao final da atividade, pode-se propor aos alunos um desfecho para os jogos. Se possível, é interessante levar crianças mais novas ainda para participarem das diferentes formas de jogar boliche aprendidas pelos mais velhos, sendo que estes ficariam responsáveis pelas estações, ensinando o jogo aos mais novos.

k. Ao final, deve-se perguntar aos alunos sobre qual será o destino a ser dado aos brinquedos construídos (distribuição para os grupos ou reciclagem).

- **Avaliação**: será feita sempre em relação às expectativas de aprendizagem, com destaque para:
  - o envolvimento dos membros do grupo, a pertinência e a aplicabilidade das contribuições e o desempenho na descoberta de soluções apropriadas ao problema apresentado;

- a aplicação das atividades aos alunos mais novos;
- o envolvimento com as atividades propostas.

Situação 3: Expressando o jogo

- **Competências a serem desenvolvidas**:
  - colocar-se no lugar do outro nos momentos em que as decisões envolvam grupos ou pessoas;
  - agir com responsabilidade nos momentos que exijam assumir posicionamento para executar decisões, seja para transformar ou manter determinada situação ou ponto de vista;
  - envolver-se com as atividades de sua responsabilidade, mantendo o foco nas metas pessoais e coletivas;
  - avaliar as próprias ações, sendo capaz de transferir princípios e estratégias de uma situação à outra.

- **Expectativas de aprendizagem**:
  - agir cooperativamente e ser solidário, desenvolvendo atitudes de ajuda e colaboração e compartilhando vivências;
  - utilizar o corpo intencionalmente (com criatividade, controle e adequação) como instrumento de interação com o outro e com o meio;
  - ampliar as possibilidades expressivas do próprio movimento, utilizando gestos diversos e o ritmo corporal nos jogos e em demais situações de interação;
  - relacionar-se com o outro empregando gestos, palavras, brincadeiras, jogos, imitações, observações e expressão corporal;
  - expressar ideias, desejos e sentimentos em distintas situações de interação, por diferentes meios.

- **Conteúdos a serem desenvolvidos:**
  - participação em situações de brincadeira nas quais as crianças escolham os parceiros e o espaço;
  - participação em brincadeiras de correr, para ampliar gradualmente o conhecimento e o controle sobre as possibilidades de movimento;
  - utilização dos recursos de deslocamento e velocidade nos jogos;
  - utilização e expressão do movimento em jogos e brincadeiras;
  - participação em tarefas que envolvam ações de cooperação e solidariedade.

- **Percurso de ensino:** neste percurso de ensino, deve-se, inicialmente, propor às crianças um jogo de pegar em que elas próprias farão o papel dos objetos do boliche (pega-pega boliche). Em seguida, deve-se promover entre os alunos uma roda de conversa para a análise das condutas adotadas no decorrer do jogo. Na sequência, o professor pode proceder ao jogo de boliche humano. Para finalizar, deve-se criar uma nova roda de conversa e propor aos alunos que elaborem um registro da atividade, a compor seus portfólios.

  a. Inicialmente, pode-se sugerir aos alunos o jogo pega-pega boliche, em que eles encenam os materiais que fazem parte do boliche. O jogo se constitui da seguinte forma: o pegador representa a bola, e os outros alunos, os pinos e os levantadores de pinos. Quem é tocado pela bola deve cair no chão, como o pino, e depois ser levantado pelos colegas levantadores de pinos. Ao longo do jogo, esses papéis devem ser trocados, para que todos tenham a oportunidade de passar pelas diferentes funções.

b. Ao final do jogo, o professor deve propor uma roda de conversa, para que os alunos sejam questionados em função das suas percepções sobre atitudes, diferenças individuais e possibilidades corporais durante a prática.

c. Na sequência, o professor pode promover o jogo de boliche humano. Continuando com a ideia de representação de papéis pelos alunos, esse jogo tem uma nova dinâmica: um aluno é o arremessador, outro representa a bola, um grupo de alunos são os pinos e, os demais, os levantadores de pinos.

Esse jogo assim se constitui:

- o aluno-arremessador conta no ouvido do aluno-bola quantos alunos-pinos ele deve derrubar – para derrubar um, pino basta um toque;
- após derrubar os pinos, alunos-levantadores de pino fazem o seu papel;
- os papéis vão se modificando à medida que o jogo segue, para que todos passem pelas diferentes situações;
- para a continuidade do jogo, o professor pode propor modificações. Por exemplo: em vez de falar o número de alunos-pinos a serem derrubados, pode-se sugerir que o aluno-pino tocado reaja de forma a imitar o aluno-bola. Assim, se o aluno-bola é orientado a ir bem devagar, o pino deve cair também vagarosamente (em câmera lenta); se o aluno-bola parte chorando ou girando, o aluno-pino deve cair e permanecer chorando ou girando, e assim por diante.
- em seguida, o professor pode promover as mesmas ações, mas com a utilização de músicas: mais rápidas ou lentas, de ritmos diferentes ou desconhecidos devem ser utilizadas, para que os alunos

desempenhem seus papéis de acordo com a interpretação própria.
d. Ao final da atividade, pode-se propor uma nova roda de conversa, para que os alunos se manifestem sobre as sensações propiciadas pelas diferentes formas de participação na atividade. Na conversa, o professor deve questionar, também, se todos tiveram as mesmas oportunidades de participação, procurando pesquisar com os alunos sobre como se sentem as pessoas que não têm as mesmas possibilidades de participação que as outras. É interessante procurar relacionar esses fatos com a vida cotidiana.
e. Para encerrar toda a "Trajetória de ensino: O jogo é jogado e também representado", pode-se pedir aos alunos que representem graficamente as percepções, as sensações e os sentidos produzidos ao longo do desenvolvimento das ações. O documento produzido pelos alunos pode ser utilizado como registro da trajetória de ensino a compor os portfólios dos alunos.

- **Avaliação**: será feita sempre em relação às expectativas de aprendizagem, com destaque para:
  - o envolvimento dos membros do grupo, bem como a pertinência e a aplicabilidade das contribuições;
  - o envolvimento com as atividades propostas;
  - a participação na roda de conversa;
  - a representação gráfica das percepções, das sensações e dos sentidos produzidos ao longo da trajetória de ensino.

5.3 Educação Física nos anos iniciais do ensino fundamental

Nos anos iniciais do ensino fundamental, a atividade corporal é elemento fundamental para a criança. A adequada e diversificada estimulação promove o pleno reconhecimento das possibilidades corporais. A complexidade da experiência com jogos, ginásticas, atividades rítmicas e brincadeiras permite novas experiências e exigências das habilidades motoras básicas e a ampliação da percepção sobre o seu repertório motor, cognitivo, afetivo e social. Ainda que a experiência com o movimento seja mais observável na aula e que a aprendizagem esteja vinculada às experiências corporais, o aluno precisa ser considerado como um todo integrado, uma vez que corpo, mente e sentimentos se inter-relacionam em todas as situações.

Portanto, o processo de ensino-aprendizagem em Educação Física, nesse nível de ensino, tem como finalidade capacitar o aluno a ampliar, compreender e analisar suas possibilidades corporais, para que ele possa utilizar o seu potencial gestual de forma adequada, significativa e autônoma.

Para isso, não basta, portanto, a reprodução de movimentos e exercitação de habilidades, já que, conforme explicitam os PCNs de Educação Física, ensino de 1ª a 4ª séries (Brasil, 1997, p. 27):

> Aprender a movimentar-se implica planejar, experimentar, avaliar, optar entre alternativas, coordenar ações do corpo com objetos no tempo e no espaço, interagir com outras pessoas [...]. É fundamental que as situações de ensino e aprendizagem incluam instrumentos de registro, reflexão e discussão sobre as experiências corporais, estratégicas e grupais que as práticas da cultura corporal oferecem ao aluno.

É importante destacarmos que, nesse nível de ensino, os conteúdos da cultura são trabalhados de forma lúdica e prazerosa, devendo-se atentar tanto para as experiências anteriores como para o nível de consciência corporal dos alunos. É importante também ter a clareza de que somente a experiência com o movimento talvez não seja suficiente para as aprendizagens necessárias ao aluno.

Para que a aprendizagem seja significativa, é necessário que as experiências sejam completadas com análise, discussão e registro dos conteúdos extraídos durante e após as ações corporais corporais.

Também nesse nível de ensino, a ampliação da percepção sobre as possibilidades corporais permitirá experiências com jogos e brincadeiras com regras mais complexas, de acordo com o nível de desenvolvimento da turma. O mesmo pode ser proposto para as experiências com atividade rítmica/dança e ginásticas. A compreensão a respeito da dimensão instrumental do movimento e sobre as diferentes possibilidades corporais possibilita à criança a exploração e experimentação de novas formas de movimento – por exemplo, movimentos em posição invertida, propiciada pelos rolamentos da ginástica; giros do corpo em maior velocidade, experimentados nas atividades rítmicas ou danças etc. Tais atividades são executadas com maior autonomia pela criança, pois seu repertório motor possibilita realizá-las com maior desenvoltura.

A iniciação nas formas culturais do esporte poderá ser promovida a partir do 5º ano. A maturidade dos alunos de anos finais do ensino fundamental propiciará experiências mais significativas e, portanto, não há necessidade de promover, nesse momento, a aprendizagem de habilidades técnicas (como manchete no voleibol, bandeja no basquete etc.). A proposta de jogos com a dinâmica do esporte pode ser bem aceita pelo grupo, desde que se valorize o lúdico, a experiência, os sentidos construídos na experiência, além de considerar as possibilidades corporais dos alunos ao oportunizar tais ações.

Da mesma forma como ocorre para a educação infantil, é ampla a produção bibliográfica que aborda os conteúdos e as estratégias de trabalho para os anos iniciais do ensino fundamental. De igual forma, podemos encontrar referenciais nacionais que auxiliam os professores a elaborar suas propostas de trabalho, como é o caso dos PCNs de Educação Física de 1ª a 4ª série (Brasil, 1997) e da BNCC (Brasil, 2017).

Diferentemente da opção feita em relação à educação infantil, nos anos iniciais do ensino fundamental, para a elaboração dos planos de ação, adaptaremos o conteúdo trazido nos PCNs de Educação Física de 1ª a 4ª série (Brasil, 1997). O motivo que ilustra a escolha se dá pelo distanciamento entre o proposto aqui como PPP e a BNCC. Nesse documento, as competências são apresentadas especificamente para a Educação Física, como pode ser visto no Quadro 5.3:

Quadro 5.3 Competências específicas de Educação Física para o ensino fundamental

Competências gerais da BNCC

1. Valorizar e utilizar os conhecimentos historicamente construídos sobre o mundo físico, social, cultural e digital para entender e explicar a realidade, continuar aprendendo e colaborar para a construção de uma sociedade justa, democrática e inclusiva.
2. Exercitar a curiosidade intelectual e recorrer à abordagem própria das ciências, incluindo a investigação, a reflexão, a análise crítica, a imaginação e a criatividade, para investigar causas, elaborar e testar hipóteses, formular e resolver problemas e criar soluções (inclusive tecnológicas) com base nos conhecimentos das diferentes áreas.
3. Valorizar e fruir as diversas manifestações artísticas e culturais, das locais às mundiais, e também participar de práticas diversificadas da produção artístico-cultural.
4. Utilizar diferentes linguagens – verbal (oral ou visual-motora, como Libras, e escrita), corporal, visual, sonora e digital –, bem como conhecimentos das linguagens artística, matemática e científica, para se expressar e partilhar informações, experiências, ideias e sentimentos em diferentes contextos e produzir sentidos que levem ao entendimento mútuo.
5. Compreender, utilizar e criar tecnologias digitais de informação e comunicação de forma crítica, significativa, reflexiva e ética nas diversas práticas sociais (incluindo as escolares) para se comunicar, acessar e disseminar informações, produzir conhecimentos, resolver problemas e exercer protagonismo e autoria na vida pessoal e coletiva.
6. Valorizar a diversidade de saberes e vivências culturais e apropriar-se de conhecimentos e experiências que lhe possibilitem entender as relações próprias do mundo do trabalho e fazer escolhas alinhadas ao exercício da cidadania e ao seu projeto de vida, com liberdade, autonomia, consciência crítica e responsabilidade.

(continua)

(Quadro 5.3 – continuação)

Competências gerais da BNCC

7. Argumentar com base em fatos, dados e informações confiáveis, para formular, negociar e defender ideias, pontos de vista e decisões comuns que respeitem e promovam os direitos humanos, a consciência socioambiental e o consumo responsável em âmbito local, regional e global, com posicionamento ético em relação ao cuidado de si mesmo, dos outros e do planeta.

Competências específicas de linguagens

1. Compreender as linguagens como construção humana, histórica, social e cultural, de natureza dinâmica, reconhecendo-as e valorizando-as como formas de significação da realidade e expressão de subjetividades e identidades sociais e culturais.
2. Conhecer e explorar diversas práticas de linguagem (artísticas, corporais e linguísticas) em diferentes campos da atividade humana para continuar aprendendo, ampliar suas possibilidades de participação na vida social e colaborar para a construção de uma sociedade mais justa, democrática e inclusiva.
3. Utilizar diferentes linguagens – verbal (oral ou visual-motora, como Libras, e escrita), corporal, visual, sonora e digital –, para se expressar e partilhar informações, experiências, ideias e sentimentos em diferentes contextos e produzir sentidos que levem ao diálogo, à resolução de conflitos e à cooperação.
4. Utilizar diferentes linguagens para defender pontos de vista que respeitem o outro e promovam os direitos humanos, a consciência socioambiental e o consumo responsável em âmbito local, regional e global, atuando criticamente frente a questões do mundo contemporâneo.
5. Desenvolver o senso estético para reconhecer, fruir e respeitar as diversas manifestações artísticas e culturais, das locais às mundiais, inclusive aquelas pertencentes ao patrimônio cultural da humanidade, bem como participar de práticas diversificadas, individuais e coletivas, da produção artístico-cultural, com respeito à diversidade de saberes, identidades e culturas.
6. Compreender e utilizar tecnologias digitais de informação e comunicação de forma crítica, significativa, reflexiva e ética nas diversas práticas sociais (incluindo as escolares), para se comunicar por meio das diferentes linguagens e mídias, produzir conhecimentos, resolver problemas e desenvolver projetos autorais e coletivos.

(Quadro 5.3 – conclusão)

Competências específicas de Educação Física
1. Compreender a origem da cultura corporal de movimento e seus vínculos com a organização da vida coletiva e individual.
2. Planejar e empregar estratégias para resolver desafios e aumentar as possibilidades de aprendizagem das práticas corporais, além de se envolver no processo de ampliação do acervo cultural nesse campo.
3. Refletir, criticamente, sobre as relações entre a realização das práticas corporais e os processos de saúde/doença, inclusive no contexto das atividades laborais.
4. Identificar a multiplicidade de padrões de desempenho, saúde, beleza e estética corporal, analisando, criticamente, os modelos disseminados na mídia e discutir posturas consumistas e preconceituosas.
5. Identificar as formas de produção dos preconceitos, compreender seus efeitos e combater posicionamentos discriminatórios em relação às práticas corporais e aos seus participantes.
6. Interpretar e recriar os valores, os sentidos e os significados atribuídos às diferentes práticas corporais, bem como aos sujeitos que delas participam.
7. Reconhecer as práticas corporais como elementos constitutivos da identidade cultural dos povos e grupos.
8. Usufruir das práticas corporais de forma autônoma para potencializar o envolvimento em contextos de lazer, ampliar as redes de sociabilidade e a promoção da saúde.
9. Reconhecer o acesso às práticas corporais como direito do cidadão, propondo e produzindo alternativas para sua realização no contexto comunitário.
10. Experimentar, desfrutar, apreciar e criar diferentes brincadeiras, jogos, danças, ginásticas, esportes, lutas e práticas corporais de aventura, valorizando o trabalho coletivo e o protagonismo.

Fonte: Brasil, 2017, p. 9; 63; 221.

Ao propor competências específicas para a Educação Física, rompe-se com o caráter interdisciplinar do PPP, uma vez que cada disciplina passa a olhar para si própria, e não mais para o perfil de egresso, conforme apresentado no PPP aqui proposto. Nesse sentido, a proposição apresentada na BNCC para o ensino fundamental é disciplinar, e por mais que a Educação Física esteja presente na área de linguagens, cada disciplina está fundamentada em competências específicas/disciplinares.

Como o próprio documento as classifica, são competências da BNCC, das linguagens e da Educação Física. Em momento algum trata-se do aluno, do egresso, do perfil de jovem e adulto que se projeta formar. Diante disso, seria incoerente com a proposta aqui apresentada utilizar tal documento. Não se trata de julgar como certo/errado ou melhor/pior, apontando potencialidades e fragilidades, mas, sim, de pontos de vista antagônicos. Como partimos de uma proposição interdisciplinar em que o perfil do jovem direciona o trabalho, essa proposição trazida na BNCC não é adequada ao desenvolvimento do trabalho aqui proposto.

Os objetos de conhecimento trazidos na BNCC também estão incoerentes com as proposições apresentadas nesta obra e, portanto, também não serão utilizados. Em primeiro lugar, porque a BNCC, desde o primeiro ano do ensino fundamental, trabalha com esportes, o que em nossa proposta não entendemos como adequado à faixa etária – pois a BNCC promove o trabalho com esportes de marca e de precisão, não adequados ao nível de percepção corporal e à maturidade de crianças da faixa etária de 6 a 7 anos. Tal afirmação encontra respaldo em Coletivo de Autores (1992, p. 34), ao afirmarem que o "segundo ciclo vai da 4ª à 6ª séries. É o ciclo de iniciação à sistematização do conhecimento".

Segundo tais autores, nesse ciclo a criança tem a possibilidade de confrontar os dados da realidade com as representações do pensamento sobre eles. A esse respeito, Betti e Zuliani (2002, p. 75-76, grifo do original) entendem que o "professor de Educação Física deve auxiliar o aluno a compreender o seu sentir e o seu relacionar-se na esfera da cultura corporal de movimento [...] A partir do 4º/5º anos do Ensino Fundamental, deve-se promover a **iniciação nas formas culturais do esporte**". Portanto, de acordo com Betti e Zuliani (2002), a iniciação às experiências com o elemento esporte, na Educação Física, deve ocorrer a partir dos 9 ou 10 anos.

Quando essa questão é pensada a partir dos referenciais das ciências naturais, Tani et al. (1988) entendem que no período escolar que compreende os anos iniciais do ensino fundamental devem ser trabalhadas as habilidades básicas, ao passo que os movimentos aprendidos (culturalmente determinados) e que necessitam de habilidades específicas devem ser abordados a partir dos anos finais do ensino fundamental.

Diante disso, parece haver um consenso em relação à iniciação nas formas culturais do esporte na escola, mesmo quando são consultados autores de diferentes proposições e matrizes científicas. Além disso, em sua essência, o esporte é competitivo e pressupõe a utilização de regras complexas, também não adequadas à faixa etária.

O entendimento apresentado até o momento a respeito de conteúdos e temas (tematização dos conteúdos da cultura) difere do trazido na BNCC, que considera os conteúdos da cultura como unidades temáticas e, portanto, não contempla as ideias trazidas na dimensão pedagógica do PPP.

Por fim, não entendemos como adequada a classificação dos esportes trazida na BNCC, pois, em primeiro lugar, eles não foram criados a partir do entendimento exposto no documento e, também, porque eles podem ser interpretados de outra forma. Por exemplo, na BNCC, o basquete é classificado como um esporte de invasão, mas poderia ser um esporte de precisão, uma vez que deve haver precisão no arremesso (bola lançada à cesta) para marcar o ponto. O beisebol é classificado como um esporte de taco, mas é também um esporte de campo, como o futebol e o golfe, que também não são compreendidos como esportes de campo, mas, sim, de invasão e de taco, respectivamente.

Diante dessas incongruências, para esse nível de ensino, adaptaremos o conteúdo dos PCNs (Brasil, 1997), por ser mais coerente com a proposta aqui apresentada. Por outro lado, é importante destacarmos que a BNCC é um documento de conhecimento necessário aos futuros profissionais de Educação Física e também àqueles que estão em atividade. Portanto, recomendamos sua leitura.

Quadro 5.4 Expectativas de aprendizagem para os anos iniciais do ensino fundamental

Expectativas de aprendizagem

Alunos do 1° ao 3° ano	Alunos do 4° e 5° ano
■ Participar de diferentes atividades corporais, procurando adotar atitude cooperativa e solidária, sem discriminar os colegas pelo desempenho ou por razões sociais, físicas, sexuais ou culturais. ■ Conhecer algumas de suas possibilidades e limitações corporais de forma a poder estabelecer algumas metas pessoais (qualitativas e quantitativas). ■ Conhecer, valorizar, apreciar e desfrutar de algumas das diferentes manifestações de cultura corporal presentes no cotidiano. ■ Organizar autonomamente alguns jogos, brincadeiras ou outras atividades corporais simples.	■ Participar de atividades corporais, reconhecendo e respeitando algumas de suas características físicas e de desempenho motor, bem como as de seus colegas, sem discriminar por características pessoais, físicas, sexuais ou sociais. ■ Adotar atitudes de respeito mútuo, dignidade e solidariedade em situações lúdicas e esportivas, buscando solucionar os conflitos de forma não violenta. ■ Conhecer os limites e as possibilidades do próprio corpo de forma a poder controlar algumas de suas atividades corporais com autonomia e a valorizá-las como recurso para a manutenção de sua própria saúde. ■ Conhecer, valorizar, apreciar e desfrutar de algumas das diferentes manifestações da cultura corporal, adotando uma postura não preconceituosa ou discriminatória por razões sociais, sexuais ou culturais. ■ Organizar jogos, brincadeiras ou outras atividades corporais, valorizando-as como recurso para usufruto do tempo disponível. ■ Analisar alguns dos padrões de estética, beleza e saúde presentes no cotidiano, buscando compreender sua inserção no contexto em que são produzidos e criticando aqueles que incentivam o consumismo.

Fonte: Brasil, 1997, p. 47; 52.

As expectativas de aprendizagem propostas no Quadro 5.4 foram adaptadas dos PCNs dos anos iniciais do ensino fundamental. Como se trata de uma adaptação, sua utilização estará condicionada e será ampliada, sofrendo alguns ajustes de acordo com o que será proposto no plano de ação. No documento original, tais expectativas são apresentadas como objetivos a serem atingidos nos ciclos de aprendizagem. Por outro lado, o plano de ação aqui apresentado não trabalha com objetivos, visto que eles se apresentam como comportamentos observáveis e desejáveis.

Nesse caso, recorremos à expressão *expectativas de aprendizagem*, pois entendemos que os alunos apresentam diferentes formas e níveis de compreensão, além de tempos de maturação singulares. Nesse sentido, suas percepções e possibilidades podem estar aquém, além ou de acordo com as expectativas de aprendizagem propostas pelo professor. Assim, ao final de uma trajetória de ensino ou de uma situação de aprendizagem, não se espera que os alunos tenham apenas um comportamento esperado, mas, sim, que demonstrem uma forma particular de compreender o objeto de estudo e que, cada um a seu tempo, amplie suas capacidades de entendimento e de percepção sobre o conteúdo estudado.

Por esse motivo, as competências, as expectativas e os conteúdos são apresentados de forma espiralada, com a possibilidade de serem retomados em outro momento, em novas situações de ensino-aprendizagem.

No Quadro 5.5, a seguir, estão representados os conteúdos a serem trabalhados nos anos iniciais do ensino fundamental. É importante destacar que, nos PCNs de Educação Física de 1ª a 4ª série (Brasil, 1997), os conteúdos não estão organizados por ano de estudo, tampouco foram divididos para um ensino de cinco anos, uma vez que no ano de publicação do documento o ensino fundamental era composto por dois ciclos de dois anos cada.

Em razão dessa especificidade, o quadro a seguir foi adaptado, e os conteúdos estão organizados de acordo com os blocos de conteúdos propostos no próprio documento. No quadro, eles estão distribuídos por ano de escolaridade, com destaque para uma adequação relativa ao 1º e 2º anos, visto que os PCNs são anteriores ao ensino fundamental de nove anos.

Quadro 5.5 Conteúdos para os anos iniciais do ensino fundamental

1º e 2º anos	3º ano
Bloco de conteúdos: Conhecimento sobre o corpo	
▪ Utilização de circuitos; ▪ Utilização de habilidades (correr, saltar, arremessar, rolar, bater, rebater, receber, amortecer, chutar, girar etc.) durante os jogos, lutas, brincadeiras e danças; ▪ Diferenciação das situações de esforço e repouso; ▪ Reconhecimento de algumas das alterações provocadas pelo esforço físico, tais como excesso de excitação, cansaço, elevação de batimentos cardíacos, mediante a percepção do próprio corpo.	▪ Utilização de habilidades (correr, saltar, arremessar, rolar, bater, rebater, receber, amortecer, chutar, girar etc.) durante os jogos, lutas, brincadeiras e danças; ▪ Diferenciação das situações de esforço e repouso; ▪ Reconhecimento de algumas das alterações provocadas pelo esforço físico, tais como excesso de excitação, cansaço, elevação de batimentos cardíacos, mediante a percepção do próprio corpo.
4º ano	5º ano
Bloco de conteúdos: Conhecimento sobre o corpo	
▪ Resolução de problemas corporais individualmente e em grupos; ▪ Reconhecimento de alterações corporais, mediante a percepção do próprio corpo, provocadas pelo esforço físico, tais como excesso de excitação, cansaço, elevação de batimentos cardíacos, efetuando um controle dessas sensações de forma autônoma e com o auxílio do professor.	▪ Diferenciação de situações de esforço aeróbico, anaeróbico e repouso; ▪ Reconhecimento de alterações corporais, mediante a percepção do próprio corpo, provocadas pelo esforço físico, tais como excesso de excitação, cansaço, elevação de batimentos cardíacos, efetuando um controle dessas sensações de forma autônoma e com o auxílio do professor.

(continua)

(Quadro 5.5 – continuação)

1º e 2º anos	3º ano
Bloco de conteúdos: Atividades rítmicas e dança	
▪ Participação em brincadeiras cantadas; ▪ Acompanhamento de uma dada estrutura rítmica com diferentes partes do corpo; ▪ Participação em danças simples ou adaptadas, pertencentes a manifestações populares, folclóricas ou de outro tipo que estejam presentes no cotidiano; ▪ Participação em atividades rítmicas e expressivas.	▪ Participação em brincadeiras cantadas; ▪ Participação em atividades rítmicas e expressivas; ▪ Criação de brincadeiras cantadas; ▪ Acompanhamento de uma dada estrutura rítmica com diferentes partes do corpo; ▪ Participação em danças simples ou adaptadas, pertencentes a manifestações populares, folclóricas ou de outro tipo que estejam presentes no cotidiano; ▪ Utilização ou recriação de circuitos.

4º ano	5º ano
Bloco de conteúdos: Atividades rítmicas e dança	
▪ Participação em danças pertencentes a manifestações culturais da coletividade ou de outras localidades, que estejam presentes no cotidiano; ▪ Valorização das danças como expressões da cultura, sem discriminações por razões culturais, sociais ou de gênero; ▪ Acompanhamento de uma dada estrutura rítmica com diferentes partes do corpo, em coordenação; ▪ Participação em atividades rítmicas e expressivas; ▪ Participação na execução e criação de coreografias simples; ▪ Utilização de habilidades motoras nas danças.	▪ Participação na execução e criação de coreografias simples; ▪ Participação em danças pertencentes a manifestações culturais da coletividade ou de outras localidades, que estejam presentes no cotidiano; ▪ Valorização das danças como expressões da cultura, sem discriminações por razões culturais, sociais ou de gênero; ▪ Acompanhamento de estrutura rítmica com diferentes partes do corpo, em coordenação; ▪ Participação em atividades rítmicas e expressivas; ▪ Utilização de habilidades motoras nas danças; ▪ Utilização de capacidades físicas nas danças, percebendo limites e possibilidades.

(Quadro 5.5 – continuação)

1º e 2º anos	3º ano
Bloco de conteúdos: Jogos e brincadeiras	
• Participação em diversos jogos e lutas, respeitando as regras e não discriminando os colegas; • Participação e apreciação de brincadeiras ensinadas pelos colegas; • Resolução de situações de conflito por meio do diálogo, com a ajuda do professor; • Discussão das regras dos jogos; • Utilização de habilidades (correr, saltar, arremessar, rolar, bater, rebater, receber, amortecer, chutar, girar etc.) durante os jogos, lutas, brincadeiras e danças.	• Participação em diversos jogos respeitando as regras e não discriminando os colegas; • Explicação e demonstração de brincadeiras aprendidas em contextos extraescolares; • Participação e apreciação de brincadeiras ensinadas pelos colegas; • Resolução de situações de conflito por meio do diálogo, com a ajuda do professor; • Discussão das regras dos jogos; • Utilização de habilidades em situações de jogo e luta, tendo como referência de avaliação o esforço pessoal; • Resolução de problemas corporais individualmente.
4º ano	
Bloco de conteúdos: Jogos, ginásticas e lutas	
• Percepção do próprio corpo e busca de posturas e movimentos não prejudiciais nas situações do cotidiano; • Análise de alguns movimentos e posturas do cotidiano a partir de elementos biomecânicos; • Utilização de capacidades físicas dentro de lutas e jogos, percebendo limites e possibilidades; • Reflexão e avaliação de seu próprio desempenho e dos demais, tendo como referência o esforço em si, prescindindo, em alguns casos, do auxílio do professor; • Participação em atividades competitivas, respeitando as regras e não discriminando os colegas, suportando pequenas frustrações, evitando atitudes violentas.	

(Quadro 5.5 – conclusão)

5º ano

Bloco de conteúdos: Esportes, jogos, ginásticas e lutas

- Participação em atividades competitivas, respeitando as regras e não discriminando os colegas, suportando pequenas frustrações, evitando atitudes violentas;
- Observação e análise do desempenho dos colegas, de esportistas, de crianças mais velhas ou mais novas;
- Expressão de opiniões pessoais quanto a atitudes e estratégias a serem utilizadas em situações de jogos, esportes e lutas;
- Reflexão e avaliação de seu próprio desempenho e dos demais, tendo como referência o esforço em si, prescindindo, em alguns casos, do auxílio do professor;
- Resolução de problemas corporais individualmente e em grupos;
- Análise de alguns movimentos e posturas do cotidiano a partir de elementos biomecânicos;
- Percepção do próprio corpo e busca de posturas e movimentos não prejudiciais nas situações do cotidiano;
- Utilização de habilidades motoras nas lutas, jogos e esportes;
- Utilização de capacidades físicas dentro de lutas, jogos e esportes, percebendo limites e possibilidades.

Fonte: Brasil, 1997, p. 48-49; 52.

É importante destacarmos que nos PCN dos anos iniciais do ensino fundamental os conteúdos são organizados em blocos: Conhecimento sobre o corpo; Atividades rítmicas e dança; Jogos e brincadeiras, Jogos, ginásticas e lutas; Esportes, jogos, ginásticas. Alguns deles não apresentam conteúdos para todos os anos de escolarização. Essa organização se dá em razão da relação entre as experiências de movimentos e da adequação dos conteúdos à realidade dos alunos. Assim, no Quadro 5.5 estão disponibilizados os conteúdos para cada um dos blocos propostos, distribuídos por ano de escolarização (com exceção do 1º e 2º anos que estão juntos) para melhor organizar a proposta de elaboração do plano de ação apresentada a seguir.

5.4 Plano de ação para os anos iniciais do ensino fundamental

Para a elaboração do plano de ação, utilizaremos o modelo apresentado no capítulo anterior, na forma de situação de ensino-aprendizagem que compõe a trajetória de ensino, conforme explicitado também na Figura 5.1, que apresenta a síntese da estrutura do plano de ação pensado para a Educação Física.

É importante mencionarmos que, assim como o plano de ação para a educação infantil, o plano proposto para o ensino fundamental, a seguir, foi elaborado para exemplificar as ideias apresentadas até o momento; não se configura, portanto, como uma sequência obrigatória. Lembramos que a dinâmica ilustrada possibilita uma infinidade de trajetórias de ensino e situações de ensino-aprendizagem. Logo, novamente citamos: mais importante que o resultado final do plano de ação é a compreensão sobre a dinâmica de sua construção.

Exemplo de plano de ação para os anos iniciais do ensino fundamental[2]

1. **Identificação**: Escola de Ensino Fundamental Y
2. **Série**: 5° ano | **Bimestre**: 3° | **Turno**: Manhã
3. **Eixo dos conteúdos**: Esportes, jogos, ginásticas e lutas
4. **Eixo dos temas**: Conhecimento sobre o corpo
5. **Trajetória de ensino**: Atividade física e saúde
6. **Situações de ensino-aprendizagem**:

   - Situação 1: Problematizando o handebol (aproximadamente, 10 aulas)

---

[2] A elaboração desse exemplo de plano de ação para os anos iniciais do ensino fundamental tomou por base os pressupostos dos Parâmetros Curriculares Nacionais de Educação Física para 1ª a 4ª séries (Brasil, 1997).

- Situação 2: (Com)vivendo no jogo (aproximadamente, 10 aulas)

Situação 1: Problematizando o handebol

- **Competências a serem desenvolvidas:**
  - estabelecer relações entre as diversas linguagens e gêneros textuais, inferindo conclusões pessoais de forma crítica, criativa e lógica;
  - identificar pressupostos nos discursos dos outros, sendo capaz de observar, comparar e argumentar a partir dos dados apresentados;
  - expressar oralmente suas ideias;
  - demonstrar interesse na busca por respostas e para a resolução de problemas individuais e coletivos, mostrando-se estimulado a procurar novos caminhos;
  - adotar atitudes de respeito mútuo, dignidade e solidariedade ao resolver problemas que exijam tomadas de decisão individuais ou coletivas;
  - utilizar-se de recursos variados para evitar e resolver conflitos, cooperando e obtendo a cooperação dos outros.

- **Expectativas de aprendizagem:**
  - participar de atividades corporais, reconhecendo e respeitando algumas de suas características físicas e de desempenho motor, bem como as de seus colegas, sem discriminar por características pessoais, físicas, sexuais ou sociais;
  - adotar atitudes de respeito mútuo, dignidade e solidariedade em situações lúdicas e esportivas, buscando solucionar os conflitos de forma não violenta;
  - conhecer, valorizar, apreciar e desfrutar de algumas das diferentes manifestações da cultura corporal, adotando uma postura não preconceituosa ou discriminatória por razões sociais, sexuais ou culturais.

- **Conteúdos a serem desenvolvidos:**
  - participação em atividades competitivas, respeitando as regras e não discriminando os colegas, suportando pequenas frustrações e evitando atitudes violentas;
  - expressão de opiniões pessoais quanto a atitudes e estratégias a serem utilizadas em situações de jogos e esportes;
  - reflexão e avaliação de seu próprio desempenho e dos demais, tendo como referência o esforço em si, prescindindo, em alguns casos, do auxílio do professor;
  - utilização de habilidades motoras e capacidades físicas nos jogos e esportes, percebendo limites e possibilidades.
- **Percurso de ensino:** inicialmente, neste percurso de ensino, o professor deverá propor um jogo de queimada (queima, bola queimada etc.), procurando variar as maneiras de jogar a bola e solicitar aos alunos a criação de novas possibilidades de organização; em seguida, o educador deve questionar aos alunos sobre a diferença entre jogo e esporte, problematizando sobre alguma modalidade que utiliza movimentos da queimada. Por fim, reproduzir um vídeo sobre um jogo de handebol e desenvolvê-lo na quadra com os alunos.
  a. Para começar, o professor pode propor uma sequência de jogos de queimada com variação de regras e formas de organização diversas (queimar dos quatro cantos; quem for queimado troca de equipe; um espião na quadra do adversário para resgatar a bola; mão fria; somente quem foi queimado pode queimar etc).
  b. Utilizando a estratégia "Tempestade cerebral", o professor pode problematizar junto aos alunos a diferença entre jogo e esporte, registrar e organizar a relação de ideias espontâneas, fazer a seleção delas conforme critérios preestabelecidos e apresentar uma síntese da diferença entre ambos.

c. Recorrendo à mesma estratégia, o professor deve questionar aos alunos se eles conhecem esportes em equipe que utilizam movimentos parecidos com os da queimada. Finalizando as apresentações dos grupos, o professor pode perguntar aos alunos se eles já jogaram handebol e como é praticar esse esporte. Após a participação dos interessados, pode-se sugerir uma experiência com tal modalidade.

d. Reproduzir um vídeo curto com um jogo de handebol, para que os alunos percebam a sua dinâmica.

e. Analisar a dinâmica do jogo com os alunos.

f. Propor aos alunos a organização de dois grupos para um jogo de handebol, sendo que a partida poderá ser interrompida pelo professor para a mediação dos conflitos junto aos alunos, visto que haverá um grande número de jogadores em cada equipe.

g. Após um tempo de atividade, o professor deve interrompê-la para, em uma roda de conversa, avaliar os problemas ocorridos durante o jogo e pedir aos alunos que encontrem possibilidades para melhorar a dinâmica da prática.

h. Desenvolver o jogo de acordo com a proposta dos alunos.

i. Após, deve-se entregar aos alunos uma folha com quatro questões a serem respondidas, solicitando-lhes que não se identifiquem:
- Todos têm as mesmas capacidades e habilidades para realizar movimentos?
- Como foram as atitudes dos colegas durante os jogos?
- Todos tiveram as mesmas oportunidades de participação no jogo?
- Houve excesso de competição e isso gerou algum problema durante o jogo?

j. Utilizando a estratégia "Estudo de texto" (audiovisual), o professor pode reproduzir o vídeo "Simpsons: Lisa no hóquei – 6ª temporada, episódio 8", indicado a seguir:

OS SIMPSONS. Lisa no hóquei. 6ª temporada, episódio 8. Disponível em: <https://www.redecanais.gratis/os-simpsons-6a-temporada-episodio-08-lisa-no-hoquei-video_2d655f76f.html>. Acesso em: 18 mar. 2019.

Sinopse do episódio: em razão das notas baixas em Educação Física, Lisa é chamada pelo diretor da escola em que estuda e orientada a procurar uma atividade de educação física. Em conversa com o professor, ela é encaminhada para algumas modalidades e não demonstra habilidades. Fora das atividades da escola, durante uma partida de hóquei disputada pelo time de seu irmão, Bart, o treinador da equipe adversária descobre que Lisa tem grandes habilidades em se defender de objetos. Então, ela é convidada a ser goleira da equipe rival do time em que joga seu irmão. Com o sucesso de Lisa, a rivalidade entre os irmãos se instala. Até que Lisa e Bart se enfrentam em um jogo decisivo na cidade. O público se divide entre fãs de Bart (jogador de linha) e fãs de Lisa (goleira). Faltando segundos para o fim do jogo, uma penalidade é marcada, o jogo está empatado e Bart é escolhido para cobrar a penalidade contra Lisa. De frente um para o outro, ambos mostram os dentes, instigando a rivalidade. Nesse momento, ambos retomam as lembranças da infância. Bart e Lisa desistem do jogo, jogam os tacos no chão e se abraçam. Homer, em seguida, desaprova a atitude dos filhos, e a torcida cria uma grande confusão.

k. Ao final do vídeo, o professor deve analisar o conteúdo veiculado procurando buscar aproximações entre as ações dos personagens e as atitudes dos alunos na prática do handebol. Para tanto, pode-se levantar as percepções dos alunos questionando, inicialmente, o que mais chamou a atenção deles no vídeo. Em seguida, o professor pode promover uma análise da temática do episódio, considerando: compreensão da mensagem do autor; tema; problema; tese; linha de raciocínio; ideias central e secundárias, sempre partindo das observações dos alunos, mediando as reflexões e aproximando-as das experiências da quadra.

l. Também se pode solicitar uma produção escrita, contendo síntese, julgamento e inferências sobre a relação existente entre o episódio assistido e as atitudes dos alunos durante a prática no handebol.

m. Em grupos, o professor pode utilizar a estratégia "Phillips 66" e distribuir os questionários respondidos entre os alunos, para que eles leiam com seus grupos e apresentem aos outros grupos uma síntese das respostas. Para esse momento, pode-se dividir a sala em, no máximo, cinco grupos, para que a apresentação não seja monótona.

n. Ainda em grupo, pode-se solicitar aos alunos uma síntese/reelaboração da mensagem do texto audiovisual, questionando: o que podemos fazer para conviver com as diferenças nos jogos? As respostas devem ser apresentadas aos demais grupos.

o. Por fim, o professor propõe que os alunos criem jogos em que a convivência da prática seja harmoniosa e realizá-los na quadra.

- **Avaliação:**
  - observação da habilidade na apresentação de ideias e do desempenho na descoberta de soluções para o problema apresentado;
  - produção oral e escrita contendo comentário do estudante, tendo em vista as habilidades de compreensão,

síntese, julgamento e inferências sobre a relação do vídeo com as atitudes apresentadas nos jogos realizados;
- o envolvimento dos alunos nos grupos de trabalho;
- a criação de um jogo que ilustre o conteúdo trabalhado na situação de aprendizagem.

Situação 2: (Com)vivendo no jogo

- **Competências a serem desenvolvidas**:
  - estabelecer relações entre diversas linguagens e gêneros textuais, inferindo conclusões pessoais de forma crítica, criativa e lógica;
  - colocar-se no lugar do outro nos momentos em que as decisões envolvam grupos ou pessoas;
  - buscar caminhos alternativos para resolver problemas, considerando a atividade humana como incerta, inacabada e repleta de diversidades;
  - expressar oralmente suas ideias;
  - demonstrar interesse na busca por respostas e para a resolução de problemas individuais e coletivos, mostrando-se estimulado a procurar novos caminhos;
  - utilizar-se de recursos variados para evitar e resolver conflitos, cooperando e obtendo a cooperação dos outros.

- **Expectativas de aprendizagem**:
  - participar de atividades corporais, reconhecendo e respeitando algumas de suas características físicas e de desempenho motor, bem como as de seus colegas, sem discriminar por características pessoais, físicas, sexuais ou sociais;
  - adotar atitudes de respeito mútuo, dignidade e solidariedade em situações lúdicas e esportivas, buscando solucionar os conflitos de forma não violenta;
  - conhecer, valorizar, apreciar e desfrutar de algumas das diferentes manifestações da cultura corporal, adotando

uma postura não preconceituosa ou discriminatória por razões sociais, sexuais ou culturais;
- organizar jogos, brincadeiras ou outras atividades corporais, valorizando-as como recurso para usufruto do tempo disponível.

- **Conteúdos a serem desenvolvidos:**
  - participação em atividades competitivas, respeitando as regras e não discriminando os colegas, suportando pequenas frustrações e evitando atitudes violentas;
  - expressão de opiniões pessoais quanto a atitudes e estratégias a serem utilizadas em situações de jogos e esportes;
  - utilização de habilidades motoras e capacidades físicas nos jogos e esportes, percebendo limites e possibilidades.

- **Percurso de ensino:** inicialmente, neste percurso de ensino, o professor deve fazer uma apresentação sobre o *fútbol callejero* ("futebol de rua", na tradução do espanhol para o português), procurando observar se os alunos conhecem, já jogaram ou, pelo menos, ouviram falar sobre ele. Em seguida, pode-se questioná-los sobre a possibilidade de adaptá-lo ao handebol, para, então, levá-los à quadra para desenvolver o handebol *callejero*.

Saiba mais sobre o futebol de rua lendo o texto presente no seguinte *link*:

MOVIMIENTO DE FÚTBOL CALLEJERO. **Historia**. Disponível em: <http://movimientodefutbolcallejero.org/futbol-callejero/historia/>. Acesso em: 18 mar. 2019.

a. Em um primeiro momento, pode-se perguntar aos alunos sobre o conhecimento que eles têm a respeito do *fútbol callejero* (experiências, conhecimentos etc.).

b. Em seguida, por meio da estratégia "Aula expositiva dialogada", o professor deve fazer a apresentação do *fútbol callejero* (elaborar uma apresentação em mídia ilustrada com vídeos e imagens, para envolver o aluno na atividade), contando um pouco sobre a sua criação por uma organização na Argentina denominada *Defensores del Chaco*, buscando aproximações em relação ao conhecimento dos alunos sobre a modalidade.

c. Na sequência, o professor pode recorrer à estratégia "Estudo de texto" para apresentar o texto do *link* indicado a seguir:

MOVIMIENTO DE FÚTBOL CALLEJERO. **Historia**. Disponível em: <http://movimientodefutbolcallejero.org/futbol-callejero/historia/>. Acesso em: 18 mar. 2019.

d. Após a leitura do texto, o professor pode viabilizar em conjunto com alunos a organização de um handebol *callejero*. Para isso, é interessante recorrer à estratégia "Tempestade cerebral", na intenção de obter um consenso sobre as possibilidades de realização da prática, considerando o que será necessário para isso (participação, atitude dos alunos, disposição, compreensão, respeito etc.), buscando aproximações com o conteúdo tratado na aula expositiva.

e. Na sequência, deve-se propor aos alunos que se organizem em três grupos, sendo que um deles será formado por aproximadamente três alunos que farão o papel de mediadores.

f. Realizar a experiência com os três tempos do handebol *callejero*.

g. Ao final da atividade, pode-se promover uma roda de conversa em que os alunos verbalizem suas sensações em relação ao jogo desenvolvido, expressando também os possíveis problemas encontrados.

h. Depois da roda de conversa, o professor pode organizar novamente os alunos em três grupos e realizar o jogo, modificando os integrantes de cada grupo.

i. Ao final da atividade, utilizando a estratégia "Grupos de verbalização e de observação (GV/GO)", o professor deve viabilizar a apresentação, discussão e análise das atitudes dos alunos durante o jogo, elencando aquelas consideradas positivas para o desenvolvimento dos jogos e para o bom convívio social. É importante, também, comparar os valores tratados no esporte *callejero* e no esporte convencional (rendimento, esporte-espetáculo etc.).

j. Por fim, pode-se oportunizar a construção de Faixas e cartazes sobre a importância da (Com)vivência em jogos, esportes e brincadeiras.

- **Avaliação**: será feita sempre em relação às expectativas de aprendizagem, com destaque para:
  - a observação de habilidades na apresentação de ideias e o desempenho na descoberta de soluções para o problema apresentado;
  - o envolvimento dos alunos nos grupos de trabalho;
  - a criação de textos que ilustrem o conteúdo trabalhado na situação de aprendizagem.
  - a participação, compreensão e análise dos conceitos apresentados e construídos;
  - o grupo de observação, considerando a clareza e coerência na apresentação, o domínio da problemática na apresentação, a participação do grupo observador durante a exposição e a relação com a realidade.

5.5 Análise dos planos de ação para a educação infantil e para os anos iniciais do ensino fundamental

Os planos de ação propostos neste capítulo foram elaborados considerando aproximadamente dez aulas para a educação infantil e 20 para o ensino fundamental. Na primeira modalidade, é difícil certificar a quantidade de aulas de movimento necessárias para a Educação Física. Em muitas escolas, as aulas de movimento ocorrem todos os dias, porém, geralmente não são ministradas pelo professor dessa disciplina – quando acontecem, elas se limitam a uma ou duas aulas por semana. Nas escolas em que há apenas uma aula por semana, o plano de ação apresentado teria a duração de um bimestre. Por sua vez, nos anos iniciais do ensino fundamental, geralmente, são previstas ao menos duas aulas de Educação Física por semana e, portanto, o plano de ensino proposto seria igualmente desenvolvido em um bimestre.

Conforme já mencionamos, mais importante que a duração do plano de ação é a compreensão a respeito da dinâmica de sua construção e sobre como ele se insere no PPP. Para tanto, nos itens a seguir, analisaremos os planos de ação, justificando nossas escolhas considerando o que propusemos como princípios, estratégias, competências etc. Enfim, os itens que compõem a dimensão política e pedagógica do PPP.

5.5.1 Finalidade da Educação Física na educação infantil e nos anos iniciais do ensino fundamental

Na educação infantil, a Educação Física tem como finalidade levar o aluno a ampliar a percepção sobre as possibilidades corporais, tanto em relação à dimensão instrumental quanto à expressiva do movimento. Diante disso, os jogos e as brincadeiras trazidos nas aulas devem levar o aluno a ampliar a percepção do corpo em relação ao mundo, descobrindo possibilidades e formas de interação com o outro e com o meio que o cerca.

Já no ensino fundamental, a disciplina se propõe, inicialmente, a dar sequência ao trabalho da educação infantil, possibilitando ao aluno a ampliação de suas percepções sobre as possibilidades corporais. Entretanto, tais impressões o permitirão participar de experiências com jogos e brincadeiras mais complexas. Além disso, nesse nível de escolaridade, as formas culturais do movimento começam a ser trabalhadas, visto que a compreensão a respeito da dimensão instrumental do movimento e das próprias possibilidades corporais possibilita a exploração e experimentação de novas formas de movimento e execução com maior autonomia. A iniciação nas formas culturais do esporte é indicada a partir do 5º ano, ainda que não haja necessidade de se propor a aprendizagem de habilidades técnicas das modalidades, pois a intenção é sempre valorizar o lúdico e as possibilidades corporais dos alunos.

Para ampliar as descobertas dos alunos, o professor pode se utilizar de cenários (encenações, representações etc.), que se referem a situações propiciadas intencionalmente e nas quais os alunos têm papéis definidos a representar. Os cenários desenvolvidos na aula possibilitam o desenvolvimento dos conteúdos e viabilizam a adequação de tais conteúdos ao desenvolvimento das expectativas de aprendizagem.

Nesse sentido, o professor se torna o meio para a aprendizagem, organizando as encenações, para que o aluno (o protagonista da ação) as desenvolva. Essa relação é mediada pela linguagem, por isso, rodas de conversa e diferentes estratégias devem ser propostas, para que os alunos conversem, exponham suas opiniões, indiquem formas de participação, as sensações percebidas e os sentidos expressos na atividade, bem como para que estabeleçam uma relação entre a atividade e a vida cotidiana.

As percepções dos alunos devem ser contrastadas com opiniões divergentes e comparadas com outras de igual teor. Isso os auxiliará a construírem suas convicções relativas aos conhecimentos tratados. É importante destacarmos que, sendo o aluno o protagonista, não cabe ao professor tratar os conhecimentos conforme suas verdades absolutas por meio do próprio discurso. Espera-se, pelo contrário, que o professor seja o meio que possibilita ao aluno, por meio das linguagens, construir o próprio conhecimento.

5.5.2 Trajetória de ensino

As trajetórias de ensino foram propostas por meio de três situações de aprendizagem para a educação infantil e de duas situações de aprendizagem para os anos iniciais do ensino fundamental. Em ambas, as abordagens foram apresentadas em uma relação de continuidade, com previsão de desenvolvimento entre aproximadamente 10 e 20 aulas. Tais trajetórias foram elaboradas em função do perfil de aluno que se espera constituir ao final da escolaridade, embora esse indivíduo comece a ser formado desde o início da escolaridade a partir de ações pedagógicas desenvolvidas com a Educação Física. Isso não significa que somente essa disciplina seja responsável por sua constituição, mas, sim, que a Educação Física, pertencente à proposta curricular da escola, também é responsável pela construção do perfil de egresso esperado.

Perceba que, no desenvolvimento dos planos, não está previsto o número de aulas para cada ação. Isso porque, nas propostas, o desenvolvimento de cada ação segue uma sequência pensadas para as situações de aprendizagem considerando o tempo dos alunos para o desenvolvimento de cada ação. Diante disso, uma atividade que desperte a atenção dos alunos pode ser desenvolvida por mais tempo, sem que isso represente problemas para o desenvolvimento da trajetória de ensino. Ainda assim, o professor, a partir de sua experiência didático-pedagógica, pode planejar que todas as ações de uma trajetória sejam realizadas em determinado prazo. Para tanto, deve prever o tempo aproximado para o desenrolar de cada ação.

5.5.3 Situação de ensino-aprendizagem

Foram apresentadas três situações de ensino-aprendizagem para a educação infantil e duas para os anos iniciais do ensino fundamental. Para cada situação, foram apontadas competências, expectativas de aprendizagem e conteúdos a ser desenvolvidos, além dos critérios de avaliação.

É importante destacar que as competências propostas para cada situação de aprendizagem estão diretamente relacionadas às estratégias de ensino (ambas relativas à ação). As expectativas de aprendizagem estão conectadas aos conteúdos propostos, os quais, por sua vez, são desenvolvidos a partir das estratégias de ensino.

Isso significa que em uma situação de ensino-aprendizagem deve haver interação entre competências, expectativas de aprendizagem, conteúdos e estratégias de ensino. Essa influência mútua vai permitindo que os planos político e pedagógico se alinhem e possibilitem a formação proposta no PPP.

Por isso, a elaboração de uma situação de ensino-aprendizagem deve sempre seguir a lógica sequencial proposta pela trajetória de ensino, além de indicar respostas para os seguintes questionamentos: para quem fazer? O que fazer? Quando e como fazer? Quais são os resultados esperados e a quem eles interessam?

É importante mencionarmos, também, a importância de problematizar as temáticas com os alunos por meio de breves indagações ou da proposição de problemas a resolver.

5.5.4 Competências a serem desenvolvidas

No início deste capítulo, apresentamos novamente o quadro das competências trazido do PPP. Ainda que tenha sido trabalhado aqui levando-se em consideração situações hipotéticas, esse esquema integra o eixo pedagógico do PPP (também hipotético) utilizado para exemplificar o trabalho.

Conforme pode ser observado nas situações de ensino-aprendizagem propostas nos planos de ação expostos neste capítulo, algumas competências se repetem em diferentes situações e em diferentes níveis de ensino, ao passo que outras não. Isso porque as competências estão ligadas ao plano da ação que o aluno desenvolverá, e, conforme a ação, diferentes competências são exigidas.

Por outro lado, elas podem se repetir em variadas situações, pois o desenvolvimento de uma competência é processual e requer do sujeito a construção de novas atitudes que dependem do domínio de conhecimentos, habilidades e procedimentos construídos ao longo do tempo. Por isso, em diferentes situações, foram propostas as mesmas competências.

Por exemplo: a competência "agir com responsabilidade nos momentos que exijam assumir posicionamento para executar decisões, seja para transformar ou manter determinada situação ou ponto de vista" aparece nas três situações de ensino-aprendizagem propostas para a educação infantil, porque, em todas elas, foram pensadas estratégias em que os alunos tinham que se posicionar diante de um problema, tomar decisões em grupo, criar atividades e fazer escolhas.

Por outro lado, a competência "estabelecer relações entre as diversas linguagens e gêneros textuais, inferindo conclusões pessoais de forma crítica, criativa e lógica" foi explorada apenas na primeira situação de ensino-aprendizagem para a educação infantil, visto que foi proposta a inter-relação entre as linguagens audiovisual, verbal e corporal. No entanto, a mesma competência foi requisitada para o desenvolvimento das duas situações de ensino-aprendizagem referentes aos anos iniciais do ensino fundamental.

Sob essa ótica, as competências são construídas ao longo da escolaridade e com base na variação de conteúdos e estratégias de ensino; do contrário, restringe-se a sua abrangência. É importante destacarmos que, conforme os alunos ampliarem suas percepções, habilidades e conhecimentos a respeito dos elementos culturais do movimento, maior será a exigência a respeito de uma competência.

Por exemplo: algumas competências tratadas nas situações propostas para a educação infantil e o ensino fundamental serão retomadas em outros momentos nesses mesmos níveis de ensino e, também, nos anos finais do ensino fundamental e no ensino médio. Porém, para os níveis mais avançados de escolaridade, as leituras realizadas nas diferentes linguagens e gêneros textuais são mais amplas e aprofundadas (ao menos, é isso que se espera), com possibilidades de inferências e conclusões mais criativas e críticas.

5.5.5 Expectativas de aprendizagem

Conforme já apontamos, as expectativas de aprendizagem indicam aquilo que o professor espera que o aluno aprenda. Assim como as competências, o processo de ensino-aprendizagem auxilia o aluno a construir conhecimentos que podem surpreender o professor – ou seja, ir além de suas expectativas –, mas também podem estar aquém dos critérios propostos. Cada aluno tem um tempo de aprendizagem próprio. Por isso, quanto mais complexo for o conteúdo, mais longas deverão ser as situações de ensino-aprendizagem, propondo estratégias de trabalho variadas que possibilitem aos alunos corresponder às expectativas propostas.

Algumas expectativas também se repetem em diferentes situações, assim como ocorre com as competências. Ambas são cíclicas e se desenvolvem de forma espiralada, conforme apresentado no capítulo anterior, quando tratamos dos conteúdos de ensino. Por isso, as expectativas podem ser renovadas ou retomadas.

5.5.6 Conteúdos a serem desenvolvidos

Os conteúdos de ensino também são trabalhados em forma de espiral e, por isso, podem se repetir em mais de uma situação, principalmente quando tratam da dimensão atitudinal. Na educação infantil, os conteúdos conceituais, embora estejam implícitos principalmente nas rodas de conversa, são utilizados como forma de entendimento dos conteúdos atitudinais. Nesse nível de ensino, há predominância de conteúdos atitudinais e procedimentais.

É importante destacarmos que todos os conteúdos apontados nas situações de ensino-aprendizagem necessitam ser tratados durante o percurso de aprendizagem, e os que se referem à dimensão atitudinal geralmente são tratados nas rodas de conversas, em que a discussão dos conteúdos ocorre a partir da retomada das situações proporcionadas nos cenários.

Por isso, é importante que o professor elabore e descreva todos os momentos do percurso de ensino, para se certificar de que o que está proposto como conteúdo realmente seja vivenciado nas ações propostas e retomado nas rodas de conversa.

5.5.7 Percurso de ensino

Tão importante quanto os itens da situação de ensino-aprendizagem é o percurso de ensino, que se refere à descrição dos passos a serem dados no decorrer das ações. Nesse documento, não se estipula um tempo de duração para cada atividade, ou o tempo pode ser dividido em número de aulas. As atividades seguem o fluxo de trabalho ditado pelo ritmo dos alunos.

No percurso, deve-se descrever o que os professores e os alunos têm de fazer, pois ele orienta os passos do professor em função das competências, das expectativas e dos conteúdos – por isso, é o último item da situação de ensino-aprendizagem a ser pensado.

Nele, propõe-se a operacionalização das competências, dos conteúdos e das aprendizagens propostas (se ao final da elaboração do percurso de ensino algum desses elementos não for contemplado, será indicativo de que algo está faltando).

Vamos a um exemplo para que você possa visualizar como se dá o percurso de ensino:

Trajetória de ensino da educação infantil

Situação 1: Batendo pinos

- **Competências a serem desenvolvidas:**
  - agir com prontidão, eficiência e presteza nas ações que solicitem escolha e tomadas de decisão individual e coletiva;
  - colocar-se no lugar do outro nos momentos em que as decisões envolvam grupos ou pessoas.

- **Expectativas de aprendizagem:**
  - identificar e enfrentar situações de conflitos, utilizando recursos pessoais, respeitando as outras crianças e adultos e exigindo reciprocidade.

- **Conteúdos a serem desenvolvidos:**
  - reconhecimento progressivo de algumas singularidades próprias e também relativas às pessoas com as quais convive em situações de interação;
  - participação em situações de brincadeira nas quais as crianças escolham os parceiros, os objetos e o espaço;
  - utilização do diálogo como forma de lidar com os conflitos.

- **Atividades:**
  a. Pode-se solicitar aos alunos que se dividam em grupos para que participem juntos dos jogos.
  b. Perguntar às crianças: como foi jogar boliche hoje? De qual jogo vocês mais gostaram? Como organizaram o jogo dentro dos grupos? É importante fornecer oportunidade de resposta a todas as crianças que quiserem participar. Além disso, pode-se solicitar a manifestação dos alunos mais tímidos, para que a conversa não fique centralizada em poucos alunos.
  c. Após a manifestação dos alunos, perguntar: existe outra forma de jogar boliche? Se nas respostas surgir uma ou mais formas de jogar boliche, pode-se pedir aos alunos que realizem as propostas dos grupos.
  d. Ao final, deve-se propor aos alunos que escolham a forma de jogar de que mais gostaram e solicitar que repitam o movimento por mais algum tempo.
  e. A atividade pode ser finalizada com uma roda de conversa em que o professor pergunta aos alunos se todos tiveram a mesma possibilidade de participação e quais foram as dificuldades e potencialidades.

Perceba que as estratégias propostas e os conteúdos trabalhados estão em sintonia com as competências e expectativas de aprendizagem. Também é importante destacarmos que o objetivo da aula não era ensinar o jogo de boliche, mas tal jogo foi utilizado como cenário para o trabalho com outros conteúdos, como ampliação das possibilidades corporais e desenvolvimento de atitudes positivas frente ao trabalho em grupo (relacionamento humano).

A complexidade dessa dinâmica vai aumentando em função do desenvolvimento dos alunos e da progressão escolar, visto que a capacidade de abstração dos alunos vai se ampliando. Ainda assim, recomendamos ao professor que inicie os alunos nessa dinâmica de trabalho desde as etapas iniciais da escolaridade, para que nos próximos ciclos eles não sintam dificuldade de trabalhar com ações pedagógicas que sigam a mesma dinâmica.

5.5.8 Avaliação

Para cada estratégia utilizada, foi proposta uma forma diferente de avaliar. Além do conteúdo, é importante avaliar as estratégias e o plano de ação. Os resultados da avaliação servem como registro do conteúdo e, ao mesmo tempo, como um termômetro para o professor acompanhar a viabilidade de sua proposta.

Para tanto, não basta simplesmente aplicar os instrumentos de avaliação, pois seus resultados precisam ser analisados e registrados, para que o desenvolvimento das competências e as expectativas de aprendizagem dos alunos possam ser acompanhadas pelo professor.

▍▍▍ *Síntese*

Neste capítulo, abordamos duas propostas de plano de ação (uma para a educação infantil e outra para os anos iniciais do ensino fundamental), caracterizadas como ações pedagógicas com a Educação Física.

Para tanto, inicialmente resgatamos o quadro de competências que constituem o perfil de formação do egresso da educação básica e que deve direcionar a elaboração dos planos de ação para os diferentes níveis de ensino.

Em seguida, discutimos a importância do trabalho com o movimento na educação infantil e também reforçamos a importância de esse trabalho ser desenvolvido com ludicidade, jogos e brincadeiras. Para o desenvolvimento do plano de ação, recorremos ao conteúdo trazido na Base Nacional Comum Curricular (BNCC), documento de abrangência nacional. Esse documento, bem como as diretrizes apresentadas anteriormente e que compõem o PPP, auxiliou na elaboração de uma trajetória de ensino para a educação infantil composta por, aproximadamente, dez aulas.

Após a construção desse plano de ação, apresentamos as expectativas de aprendizagem e os conteúdos a serem desenvolvidos para a Educação Física referentes aos anos iniciais do ensino fundamental. Nesse item, caracterizamos a finalidade da disciplina para os anos iniciais relativos a esse nível de ensino.

Na continuidade, analisamos cada item utilizado na elaboração das trajetórias de ensino, com especial atenção para a dinâmica da construção e utilização do formato escolhido para um plano com intenções pedagógicas para a Educação Física.

É importante frisarmos, novamente, que indicamos exemplos de organização de ações atendendo aos pressupostos do PPP. Tais exemplos, portanto, não se configuram como modelos de ensino a serem aplicados na escola. Por essa razão, não apresentamos um plano de ação para cada bimestre e série. Nosso intuito foi apenas indicar uma dinâmica de construção/elaboração de trajetórias de ensino a partir de situações de ensino-aprendizagem.

Diante disso, consideramos o PPP como a espinha dorsal do plano de ação, sendo que os documentos nacionais, utilizados na elaboração, podem ser substituídos por outros (estaduais, municipais ou institucionais), em função dos interesses expressos no PPP.

⫶⫶⫶ *Indicações culturais*

BRASIL. Ministério da Educação. Secretaria de Educação Básica. **Base Nacional Comum Curricular.** Disponível em: <http://basenacionalcomum.mec.gov.br/wp-content/uploads/2018/02/bncc-20dez-site.pdf>. Acesso em: 18 mar. 2019.

A Base Nacional Comum Curricular (BNCC) é um documento de abrangência nacional publicado em dezembro de 2017. Para ampliar seus conhecimentos a respeito dos documentos oficiais que guiarão a elaboração dos currículos escolares, sugerimos a leitura da BNCC, visto que é de extrema importância conhecer esse documento.

▪ Atividades de autoavaliação

1. Analise as afirmações a seguir, sobre o movimento (conteúdo da Educação Física) na educação infantil:

    I. Na educação infantil, o papel da Educação Física está relacionado às experiências que levam a criança ao reconhecimento das possibilidades corporais.

    II. Para a criança na faixa etária da educação infantil, a brincadeira e o jogo são utilizados como forma de representação da realidade.

    III. Brincar é uma das formas que a criança encontra para se comunicar com si própria e com o mundo, uma vez que no ato de brincar estão implícitos o movimento, o pensamento e a verbalização.

    Assinale a alternativa que indica a(s) afirmativa(s) correta(s):

    a) Somente a afirmativa I está correta.
    b) Somente as afirmativas I e II estão corretas.
    c) Somente as afirmativas I e III estão corretas.
    d) Somente as afirmativas II e III estão corretas.
    e) Todas as afirmativas estão corretas.

2. Analise as assertivas a seguir, que descrevem intenções para a Educação Física nos anos iniciais do ensino fundamental:

    I. Nesse nível de ensino, a finalidade da educação é capacitar a criança para ampliar seus conhecimentos a respeito de suas possibilidades corporais, bem como de fazê-la compreender e refletir sobre tais possibilidades, permitindo-a utilizar o potencial gestual de forma adequada, significativa e autônoma.

II. A Educação Física tem como papel inserir e iniciar a criança no ambiente da cultura, considerando especialmente os esportes que já integram suas atividades diárias em virtude do forte apelo da mídia, possibilitando que se torne um adulto ativo.

III. Um dos objetivos da Educação Física é iniciar a aprendizagem esportiva do aluno, para que ele possa dar continuidade, nos anos finais do ensino fundamental, ao repertório de gestual esportivo, o que possibilita maior condição de reprodução dos fundamentos das modalidades trabalhadas.

Assinale a alternativa que indica a(s) afirmativa(s) correta(s):

a) Somente a afirmativa I está correta.
b) Somente a afirmativa II está correta.
c) Somente a afirmativa III está correta.
d) Somente as afirmativas I e II estão corretas.
e) Somente as afirmativas I e III estão corretas.

3. Analise as afirmativas a seguir:

I. Durante as brincadeiras na educação infantil, é normal que a criança se disperse por muitas vezes e interaja de outra forma com os objetos da aula, visto que, nessa fase, seu contexto oscila entre realidade e fantasia.

II. No último ano dos anos iniciais do ensino fundamental, o trabalho com as formas culturais do esporte poderá ser iniciado, desde que ocorra de forma lúdica e sem a preocupação de reprodução de gestos técnicos.

III. Um dos papéis mais importantes desempenhado pela Educação Física nos anos iniciais do ensino fundamental é o de ensinar regras para a criança.

IV. Tanto na educação infantil quanto nos anos iniciais do ensino fundamental, é necessário que o professor tenha conhecimento a respeito das possibilidades corporais das crianças considerando a faixa etária delas, para que ele possa programar suas atividades.

Assinale a alternativa que indica a(s) afirmativa(s) correta(s):
a) Somente as afirmativas I, II e III estão corretas.
b) Somente as afirmativas II, III e IV estão corretas.
c) Somente as afirmativas I, II e IV estão corretas.
d) Somente as afirmativas I, III e IV estão corretas.
e) Todas as afirmativas estão corretas.

4. Assinale a alternativa correta:

   a) Um mesmo plano de ação pode ser utilizado tanto para crianças da educação infantil quanto para alunos dos anos iniciais do ensino fundamental, pois, como os alunos são de mesmas faixas etárias, eles gostam das mesmas coisas, e não há muita diferença física entre eles.
   b) As finalidades da Educação Física e a exigência corporal são diferentes para cada nível de escolaridade.
   c) As ações propostas pelo professor, embora sejam em função do PPP, nem sempre precisam ser seguidas, visto que os interesses sociais se modificam.
   d) A educação infantil e o ensino fundamental integram o mesmo nível de ensino.
   e) Os conteúdos e as expectativas do ensino fundamental podem ser propostos na educação infantil, desde que sejam trabalhados com menor intensidade.

5. Em uma turma do 5º ano do ensino fundamental, foi proposta a seguinte situação de ensino-aprendizagem:

- **Expectativas de aprendizagem**: conhecer os limites e as possibilidades do próprio corpo, de forma a controlar algumas atividades corporais com autonomia e valorizá-las como recurso para a manutenção da própria saúde.

- **Conteúdos a serem desenvolvidos:** reconhecimento de alterações corporais, mediante a percepção do próprio corpo, provocadas pelo esforço físico, tais como: excesso de excitação, cansaço e elevação de batimentos cardíacos, efetuando o controle dessas sensações de forma autônoma e com o auxílio do professor.
- **Percurso de ensino:** junto aos alunos, problematizar as alterações promovidas no corpo quando nos submetemos à atividade física intensa; tirar uma foto dos alunos antes do desenvolvimento da atividade; levá-los a um espaço amplo e arejado e propor uma sessão de pega-pega, de várias formas diferentes (pega-pega tradicional; nunca três; nunca três sai pegando; nunca quatro; pega-pega corrente etc.). Após 20 minutos de atividades, suspendê-la e tirar uma nova foto dos alunos. Em seguida, problematizar as diferenças percebidas nas fotos antes e após a atividade. Acrescentar outras mudanças que os alunos tenham percebido enquanto brincavam. Mostrar a eles os pontos no corpo em que é possível sentir os batimentos cardiorrespiratórios e ensinar como aferir tal medição. Medir os batimentos em repouso e propor a mesma atividade de pega-pega para os alunos; ao final, aferir os batimentos novamente. Analisar junto aos alunos as diferenças ocorridas nos batimentos. Propor uma pesquisa sobre a importância da mensuração dos batimentos durante a atividade. Apresentar o resultado das pesquisas.

Em relação à situação desenvolvida, indique se as afirmações a seguir são verdadeiras (V) ou falsas (F):

( ) A expectativa de aprendizagem proposta não é adequada ao nível dos alunos.

( ) A expectativa de aprendizagem é adequada ao nível dos alunos, porém, não ao conteúdo e percurso de ensino propostos.

( ) A expectativa de aprendizagem e o conteúdo são adequados ao nível dos alunos, porém, o percurso de ensino não é compatível com a proposta.

( ) A expectativa de aprendizagem, os conteúdos e o percurso de ensino constituem uma situação de ensino-aprendizagem adequada ao nível dos alunos.

( ) O conteúdo e o percurso de ensino são compatíveis com as expectativas de aprendizagem.

De acordo com as respostas, assinale a alternativa que apresenta a sequência correta:

a) F, F, F, F, V.
b) F, F, F, V, F.
c) F, F, F, V, V.
d) V, F, F, F, V.
e) V, V, F, F, V.

■ Atividades de aprendizagem

Questões para reflexão

1. Analise os planos de ação propostos e reflita: de que forma eles podem contribuir para a constituição do perfil de jovem que estamos mencionando nesta obra?

2. Segundo a proposta apresentada neste capítulo, quais são os itens que devem compor um plano de ação?

Atividades aplicadas: prática

1. Elabore uma trajetória de aproximadamente 10 aulas, com duas situações de ensino-aprendizagem, para alunos da educação infantil, e outra de aproximadamente 15 aulas, com duas situações de ensino-aprendizagem, para alunos dos anos iniciais do ensino fundamental. Para organizá-las, utilize os itens propostos nos capítulos 3 e 4. No decorrer da construção das

propostas, procure anotar as principais dificuldades surgidas durante o processo, para que você possa retomar o conteúdo estudado e elaborar novas proposições.

2. De posse das trajetórias de ensino elaboradas na atividade anterior, vá a uma escola da educação infantil e dos anos iniciais do ensino fundamental. Converse com o professor de Educação Física e lhe apresente as conclusões das suas atividades. Solicite a ele que aponte fragilidades nas suas propostas, além de possíveis problemas de realização. Procure refletir sobre os apontamentos realizados pelo professor, relacionando-os ao conteúdo tratado neste capítulo, bem como compreender os possíveis avanços e as fragilidades de suas elaborações. Se não for possível ir a uma escola, encaminhe o seu documento (pode ser em formato eletrônico) para um professor de Educação Física que trabalhe com esses níveis de ensino e lhe solicite que apresente impressões sobre suas propostas.

Capítulo 6

Eixo dinâmico-operacional: planos de ação para ensino fundamental e ensino médio

No capítulo anterior, apresentamos planos de ação para a educação infantil e para os anos iniciais do ensino fundamental. Naquele momento, nossa preocupação foi quanto à apresentação das finalidades da Educação Física, adequadas ao nível de ensino, e também à construção de trajetórias de ensino que seguissem as ideias trazidas anteriormente no projeto político-pedagógico (PPP) construído com a finalidade de auxiliar na construção de ações pedagógicas com a Educação Física.

Nunca é demais lembrar que as ações propostas nas trajetórias de ensino levam em conta o perfil de jovem que se busca formar ao final da educação básica. A construção desse perfil tem como base alguns princípios formadores que originam as competências a serem construídas ao longo da escolaridade. Em função da importância de tais competências para a constituição do perfil a ser formado, apresentamos, novamente, o quadro utilizado para a elaboração dos planos de ação (Quadro 6.1) que serão expostos no decorrer deste capítulo.

Portanto, apresentaremos possibilidades de elaboração de planos de ação para os anos finais do ensino fundamental e para o ensino médio. Para a elaboração de tais planos, recorreremos às diretrizes propostas anteriormente nas dimensões político-pedagógicas do PPP. É importante destacarmos que o conteúdo abordado a seguir é apenas uma opção pedagógica, como outras que podem ser encontradas na bibliografia.

Quadro 6.1 Competências norteadoras do perfil de formação

PG	PNC	Competências
Autonomia	Autossuficiência e confiança	Encontrar diferentes soluções para a resolução de problemas, tendo em vista que as atividades criadas pelo homem são, por natureza, calcadas na incerteza, na imperfeição e na diversidade.
	Empreendedorismo	Utilizar-se da capacidade de convencer os outros a mudarem sua maneira de pensar e se comportar, demonstrando iniciativa, autoconfiança, adaptação a mudanças e vontade de assumir riscos.
	Pragmatismo	Procurar maneiras de resolver situações com praticidade, de forma viável e racional.

(continua)

(Quadro 6.1 – continuação)

PG	PNC	Competências
Autonomia	Protagonismo	Agir com responsabilidade nos momentos que exijam assumir posicionamento para tomar decisões, seja para transformar ou manter determinada situação ou ponto de vista.
	Tolerância	Ter como fundamento a flexibilidade nas diferentes decisões a serem tomadas no cotidiano.
Conhecimento	Apropriação	Utilizar a capacidade de traduzir o que lê, vê e ouve, com as próprias palavras, preservando o seu significado.
	Conhecimento	Buscar soluções práticas e criativas, utilizando os próprios recursos para encontrar caminhos viáveis.
	Iniciativa	Agir com prontidão e disposição em situações que exijam ação ou tomada de decisão.
	Maturidade	Envolver-se com as atividades de sua responsabilidade, mantendo o foco nas metas pessoais e coletivas.
	Raciocínio	Identificar pressupostos nos discursos dos outros, sendo capaz de observar, comparar e argumentar a partir dos dados apresentados.
	Reflexão	Estabelecer relações entre as diversas linguagens e gêneros textuais, inferindo conclusões pessoais de forma crítica, criativa e lógica.

(Quadro 6.1 – continuação)

PG	PNC	Competências
Produção do conhecimento	Capacidade de síntese	Utilizar a capacidade de fazer definições e distinções, formular hipóteses, analisar, generalizar e sintetizar conceitos, aplicando-os em situações reais.
		Expressar oralmente e por escrito suas ideias.
		Relacionar analiticamente fatos, com atitude crítica, de forma dedutiva, avaliando ideias e hipóteses.
	Competência	Identificar, ao resolver problemas, alternativas que levem a decisões racionais.
		Avaliar as próprias ações, sendo capaz de transferir princípios e estratégias de uma situação à outra.
	Curiosidade/ Entusiasmo	Demonstrar interesse na busca por respostas e resolução de problemas individuais e coletivos, mostrando-se estimulado a procurar novos caminhos.
	Gosto pelo estudo	Selecionar estratégias adequadas nas diversas situações da vida, respeitando e reconhecendo suas limitações.
	Investigação	Ser capaz de buscar informações nos diversos meios de comunicação e nas situações reais da vida, utilizando a atitude inquiridora e o raciocínio indutivo na geração de ideias e hipóteses.
	Observação	Ser intuitivo e observador para antecipar problemas e soluções para as situações que se apresentem na vida.

(Quadro 6.1 – conclusão)

PG	PNC	Competências
Relacionamento inter e intrapessoal	Alteridade e empatia	Colocar-se no lugar do outro nos momentos em que as decisões envolvam grupos ou pessoas.
	Proatividade	Agir com prontidão, eficiência e presteza nas ações que solicitem escolha e tomadas de decisão individual e coletiva.
	Responsabilidade social	Agir com responsabilidade nas tomadas de decisão que envolvam pessoas, procurando antecipar problemas e minimizar riscos.
	Sociabilidade	Utilizar-se de recursos variados para evitar e resolver conflitos, cooperando e obtendo cooperação dos outros.
	Solidariedade	Adotar atitudes de respeito mútuo, dignidade e solidariedade ao resolver problemas que exijam tomadas de decisão individuais ou coletivas.

6.1 Educação Física nos anos finais do ensino fundamental

A partir do 6º ano do ensino fundamental, deve-se promover a ampliação do conhecimento das formas culturais do esporte, das atividades rítmicas/danças, das ginásticas e das lutas/artes marciais. É importante considerarmos que, nessa fase, aprender a dinâmica das diferentes modalidades é mais importante que dominar as habilidades técnicas. O lúdico, as linguagens e o prazer devem permear o processo de ensino-aprendizagem e levar em conta os sentidos que o aluno constrói nas diferentes experiências desenvolvidas com os elementos da cultura.

As experiências devem considerar também as possibilidades corporais, intelectuais e sociais dos alunos (Betti; Zuliani, 2002). Nessa fase do ensino fundamental, o conhecimento sobre o corpo em movimento é ampliado e integrado ao conteúdo da área. As dimensões do conteúdo também devem ser consideradas. Na dimensão conceitual, espera-se promover a exploração de fatos históricos, a compreensão sobre as regras (que auxiliam no entendimento sobre a dinâmica do esporte), bem como os conhecimentos sobre o corpo e de fatos que marcam os elementos da cultura, entre outros. Por sua vez, na dimensão atitudinal, apregoa-se o trabalho com o esporte como fator de inclusão, e não de exclusão social, além da discussão dos valores presentes no esporte de competição, bem como sobre as formas de participação do esporte na escola e na comunidade, entre outros.

No 8º e 9º anos do ensino fundamental, poderão ser propostas ações que exijam o aperfeiçoamento das habilidades específicas dos elementos da cultura e a aprendizagem de habilidades de maior complexidade. Nesse momento da escolaridade, o conteúdo voltado ao conhecimento sobre o corpo dá lugar a outros voltados à saúde (tais como importância da atividade física, princípios ergonômicos, riscos atrelados ao exercício físico etc.) e à aptidão física, isto é, ao desenvolvimento harmonioso das capacidades físicas (resistências física e muscular, flexibilidade etc.).

Na segunda fase do ensino fundamental, ampliam-se a sistematização e o aprofundamento das dimensões dos conteúdos, utilizando sempre a dinâmica proposta para o trabalho da Educação Física conforme a dimensão pedagógica do PPP, a qual associa as experiências que envolvem os elementos culturais aos conhecimentos propostos pela sua tematização, considerando a inter-relação com outras disciplinas (em especial, Ciências, História e Língua Portuguesa).

Para a elaboração dos planos de ação para o trabalho com esse nível de escolaridade, o professor deve utilizar o eixo dos temas para ampliar os conhecimentos da Educação Física. Como já sinalizamos anteriormente, os temas são tópicos cuja discussão é fundamental. Os *Parâmetros Curriculares Nacionais: 5ª a 8ª séries – Educação Física*, que se refere ao terceiro e quarto ciclos do ensino fundamental, apresenta como sugestão seis temas transversais para serem discutidos no ensino fundamental: ética; saúde (já citado anteriormente); pluralidade cultural; meio ambiente; orientação sexual (que envolve a discussão sobre gênero); e trabalho e consumo (Brasil, 1998c).

Para o professor, além de conhecer os objetivos, conteúdos e temas a serem tratados na aula, é importante considerar também os conhecimentos já dominados pelo aluno e a maturidade relativa ao nível de desenvolvimento dos alunos dos anos finais do ensino fundamental. Diante disso, é fundamental saber: quem é o aluno dessa etapa de escolarização? Quais conhecimentos e por que devem ser trabalhados? Em que momento e como propor determinadas ações? Além disso, é essencial ter clareza quanto aos resultados esperados e a quem eles interessam. A problematização das temáticas com os alunos, por meio de breves indagações ou problemas a resolver, é sempre importante para iniciar uma temática ou para ampliá-la.

Conforme os motivos explicitados no capítulo anterior, o conteúdo trazido na BNCC não é compatível com a proposta de ação apresentada. Portanto, para a continuidade da elaboração das ações, utilizaremos o conteúdo presente nos PCNs (Brasil, 1998c).

Destacamos novamente que a importância do material que será exposto a seguir está atrelada à compreensão da dinâmica referente à organização dos planos de ação. Nesse sentido, o professor que for elaborar um plano de ação, de acordo com suas concepções e com o PPP da instituição de ensino, poderá utilizar a BNCC, os PCNs, o currículo estadual ou outro documento, desde que mantenha os princípios da dinâmica de construção: partir do perfil do aluno a ser formado, considerando as dimensões política e pedagógica explicitadas no PPP e os itens necessários à elaboração do plano de ação.

Em seguida, de acordo com os PCNs de Educação Física relativos a essa etapa da escolaridade (Brasil, 1998c), as expectativas de aprendizagem para a Educação Física nos anos finais do ensino fundamental são as seguintes:

- *participar de atividades de natureza relacional, reconhecendo e respeitando suas características físicas e de desempenho motor, bem como a de seus colegas, sem discriminar por características pessoais, físicas, sexuais ou sociais. Apropriar-se de processos de aperfeiçoamento das capacidades físicas, das habilidades motoras próprias das situações relacionais, aplicando-os com discernimento em situações-problema que surjam no cotidiano;*
- *adotar atitudes de respeito mútuo, dignidade e solidariedade na prática dos jogos, lutas e dos esportes, buscando encaminhar os conflitos de forma não violenta, pelo diálogo, e prescindindo da figura do árbitro. Saber diferenciar os contextos amador, recreativo, escolar e o profissional, reconhecendo e evitando o caráter excessivamente competitivo em quaisquer desses contextos;*
- *conhecer, valorizar, apreciar e desfrutar de algumas das diferentes manifestações da cultura corporal, adotando uma postura despojada de preconceitos ou discriminações por razões sociais, sexuais ou culturais. Reconhecer e valorizar as diferenças de desempenho, linguagem e expressividade decorrentes, inclusive, dessas mesmas diferenças culturais, sexuais e sociais. Relacionar a diversidade de manifestações da cultura corporal de seu ambiente e de outros, com o contexto em que são produzidas e valorizadas;*
- *aprofundar-se no conhecimento dos limites e das possibilidades do próprio corpo de forma a poder controlar algumas de suas posturas e atividades corporais com autonomia e a valorizá-las como recurso para melhoria de suas aptidões físicas. Aprofundar as noções conceituais de esforço, intensidade e frequência por meio do planejamento e sistematização de suas práticas corporais. Buscar informações para seu aprofundamento teórico de forma a construir e adaptar alguns sistemas de melhoria de sua aptidão física;*

- *organizar e praticar atividades corporais, valorizando-as como recurso para usufruto do tempo disponível, bem como ter a capacidade de alterar ou interferir nas regras convencionais, com o intuito de torná-las mais adequadas ao momento do grupo, favorecendo a inclusão dos praticantes. Analisar, compreender e manipular os elementos que compõem as regras como instrumentos de criação e transformação;*
- *analisar alguns dos padrões de beleza, saúde e desempenho presentes no cotidiano, e compreender sua inserção no contexto sociocultural em que são produzidos, despertando para o senso crítico e relacionando-os com as práticas da cultura corporal de movimento;*
- *conhecer, organizar e interferir no espaço de forma autônoma, bem como reivindicar locais adequados para promoção de atividades corporais e de lazer, reconhecendo-as como uma necessidade do ser humano e um direito do cidadão, em busca de uma melhor qualidade de vida.* (Brasil, 1998c, p. 89-90)

Em relação aos conteúdos, eles estão apresentados de acordo com as suas dimensões. Destacamos que no âmbito do desenvolvimento de uma ação, não é possível distinguir em que momento se desenvolve determinada dimensão, visto que as dimensões estão integradas.

Por exemplo: ao trabalhar com o conteúdo esporte na quadra, por mais que se trate da dimensão procedimental, estão envolvidos na mesma ação conceitos da biologia (fisiologia, anatomia, biomecânica), antropologia (origem e componente da cultura de determinado povo ou região), sociologia (representação social da modalidade), além de valores éticos e morais (forma de participação nos jogos, respeito às regras), entre outros. Ainda assim, como fonte de estudo, conhecimento e subsídio para a preparação dos planos de ação, é importante ter conhecimento das diferentes possibilidades que as dimensões dos conteúdos apresentam à Educação Física. Por outro lado, o professor faz um *recorte* no conteúdo abordando apenas uma ou outra dimensão, em função do plano de ação proposto.

O Quadro 6.2, exposto a seguir, apresenta os conteúdos para os anos finais do ensino fundamental a partir das três dimensões (conceitual, procedimental e atitudinal):

Quadro 6.2 Conteúdos para os anos finais do ensino fundamental

Atitudes: Conhecimento sobre o corpo; Esportes, jogos, lutas e ginásticas; Atividades rítmicas e expressivas

- Predisposição para responsabilizar-se pelo desenvolvimento e manutenção de suas capacidades físicas (resistência aeróbica, força, velocidade, flexibilidade).
- Predisposição para conhecer a sua própria postura comprometendo-se com a utilização dos conhecimentos obtidos sobre o tema, responsabilizando-se pelo registro do processo e a avaliação do trabalho.
- Valorização dos efeitos que as práticas corporais e hábitos saudáveis exercem sobre a aptidão física e a qualidade de vida.
- Predisposição para aplicar os princípios que regem a melhora das habilidades: qualidade e quantidade.
- Valorização dos efeitos que, para as condições de saúde e qualidade de vida, têm a prática habitual de atividades desportivas.
- Disposição favorável para a superação de limitações pessoais.
- Aceitação de que o competir com outros não significa rivalidade, entendendo a oposição como uma estratégia do jogo e não como uma atitude frente aos demais.
- Predisposição para vivenciar e aplicar os conceitos técnicos e táticos adquiridos.
- Predisposição para participar em jogo esportivo, recreativo, ginásticas, lutas e atividades rítmicas e expressivas.
- Predisposição para criar, transformar e adaptar regras na criação de jogos e atividades que deem prioridade à inclusão de todos.
- Reconhecimento e valorização de atitudes não discriminatórias quanto a habilidade, sexo ou outras, como conduta eficiente para a inclusão de todos nas práticas da cultura corporal de movimento.
- Valorização dos jogos recreativos e das danças populares como forma de lazer e integração social.
- Cooperação e aceitação das funções atribuídas dentro do trabalho em equipe (nos jogos, coreografias, mímicas etc.).
- Predisposição para aplicar os fundamentos adquiridos e os recursos disponíveis na criação e adaptação de jogos, danças e brincadeiras (mímicas e representações), otimizando o tempo de lazer.
- Valorização da cultura corporal de movimento como parte do patrimônio cultural da comunidade.

(continua)

(Quadro 6.2 – continuação)

Atitudes: Conhecimento sobre o corpo; Esportes, jogos, lutas e ginásticas; Atividades rítmicas e expressivas

- Reconhecimento e valorização da aplicação dos procedimentos para a prática segura. Responsabilidade para aplicar formas de auxílio e segurança aos colegas durante as execuções das práticas da cultura corporal.
- Valorização e respeito pelas sensações e emoções pessoais e as dos colegas.
- Respeito ao limite pessoal e ao limite do outro.
- Respeito à integridade física e moral do outro.
- Predisposição em cooperar com o colega ou grupo nas situações de aprendizagem.

Conceitos e procedimentos: Conhecimentos sobre o corpo

- Identificação das capacidades físicas básicas:
  - análise do grau de implicação das diferentes capacidades em uma determinada atividade física.
- Condicionamento físico e desenvolvimento das capacidades físicas:
  - conceitos, princípios e sistemas para seu desenvolvimento, abordando o nível das capacidades físicas pessoais para a aplicação concreta de sistemas de desenvolvimento dessas capacidades, segundo necessidades e características individuais.
- Identificação das funções orgânicas relacionadas com a atividade motora:
  - contração muscular: tensão e relaxamento;
  - circulação cardiovascular: frequência cardíaca;
  - captação de oxigênio: frequência respiratória;
  - utilização de algumas relações (frequência cardíaca e respiratória) como indicadores da intensidade e do esforço.
- Conhecimento dos efeitos da atividade física sobre o organismo e a saúde:
  - funções dos aparelhos e sistemas orgânicos com relação aos exercícios e adaptações destes aos exercícios;
  - efeitos das atividades físicas sobre o organismo e a saúde: benefícios, riscos, indicações e contraindicações;
  - o aquecimento: fundamentos e formas de aquecimento como preparação para a atividade física (aquecimento geral e específico).

(Quadro 6.2 – continuação)

Conceitos e procedimentos: Conhecimentos sobre o corpo

- Planejamento do trabalho de condicionamento físico:
  - elaboração de programas de condicionamento físico para manutenção, desenvolvimento das capacidades físicas;
  - trabalhos com a automotivação;
  - projetos de desenvolvimento da responsabilidade do aluno na construção, aplicação, manutenção e avaliação desses programas.
- Reconhecimento na aprendizagem motora:
  - os mecanismos envolvidos e fatores que os facilitem (*feedback* intrínseco e extrínseco, quantidade de execução);
  - adaptação das capacidades coordenativas às alterações morfológicas próprias da adolescência.
- Reconhecimento na análise postural:
  - análise dos movimentos e posturas do cotidiano a partir de elementos socioculturais e biomecânicos (trabalho, esporte, risco de lesões, esforço);
  - percepção do próprio corpo e consciência de posturas e movimentos não prejudiciais no cotidiano;
  - reconhecimento dos principais grupos musculares e estruturas articulares relacionadas com os movimentos envolvidos no equilíbrio postural;
  - percepção dos movimentos mais sutis dos músculos diretamente relacionados ao equilíbrio postural;
  - percepção dos diferentes níveis de tensão dos músculos diretamente relacionados ao equilíbrio postural, e as interferências causadas pelo excesso ou carência de tensão/tônus;
  - vivência de exercícios de alongamento e conscientização sobre a musculatura diretamente relacionada ao equilíbrio postural.
- Reconhecimento do corpo sensível e emotivo:
  - compreensão da dimensão emocional que se expressa nas práticas da cultura corporal de movimento;
  - compreensão da dimensão do corpo sensível que se expressa nas práticas da cultura corporal de movimento;
  - percepção do corpo sensível e do corpo emotivo por meio de vivências corporais (técnicas de massagem, jogos dramáticos, representações de cenas do cotidiano etc.).

(Quadro 6.2 – continuação)

Conceitos e procedimentos: Esportes e jogos

- Aspectos histórico-sociais dos jogos e esportes mais atuais e relevantes:
    - a inclusão e exclusão da mulher em determinados esportes, em determinados momentos históricos;
    - a mídia e o esporte-espetáculo;
    - o esporte e a violência;
    - a transformação do jogo em esporte;
    - a história das olimpíadas (questão das condições, do apoio ao esporte nos diversos países com as políticas de marketing);
    - a inclusão e exclusão do negro nos esportes em determinados momentos históricos;
    - preconcepções relacionadas ao desempenho físico e esportivo relacionados a etnias, à faixa etária e a portadores de necessidades especiais;
    - influências e contribuições dos imigrantes na formação da cultura corporal de movimento no Brasil;
    - aspectos socioculturais do surgimento dos esportes radicais, alternativos ou não convencionais no contexto da sociedade atual.
- Construção do gesto esportivo:
    - percepção e desenvolvimento das capacidades físicas e habilidades motoras relacionadas às atividades desportivas;
    - compreensão e vivência dos aspectos relacionados à repetição e à qualidade do movimento na aprendizagem do gesto esportivo;
    - aquisição e aperfeiçoamento das habilidades específicas relacionadas aos esportes;
    - aquisição e aperfeiçoamento das habilidades específicas relacionadas aos jogos;
    - reconhecimento e utilização da técnica para resoluções de problemas em situações de jogo (técnica e tática individual);
    - vivência de situações que gerem a necessidade de ajustar as respostas individuais à estratégia do grupo (tática coletiva);
    - participação em atividades desportivas recreativas coletivas e individuais;
    - participação em atividades desportivas de competições coletivas e individuais (campeonatos entre as classes, campeonatos entre escolas, municipais etc.);
    - vivência de esportes radicais, alternativos ou não convencionais (*skate*, surfe, mergulho, alpinismo, ciclismo etc.).

(Quadro 6.2 – continuação)

Conceitos e procedimentos: Esportes e jogos

- Compreensão, discussão e construção de regras aplicadas aos jogos e esportes:
  - compreensão das transformações nas regras e sua relação com o desenvolvimento do nível técnico;
  - vivência de situações de aprendizagem para utilização e adaptação das regras ao nível da capacidade do grupo, do espaço e dos materiais disponíveis (exemplos: futebol jogado em um corredor onde não existe lateral, vôlei jogado em um campo reduzido tendo como rede um fio de varal, basquete em que não se considere a regra das duas saídas em função do nível de competência do grupo).

Conceitos e procedimentos: Lutas e ginásticas

- Aspectos histórico-sociais das lutas:
  - compreensão do ato de lutar: por que lutar, com quem lutar, contra quem ou contra o que lutar;
  - compreensão e vivência de lutas dentro do contexto escolar (lutas × violência);
  - vivência de momentos para a apreciação e reflexão sobre as lutas e a mídia;
  - análise sobre os dados da realidade das relações positivas e negativas com relação à prática das lutas e à violência na adolescência (luta como defesa pessoal e não para criar situações de briga).
- Construção do gesto nas lutas:
  - vivência de situações que envolvam perceber, relacionar e desenvolver as capacidades físicas e habilidades motoras presentes nas lutas praticadas na atualidade (capoeira, caratê, judô etc.);
  - vivência de situações em que seja necessário compreender e utilizar as técnicas para resoluções de problemas em situações de luta (técnica e tática individual aplicadas aos fundamentos de ataque e defesa);
  - vivência de atividades que envolvam as lutas, dentro do contexto escolar, de forma recreativa e competitiva.
- Aspectos histórico-sociais das ginásticas:
  - compreensão e vivência das diferentes formas de ginásticas relacionadas aos contextos histórico-sociais (modismos e valores estéticos, ginásticas com diferentes origens culturais. Por exemplo: aeróbica, chinesa, ioga).

(Quadro 6.2 – continuação)

Conceitos e procedimentos: Lutas e ginásticas

- Construção do gesto na ginástica:
  - vivência de situações em que se faça necessário perceber, relacionar e desenvolver as capacidades físicas e habilidades motoras presentes na ginástica esportiva e acrobática (estrelas, rodantes, mortais etc.);
  - compreensão e vivência das situações em que estejam presentes os aspectos relacionados à repetição e à qualidade do movimento na aprendizagem do gesto ginástico, tanto no que se refere às acrobacias como à criação de sequências de exercício com e sem material (espaldar, barra fixa, corda, exercícios em duplas, trios etc.).

Conceitos e procedimentos: Atividades rítmicas e expressivas

- Aspectos histórico-sociais das danças:
  - as várias manifestações das danças nas diferentes culturas, em diferentes contextos, em diferentes épocas (danças, rituais, sagradas, comemorativas, danças circulares etc.);
  - cultivo da cultura corporal de movimento por meio da cultura popular (regional, folclórica etc.);
  - conhecimento sobre as danças só para os homens, sobrepondo-se à ideia de que os homens não dançam;
  - a dança como atividade não competitiva dentro da cultura corporal de movimento (o esporte como sobrepujança induz à comparação; a dança como expressão induz à comunicação; são atividades que podem ser vistas como complementares).
- Construção do movimento expressivo e rítmico a partir do/da:
  - equilíbrio entre a instrumentalização e liberação do gesto espontâneo (nem só técnica, nem só movimento pelo movimento; contextualizar a instrumentalização sempre que for conveniente, não só para apresentações).
  - percepção do seu ritmo próprio;
  - percepção do ritmo grupal;
  - desenvolvimento da noção espaço/tempo vinculada ao estímulo musical e ao silêncio com relação a si mesmo e ao outro;
  - compreensão do processo expressivo relacionando o código individual de cada um com o coletivo (mímicas individuais, representações de cenas do cotidiano em grupo, danças individuais, pequenos desenhos coreográficos em grupo);
  - percepção dos limites corporais na vivência dos movimentos fluidos e alongados, criando a oportunidade de transcender as limitações.

(Quadro 6.2 – conclusão)

Conceitos e procedimentos: Atividades rítmicas e expressivas
▪ Danças populares, manifestações culturais e desenhos coreográficos: 　▪ vivência de danças folclóricas e regionais, compreendendo seus contextos de manifestação (carnaval, escola de samba e seus integrantes, frevo, capoeira, bumba meu boi etc.); ▪ reconhecimento e apropriação dos princípios básicos para a construção de desenhos coreográficos simples; ▪ utilização dos princípios básicos na construção de desenhos coreográficos.

Fonte: Brasil, 1998c, p. 92-99.

Como pode ser observado no Quadro 6.2, os conteúdos são organizados por blocos, os quais expressam os elementos da cultura (Conhecimento sobre o corpo; Esportes, jogos, lutas e ginásticas; Atividades rítmicas e expressivas) relacionados à dimensão dos conteúdos (procedimental, conceitual e atitudinal). Em função desse arranjo, e somente para pensarmos a aula, as dimensões estão apresentadas dessa forma, uma vez que, no decorrer das ações de uma aula, não é possível separar as dimensões do conteúdo. Isso significa que, quando o aluno se submete a uma experiência com a atividade rítmica, ainda que se trate de situações de movimento, ali estão envolvidos conhecimentos da biomecânica, força, agilidade, relação com a cultura, com a mídia e de gênero, ou seja, conceitos e atitudes. A aula possibilita um recorte da experiência par ao estudo. Essa relação poderá ser melhor observada no plano de ação proposto a seguir.

6.2 Plano de ação para os anos finais do ensino fundamental

Para a elaboração do plano de ação, utilizaremos o modelo apresentado nos Capítulos 4 e 5, na situação de ensino-aprendizagem que compõe a trajetória de ensino, e explicitado na Figura 5.1, que apresenta a síntese da estrutura do plano de ação pensado para a Educação Física. Lembramos que tal plano de ação constitui um exemplo das ideias que apresentamos até o momento e não se trata de uma sequência obrigatória a seguir.

Exemplo de plano de ação para os anos finais do ensino fundamental[1]

1. **Identificação:** Escola de Educação Básica W
2. **Série:** 8º ano | **Bimestre:** 4º | **Turno:** Tarde
3. **Eixo dos conteúdos:** Esporte
4. **Eixo dos temas:** Direitos humanos
5. **Trajetória de ensino:** Adaptações no esporte
6. **Situações de ensino-aprendizagem:**
   - Situação 1: O jogo é jogado, e o esporte é adaptado (aproximadamente, 4 aulas)
   - Situação 2: Variações no esporte: lazer, escolar, competição (aproximadamente, 8 aulas)
   - Situação 3: O esporte e as limitações (aproximadamente, 8 aulas)

Situação 1: O jogo é jogado, e o esporte é adaptado

- **Competências a serem desenvolvidas:**
  - estabelecer relações entre as diversas linguagens e gêneros textuais, inferindo conclusões pessoais de forma crítica, criativa e lógica;
  - identificar pressupostos nos discursos dos outros, sendo capaz de observar, comparar e argumentar com base nos dados apresentados;
  - utilizar a capacidade de traduzir o que lê, vê e ouve, com as próprias palavras, preservando o seu significado.

---

[1] A elaboração deste exemplo de plano de ação para os anos finais do ensino fundamental tomou por base os pressupostos dos Parâmetros Curriculares Nacionais de Educação Física de 5ª a 8ª série (Brasil, 1998c). Nas "Expectativas de aprendizagem" e nos "Conteúdos a serem desenvolvidos", procuramos seguir as orientações sobre objetivos e conteúdos presentes nesse documento.

- utilizar a capacidade de fazer definições e distinções, formular hipóteses, analisar, generalizar e sintetizar conceitos, aplicando-os em situações reais;
- relacionar analiticamente fatos, com atitude crítica, de forma dedutiva, avaliando ideias e hipóteses.

- **Expectativa de aprendizagem**:
  - relacionar a diversidade de manifestações da cultura corporal de seu ambiente e de outros com o contexto em que são produzidas e valorizadas.

- **Conteúdos a serem desenvolvidos**:
  - predisposição em cooperar com o colega ou grupo nas situações de aprendizagem;
  - aspectos sociais dos jogos e esportes mais atuais e relevantes: a mídia e o esporte-espetáculo.

- **Percurso de ensino**: neste percurso de ensino, objetiva-se levar os alunos a: pesquisar, compreender e diferenciar jogo e esporte partindo de uma investigação na comunidade; entender o fenômeno da esportivização e o processo que o gera; transformar um jogo em esporte e avaliar a experiência realizada com o novo esporte criado.
  a. Primeiramente, deve-se problematizar junto aos alunos temáticas relativas ao consumo do esporte (considerando suas experiências fora da escola): aderência ao esporte; objetivo da prática; frequência semanal, entre outras. Em seguida, o professor pode estender a problemática tendo em conta o que eles pensam sobre a experiência esportiva na comunidade em que vivem. Para tanto, o educador pode utilizar a estratégia "Tempestade cerebral" e anotar as principais ideias, aquelas que mais se repetirem na fala dos alunos ou, ainda, as que forem consenso na turma. Ao final da atividade, as ideias principais da turma poderão ser lidas e anotadas pelos alunos, para serem utilizadas em momento oportuno.

b. Em seguida, solicitar aos alunos que realizem uma pesquisa, sendo que a estratégia utilizada pode ser adaptada de um "Estudo do meio" com quatro pessoas que praticam atividade física na comunidade (amigos, familiares ou pessoas desconhecidas, contanto que pratiquem atividade física). Para isso, o professor pode propor um roteiro com características parecidas com o que apresentamos a seguir:

   1. Sexo:
      ( ) Masculino   ( ) Feminino
   2. Idade:
      ( ) Menor de 18 anos
      ( ) Entre 18 e 25 anos
      ( ) Entre 25 e 30 anos
      ( ) Entre 30 e 40 anos
      ( ) Acima de 40 anos
   3. Qual esporte você pratica? _____
   4. Com que objetivo você o pratica? _____
   5. Há quantos anos o pratica? _____
   6. Qual é o local da prática? _____
   7. Quantas vezes por semana? _____
   8. Para você, o que é esporte? _____

c. Na sequência, pode-se dividir a turma em grupos de cinco alunos, para que o conteúdo das pesquisas seja agrupado e apresentado ao restante da classe, utilizando a estratégia "Simpósio". Ao final de cada apresentação, o professor poderá sintetizar o conteúdo apresentado pelo grupo e encaminhar as perguntas.

d. Em seguida, deve-se problematizar com os alunos: tudo o que foi apresentado realmente é esporte? O que os alunos entendem por esporte? Qual é a diferença entre jogo, esporte e atividade física? Por que existe a tendência de considerar tudo como esporte?

e. Em seguida, o professor pode passar aos alunos uma apresentação composta por imagens de pessoas participando de jogos como queimada, amarelinha, pique-bandeira, futebol-artilheiro, vôlei de praia, entre outros jogos. É interessante mesclar a essas imagens outras de atletas praticando esporte. Se não houver projetor multimídia, pode-se utilizar recortes de revistas apresentados em forma de ficha (colados em cartolina, papelão, EVA etc.).

f. Diferenciar junto aos alunos as formas de participação das atividades apresentadas e classificá-las em jogo, esporte e outras que não pertencem a esses elementos da cultura.

g. Construir junto aos alunos uma definição para jogo e para esporte.

h. Utilizando a estratégia "Estudo de texto", o professor pode propor aos alunos a leitura do texto "O papel da sociologia do esporte na retomada da Educação Física".

BETTI, M. O papel da sociologia do esporte na retomada da Educação Física. **Revista Brasileira de Educação Física e Esporte**, São Paulo, v. 20, p. 191-193, set. 2006. Disponível em: <http://citrus.uspnet.usp.br/eef/uploads/arquivo/54_Anais_p191.pdf>. Acesso em: 18 mar. 2019.

O texto, embora complexo para essa faixa etária, deve ser estudado em conjunto com os alunos, uma vez que se trata de um texto não muito longo e, ao mesmo tempo, muito rico. Apresenta conceitos importantes para o entendimento sobre esportivização e polissemia em torno do esporte, dois pontos a serem explorados para que os alunos compreendam a tendência de esportivar (transformar tudo em esporte) toda forma de atividade física.

i. Por fim, pode-se propor a produção de um texto em algum gênero textual conhecido por alunos dessa faixa etária (história em quadrinhos, artigo de opinião ou dissertativo etc.) sobre a esportivação e a polissemia em torno da palavra *esporte* (o texto poderá ser construído em casa e entregue em outro momento ao professor).

- **Avaliação:**
  - Estudo do texto: produção, escrita ou oral, com comentário do estudante, tendo em vista as habilidades de compreensão, análise, síntese, julgamento, inferências e interpretação dos conteúdos fundamentais e as conclusões a que chegou.
  - Simpósio: levar em conta a concisão das ideias apresentadas pelos comunicadores quanto: à pertinência das questões apresentadas pelo grande grupo; aos argumentos utilizados; ao estabelecimento de relações entre os diversos pontos de vista; aos conhecimentos relacionados ao tema e explicitados.
  - Durante as aulas: analisar o envolvimento e a participação dos alunos conforme os papéis estabelecidos e a pertinência das questões e/ou sínteses elaboradas.
  - Produção de texto e ficha de avaliação: avaliação da capacidade criativa, concisão, aplicabilidade e pertinência e desempenho na descoberta de soluções apropriadas ao problema apresentado.

Situação 2: Variações no esporte: lazer, escolar, competição
- **Competências a serem desenvolvidas:**
  - identificar pressupostos nos discursos dos outros, sendo capaz de observar, comparar e argumentar a partir dos dados apresentados;
  - utilizar a capacidade de fazer definições e distinções, formular hipóteses, analisar, generalizar e sintetizar conceitos, aplicando-os em situações reais;
  - colocar-se no lugar do outro nos momentos em que as decisões envolvam grupos ou pessoas;

- relacionar analiticamente fatos, com atitude crítica, de forma dedutiva, avaliando ideias e hipóteses;
- demonstrar interesse na busca por respostas e resolução de problemas individuais e coletivos, mostrando-se estimulado a procurar novos caminhos;
- agir com prontidão e disposição em situações que exijam ação ou tomada de decisão;
- agir com responsabilidade nos momentos que exijam assumir posicionamento para executar decisões, seja para transformar ou manter determinada situação ou ponto de vista.

■ **Expectativas de aprendizagem**:
- saber diferenciar os contextos amador, recreativo, escolar e profissional, reconhecendo e evitando o caráter excessivamente competitivo em quaisquer desses contextos;
- organizar e praticar atividades corporais, valorizando-as como recurso para usufruto do tempo disponível, bem como ter a capacidade de alterar ou interferir nas regras convencionais, com o intuito de torná-las mais adequadas ao momento do grupo, favorecendo a inclusão dos praticantes;
- analisar, compreender e manipular os elementos que compõem as regras como instrumentos de criação e transformação.

■ **Conteúdos a serem desenvolvidos**:
- transformar e adaptar regras na criação de jogos e em atividades que deem prioridade à inclusão de todos;
- transformar o jogo em esporte;
- compreender, discutir e construir regras aplicadas aos esportes: compreensão das transformações nas regras e sua relação com o desenvolvimento do nível técnico;

- aplicar os fundamentos adquiridos e dos recursos disponíveis na criação e adaptação de jogos, otimizando o tempo de lazer.

■ **Percurso de ensino**: neste percurso de ensino, deve-se escolher um jogo de grande participação dos alunos e organizá-lo como esporte para, em seguida, propor a realização de um minicampeonato com o esporte criado. Objetiva-se avaliar a experiência e discutir as limitações propiciadas pela nova forma de desenvolvimento da atividade, bem como levar os alunos a refletir sobre as diversas formas/concepções que o esporte assume e os valores presentes em cada uma delas.

a. Inicialmente, o professor deve problematizar com os alunos as condições necessárias para transformar um jogo em esporte.

b. Em seguida, deve-se escolher um jogo bastante conhecido pelos alunos e transformá-lo em um esporte (para isso, é necessário propor: adequação e criação do código de regras; formas de controle do tempo; pontuação e cumprimento de regras; espaço físico e material).

c. Após a modalidade ter sido criada, pode-se organizar um campeonato entre os alunos da sala, atribuindo-lhes funções (árbitro, atletas, equipe de mídia, mediadores etc.). Para o desenvolvimento dessa ação, o professor pode utilizar a estratégia adaptada "Grupos de verbalização e de observação (GV/GO)", sendo que o grupo de verbalização, nesse caso, será representado pelos jogadores e pelos controladores que participarão do jogo/campeonato.

d. A experiência realizada deve ser avaliada procurando apontar os valores expressos no binômio jogo/esporte em função da análise do modelo de polaridades proposto por Betti (1991): conteúdo – formal/não formal; finalidade – trabalho/jogo; interação social – competição/cooperação; resolução de conflito – controle interno/controle externo; regras – rígidas/flexíveis; profissionalização das atitudes – vitória/honestidade

e. Ao final, deve-se pedir aos alunos que escrevam em uma ficha as possíveis limitações (de movimento, de participação, entre outras) percebidas em relação ao desenvolvimento da situação de ensino-aprendizagem. Após receber todas as fichas, o professor poderá redistribuí-las para grupos de cinco alunos, que deverão analisar as respostas e apresentá-las ao grupo. Para tanto, a estratégia "Phillips 66" poderá ser utilizada. Caso o professor considere pertinente, ele mesmo poderá apresentar uma síntese das respostas.

- **Avaliação**:
  - clareza e coerência na apresentação, observando o domínio da problemática proposta para a apresentação pelo grupo observador e o estabelecimento de uma relação crítica com a realidade;
  - pertinência das questões/sínteses elaboradas a partir das questões propostas na ficha;
  - criação de esporte: avaliação da capacidade criativa, concisão, aplicabilidade, pertinência e desempenho na descoberta de soluções apropriadas ao problema apresentado, tanto por meio de reflexões quanto no preenchimento da ficha de avaliação das ações.

Situação 3: O esporte e as limitações
- **Competências a serem desenvolvidas**:
  - colocar-se no lugar do outro nos momentos em que as decisões envolvam grupos ou pessoas;

- relacionar analiticamente fatos, com atitude crítica, de forma dedutiva, avaliando ideias e hipóteses;
- demonstrar interesse na busca por respostas e para a resolução de problemas individuais e coletivos, mostrando-se estimulado a procurar novos caminhos;
- agir com prontidão e disposição em situações que exijam ação ou tomada de decisão;
- agir com responsabilidade nos momentos que exijam assumir posicionamento para executar decisões, seja para transformar ou manter determinada situação ou ponto de vista;
- avaliar as próprias ações, sendo capaz de transferir princípios e estratégias de uma situação à outra.

- **Expectativas de aprendizagem**:
    - relacionar a diversidade de manifestações da cultura corporal de seu ambiente e de outros com o contexto em que são produzidas e valorizadas;
    - analisar, compreender e manipular os elementos que compõem as regras como instrumentos de criação e transformação;
    - conhecer, organizar e interferir no espaço de forma autônoma, bem como reivindicar locais adequados para a promoção de atividades corporais e de lazer, reconhecendo-as como uma necessidade do ser humano e um direito do cidadão, em busca de uma melhor qualidade de vida.

- **Conteúdos a serem desenvolvidos**:
    - compreensão e discussão de regras aplicadas aos esportes: compreensão das transformações nas regras e sua relação com o desenvolvimento do nível técnico;
    - preconcepções relacionadas aos desempenhos físico e esportivo relacionados a pessoas com mobilidade reduzida;

- predisposição para transformar e adaptar regras na criação de jogos e atividades que deem prioridade à inclusão de todos;
- responsabilidade para aplicar formas de auxílio e segurança aos colegas durante as execuções das práticas da cultura corporal;
- reivindicar espaços para o desenvolvimento de atividades esportivas e de lazer para todos os públicos.

■ **Percurso de ensino**: nesse percurso de ensino, a intenção é propor uma discussão sobre o tema limitações nas práticas de esporte, considerando a promoção de experiências de atividades adaptadas; além disso, buscar e apresentar limitações/barreiras que dificultam a mobilidade tanto na escola quanto na comunidade; apresentar soluções para a resolução do problema.

a. Continuando a atividade da situação anterior, o professor pode propor aos alunos, por meio da estratégia "Tempestade cerebral" que apontem situações que limitam a prática de esportes. O professor deve anotar os pontos importantes apresentados e, no final da atividade, fazer uma síntese do que foi elencado pela turma.

b. Ainda na sala de aula, pode-se solicitar aos alunos que se organizem em duplas, sendo que um integrante de cada dupla deve vendar os olhos. Em seguida, o integrante que não está vendado conduz o parceiro até a quadra.

c. Na sequência, propor aos alunos uma corrida de meia quadra em velocidade, seguindo as seguintes regras:
- todos deverão ficar em silêncio;
- o aluno vendado se colocará na linha do gol e entre os limites das traves;
- o parceiro da dupla que não estiver vendado se posicionará após o centro da quadra;

- ao sinal do professor, o aluno vendado sairá correndo em velocidade e em direção ao seu parceiro, que o guiará por meio de sinais sonoros (gritos, palmas, assovios etc.);
- apenas um aluno correrá por vez.

d. Após todos os alunos vendados terem corrido, eles devem ser encaminhados para um jogo de futebol. Assim, o professor pode organizar a sala em dois grupos. Somente os alunos vendados poderão chutar a bola, sendo que o guia conduzirá o colega sem poder tocar nela. A bola deve estar envolta por um saco plástico (de supermercado), para emitir som. Tal jogo pode ser desenvolvido até o final da aula.

e. Na sequência, o professor pode pedir aos alunos que, ainda na sala de aula, amarrem um tênis ao outro. Da mesma forma que na atividade passada, eles devem ser organizados em dupla, sendo que um deles auxiliará na condução do outro, porém, invertendo-se as posições.

f. Posteriormente, pode-se propor a realização de um jogo de voleibol com os alunos que estão com os pés amarrados. Para o jogo, deve-se utilizar uma bola grande e colorida (como aquelas que são prêmio em brincadeiras presentes em parques de diversão).

g. Depois da atividade, o professor deve solicitar aos alunos que respondam em uma ficha às seguintes questões: quais foram as maiores dificuldades encontradas para realizar as atividades? Como uma pessoa com limitação de movimento se sente ao se locomover pela escola/pelas ruas da cidade e ao participar de atividades esportivas? De que ela necessita para praticá-las? Como essas dificuldades são (des)valorizadas nas comunidades escolar e não escolar? A prática esportiva é acessível a toda a população? A ideia é que os alunos percebam as dificuldades que as pessoas com limitação de movimento encontram para a realização de esporte e, também, para se locomoverem. É importante que eles percebam também as adaptações necessárias à prática de esportes por essas pessoas.

h. Utilizando a estratégia "Phillips 66", pode-se solicitar aos alunos que, em grupos de cinco, compartilhem suas respostas e escrevam uma síntese das discussões.

i. Após a apresentação das sínteses, o professor deve problematizar com os alunos soluções possíveis para minimizar tais problemas (barreiras arquitetônicas na escola e na comunidade, direito a todos de participação em atividades esportivas etc.). O problema deve ser discutido junto aos alunos de acordo com a estratégia "Tempestade cerebral". As ideias levantadas serão anotadas e subsidiarão o trabalho final.

j. Para finalizar, pode-se solicitar aos alunos que as possíveis soluções encontradas sejam transcritas e se transformem em um manifesto escrito em forma de carta a ser encaminhada às autoridades competentes, informando a respeito da situação vivenciada e solicitando providências relativas à falta de espaços adaptados e às barreiras arquitetônicas, seja na escola ou na comunidade em que moram.

- **Avaliação**:
  - Phillips 66: envolvimento e participação dos alunos conforme os papéis estabelecidos;
  - produção de texto: pertinência das questões e/ou sínteses elaborada; elaboração de texto (gênero carta);
  - ficha de avaliação e análises coletivas: avaliação da capacidade criativa, concisão, aplicabilidade, pertinência e desempenho na descoberta de soluções apropriadas ao problema apresentado, tanto por meio das reflexões quanto no preenchimento da ficha de avaliação das ações.

6.3 Educação Física no ensino médio

O ensino médio também apresenta peculiaridades e merece atenção especial. Autores como Betti e Zuliani (2002), Martinelli et al. (2006), Millen Neto et al. (2010) e Sampaio et al. (2012) apontam características particulares, desinteresse e desmotivação nas aulas de Educação Física para alunos desse nível de escolaridade. Segundo Betti e Zuliani (2002), a desmotivação nas aulas se inicia já no final do ensino fundamental, quando os alunos passam a ter uma visão mais crítica sobre o mundo real e não atribuem à Educação Física tanto crédito.

Em relação à atitude e ao comportamento dos jovens do ensino médio, a atividade física, até então tida como uma das principais atividades em suas vidas, dá espaço para outros núcleos de interesse, nos quais o corpo expressa uma síntese de práticas, estilos e atitudes compartilhadas, principalmente nos grupos de identidade (Carrano, 2006).

Os compromissos assumidos até então com o corpo, com a escola e com a Educação Física já não são tão evidentes. A preocupação imediata se resume a viver o presente. Diversão, prazer, encontros, trocas afetivas, ampliação de tempos e espaços de convivência com seus grupos de interesse ocupam grande parte de suas vidas. Responsabilidade e postura séria não são próprias dos alunos nessa etapa (Dayrell, 2003).

Nessa fase da vida, muitas vezes mal compreendida pelos adultos e pela escola, o foco de interesse do jovem está em aproveitar as coisas boas da vida, como estar com os amigos, ir a festas, ter encontros afetivos etc. Em suma, viver o presente sem se preocupar com o futuro. Responsabilidades, compromissos, encargos, obrigações e deveres nem sempre cativam o jovem, visto que, para eles, tais valores se relacionam à vida adulta, ao mundo do trabalho. Essa maneira de ser do jovem o faz ser visto como irresponsável, irreverente e inconsequente, principalmente nos âmbitos escolar e familiar.

Por outro lado, essa atitude também contribui para causar conflitos na vida dos jovens, principalmente porque ambientes como a escola cobram deles comportamentos que, como dissemos, aos olhos deles se relacionam ao universo adulto. Diante disso, é fundamental que o professor de ensino médio, além de ter amplo conhecimento sobre o que trabalhar na aula, tenha clareza de que a juventude não é apenas um momento de transição entre a adolescência e a vida adulta, mas, sim, constitui-se numa fase da vida.

Assim, é importante conhecer o perfil do jovem brasileiro, o que não se resume apenas a saber quem é o aluno, em que bairro ele reside, quem são seus pais e qual é a formação deles etc. Conhecer o perfil do jovem é saber: o que ele pensa a respeito da juventude; quais são as melhores e piores coisas de ser jovem; que assuntos mais o interessam e quais temas ele considera importantes de serem discutidos com a família, os amigos e a escola; como ele busca se manter informado; quais são suas preocupações e desejos e que problemas o incomodam.

Enfim, conhecer o perfil do jovem implica saber como e o que, em geral, ele pensa. É certo que esse perfil não pode ser generalizado, até porque muitos jovens começam a trabalhar cedo, envolvem-se muito com os estudos, superam os conflitos da juventude e se tornam adultos precocemente.

Em relação à Educação Física do ensino médio, portanto, em função dos grupos de interesse, das culturas juvenis, podemos caracterizar três grupos de alunos: os que se identificam com a prática esportiva formal, em virtude do seu grupo de interesse; os que encontram na atividade física sentidos vinculados ao lazer e à qualidade de vida; os que não encontram sentido nas práticas desenvolvidas pela disciplina.

Portanto, no ensino médio, a Educação Física deve apresentar especificidades próprias e significativas a esses três grupos de interesse, ainda que um deles seja composto por alunos desinteressados ou desmotivados, levando-se sempre em consideração a característica cognitiva e afetivo-social do jovem, a sua inserção e integração aos elementos culturais do movimento e a busca pela constituição do perfil de egresso.

As experiências de vida associadas às atividades desenvolvidas nas aulas de Educação Física permitem ao aluno obter uma melhor compreensão dos dados da realidade. Por esse motivo, a Educação Física no ensino médio tem a finalidade de possibilitar a apropriação crítica dos elementos culturais do movimento, uma vez que, conforme afirmam Betti e Zulliani (2002, p. 76):

> o desenvolvimento do pensamento lógico e abstrato, a capacidade de análise e de crítica já presentes nessa faixa etária permitem uma abordagem mais complexa de aspectos teóricos (aspectos socioculturais e biológicos), requisito indispensável para a formação do cidadão capaz de usufruir, de maneira plena e autônoma, a cultura corporal de movimento. A aquisição de tal conjunto de conhecimentos deverá ocorrer na vivência de atividades corporais com objetivos vinculados ao lazer, saúde/bem-estar e competição esportiva.

Espera-se, então, que a Educação Física no ensino médio auxilie o aluno a se inserir e integrar de forma crítica na cultura constituída sobre o corpo, para que possa usufruir com autonomia do jogo, do esporte, das lutas/artes marciais, das ginásticas e das atividades rítmicas/dança. Isso exige que ele, entre outras atividades, conheça padrões, comportamentos, valores e condicionantes que permeiam, restringem e ampliam as práticas dessa parcela da cultura.

É importante destacarmos que o material a ser utilizado nesse nível de ensino é escasso. Ainda que a comunidade acadêmica tenha proposto um intenso debate e realizado esforços em termos de produção científica e documentos legais, o ensino médio ainda é carente de boas produções, embora experiências significativas, como o livro didático público de Educação Física do Paraná, os cadernos do professor que trazem experiências para o currículo do Estado de São Paulo e o baú de atividades da Secretaria de Educação do Estado de Minas Gerais representem boas experiências com a Educação Física nesse nível de escolaridade.

Para a organização dos planos de ação do ensino médio, apresentaremos uma nova dinâmica. Não indicaremos as expectativas de aprendizagens e os conteúdos a serem desenvolvidos, mas, sim, temas específicos que orientarão a elaboração das trajetórias de ensino. Para tanto, recorremos ao documento *Orientações curriculares para o ensino médio* (Brasil, 2006), no qual a Educação Física integra o volume destinado à área de "Linguagens, códigos e suas tecnologias".

Quadro 6.3 Temas propostos para a Educação Física no ensino médio

Temas da comunidade escolar	Temas específicos da Educação Física
▪ Identidade juvenil ▪ Gênero e sexualidade ▪ Produções culturais e artísticas ▪ Cultura juvenil e indústria cultural ▪ O corpo e a indústria cultural ▪ O aluno no mundo do trabalho ▪ Saúde e bem-estar físico ▪ Organização de tempos e espaços sociais de trabalho e lazer ▪ Organização de tempos e espaços escolares ▪ Cultura juvenil e meio ambiente ▪ Escola e relações étnicas ▪ Cultura juvenil e participação política ▪ Cultura juvenil e organização comunitária	▪ Performance corporal e identidades juvenis ▪ Possibilidades de vivência crítica e emancipada do lazer ▪ Mitos e verdades sobre os corpos masculino e feminino na sociedade atual ▪ Exercício físico x saúde ▪ O corpo e a expressão artística e cultural ▪ O corpo no mundo dos símbolos e como produção da cultura ▪ Práticas corporais e autonomia ▪ Condicionamento e esforço físicos ▪ Práticas corporais e espaços públicos ▪ Práticas corporais e eventos públicos ▪ O corpo no mundo da produção estética ▪ Práticas corporais e organização comunitária ▪ Construção cultural das ideias de beleza e saúde

Fonte: Brasil, 2006, p. 228.

Diferentemente dos planos de ação apresentados anteriormente, as expectativas de aprendizagem e os conteúdos a serem desenvolvidos para o ensino médio não seguirão os documentos oficiais (BNCC, PCNs, PCN+). Assim, os conteúdos e as expectativas serão elencados em função das situações de ensino-aprendizagem propostas.

6.4 Plano de ação para o ensino médio

Para a elaboração do plano de ação, novamente utilizaremos o modelo apresentado no Capítulo 4 e ao qual recorremos no capítulo anterior, na forma de situação de ensino-aprendizagem que compõe a trajetória de ensino, também explicitado na Figura 5.1, que sintetiza a estrutura do plano de ação pensado para a Educação Física. Novamente, reforçamos que o plano apresentado a seguir não se constitui como uma sequência obrigatória a ser seguida, mesmo porque a dinâmica proposta possibilita uma gama de trajetórias de ensino e situações de ensino-aprendizagem. Lembre-se: mais importante que o resultado final do plano de ação é a compreensão sobre a dinâmica de sua construção.

Exemplo de plano de ação para o ensino médio[2]

1. **Identificação**: Escola de Educação Básica W
2. **Série**: 2º ano | **Bimestre**: 1º | **Turno**: Manhã
3. **Eixo dos conteúdos**: Ginástica
4. **Eixo dos temas**: Contemporaneidade: corpo, saúde e beleza
5. **Trajetória de ensino**: Construção cultural das ideias de beleza e saúde

---

[2] A elaboração deste exemplo de plano de ação para o ensino médio tomou por base os pressupostos das Orientações Curriculares para o ensino médio (Brasil, 2006). Nas "Expectativas de aprendizagem" e nos "Conteúdos a serem desenvolvidos", procuramos seguir as orientações sobre objetivos e conteúdos presentes nesse documento.

6. **Situações de ensino-aprendizagem**:
   - Situação 1: Peso ideal × sociedade de consumo (aproximadamente, 5 aulas)
   - Situação 2: Balança energética: gasto e consumo calórico (aproximadamente, 9 aulas)
   - Situação 3: Padrões de beleza divulgados pela mídia (aproximadamente, 6 aulas)

Situação 1: Peso ideal × sociedade de consumo

- **Competências a serem desenvolvidas**:
  - estabelecer relações entre as diversas linguagens e gêneros textuais, inferindo conclusões pessoais de forma crítica, criativa e lógica;
  - identificar pressupostos nos discursos dos outros, sendo capaz de observar, comparar e argumentar a partir dos dados apresentados;
  - utilizar a capacidade de traduzir o que lê, vê e ouve, com as próprias palavras, preservando o seu significado.
  - envolver-se com as atividades de sua responsabilidade, mantendo o foco nas metas pessoais e coletivas.
  - utilizar a capacidade de fazer definições e distinções, formular hipóteses, analisar, generalizar e sintetizar conceitos, aplicando-os em situações reais;
  - ser capaz de buscar informações nos diversos meios de comunicação e nas situações reais da vida, utilizando a atitude inquiridora e o raciocínio indutivo na geração de ideias e hipóteses.

- **Expectativas de aprendizagem**:
  - perceber o corpo em função dos padrões corporais;
  - utilizar diferentes protocolos para construir indicadores relativos à percepção do padrão corporal;
  - identificar os perigos do culto ao corpo.

- **Conteúdos a serem desenvolvidos:**
  - estado atual do corpo e a relação com aspectos de saúde e padrões de beleza;
  - indicadores que levam as pessoas a construírem representações sobre o corpo;
  - valores atestados e consagrados sobre o corpo e os aspectos determinantes que levam a certas escolhas;
  - riscos do culto ao corpo;
  - protocolos de medidas corporais.
- **Percurso de ensino:** nesse percurso de ensino, o professor deve: propor aos alunos uma prática recreativa e a mensuração de medidas corporais com os alunos, que, individualmente, analisarão seus dados corporais; propor uma reflexão sobre padrões de beleza e contrastar os dados corporais com os padrões de beleza; problematizar em conjunto com os alunos sobre o que as pessoas têm feito em busca de alcançar tais padrões.
  a. Para começar, o professor pode problematizar com os alunos a seguinte questão: saúde ou estética: o que as pessoas buscam ao iniciarem programas que levam a alterações corporais?
  b. Em seguida, pode-se solicitar aos alunos que se dividam em grupos de cinco e façam uma pesquisa sobre pessoas que praticam algum tipo de exercício físico em academias, procurando descobrir quais são os interesses e as motivações que levam essas pessoas à prática de exercício físico. Para tanto, a estratégia utilizada pode ser adaptada do "Estudo do meio". O professor pode fornecer um roteiro com base no modelo exposto a seguir:

1. Sexo:
   ( ) Masculino   ( ) Feminino
2. Idade:
   ( ) Menor de 18 anos
   ( ) Entre 18 e 25 anos
   ( ) Entre 25 e 30 anos
   ( ) Entre 30 e 40 anos
   ( ) Acima de 40 anos
3. Qual atividade você pratica? _____
4. Quantas vezes por semana? _____
5. Com que objetivo você a pratica? _____
6. Há quantos anos a pratica? _____
7. Que resultados alcançou até o momento? _____

c. Após as informações serem coletadas, os grupos devem ser orientados a agrupar os conteúdos das pesquisas e apresentar suas conclusões ao restante da classe, utilizando a estratégia "Simpósio". Ao final de cada apresentação, o professor pode sintetizar o conteúdo apresentado pelo grupo e encaminhar as perguntas. Com essa atividade, pretende-se verificar se o que as pessoas esperam obter nas academias está relacionado à saúde ou à estética.

d. Na sequência, o professor pode perguntar aos alunos se eles se preocupam com o corpo e, em caso de resposta positiva, se tal preocupação está mais relacionada à saúde ou à estética. Além disso, pode-se questionar se eles conhecem protocolos de medidas corporais que auxiliam as pessoas a conhecerem sobre o padrão corporal.

e. Após essa reflexão inicial, o professor deve propor aos alunos a realização do protocolo de avaliação física denominado *Índice de Massa Corporal* (IMC). Trata-se de um protocolo de medida corporal de fácil execução, que relaciona apenas duas variáveis e pode ser utilizado para verificar o desenvolvimento corporal. Embora seja muito utilizado, seus resultados são bastante questionados, visto que, ao relacionar apenas o peso com a altura, desconsidera a constituição óssea da pessoa, o desenvolvimento muscular, bem como idade e estado de gravidez, por exemplo, fatores que podem influenciar o resultado. Ainda assim, pela sua facilidade de aplicação, o protocolo pode ser aplicado para se obter um parâmetro. Além disso, outros protocolos podem ser realizados (tais como a avaliação da circunferência, objetivando levantar o percentual de gordura) para se ter uma comparação de resultados.

f. Dando sequência, o professor pode levar os alunos para a quadra e, enquanto a classe participa de alguma atividade recreativa, solicitar grupos de dois alunos para se dirigirem a uma sala específica e fazerem a medição corporal, sendo que um aluno deve auxiliar o outro na coleta de informações (peso e altura). Caso o professor perceba um constrangimento entre os alunos, poderá solicitar que as informações sejam colhidas fora da escola. É importante informar os alunos que as informações coletadas serão para uso pessoal e que não haverá necessidade de divulgar os valores de IMC e percentual de gordura, se for o caso. O IMC é calculado pela fórmula matemática **IMC = peso ÷ altura²**. Os resultados obtidos devem ser contrastados com os dados da tabela de classificação nutricional apresentada a seguir:

Tabela 6.1 Classificação nutricional de acordo com o IMC

Classificação	IMC (Kg/m²)
Abaixo do peso	< 18,5
Faixa Normal	De 18,5 a 24,9
Pré-obesos	De 25 a 29,9
Obeso classe I	De 30 a 34,5
Obeso classe II	De 35 a 39,9
Obeso classe III	≥ 40

Fonte: OMS, citada por Guedes; Biscuola; Lima, 2015, p. 238.

g. De posse dos dados corporais, os alunos devem responder a uma ficha de avaliação referente aos dados corporais, com as seguintes questões:

- Como os seus dados se relacionam com a tabela em termos de aproximação e distanciamento das faixas consideradas normais?
- O que essas faixas representam?
- Qual é a relação existente entre os dados obtidos sobre você, as faixas da tabela e a saúde?
- O que as pessoas têm feito para se enquadrar nas faixas consideradas normais em função do padrão corporal desejado?

h. Em seguida, utilizando a estratégia "Phillips 66", o professor pode discutir as diferentes respostas a essas questões. A proposta dessa atividade é relacionar os dados da Tabela 6.1 ao corpo considerado ideal e, também, questionar a relação direta de tais dados com a saúde, visto que eles não expressam, por exemplo, a quantidade de gordura corporal que poderia levar a problemas de saúde (como no caso dos "falsos magros", pessoas aparentemente magras, mas com alto percentual de gordura, ou de pessoas classificadas como "acima do peso", mas cujos exames clínicos não constatam problema de saúde). Nessa atividade, a busca por estratégias de aumento da massa muscular, emagrecimento e manutenção do peso (especialmente as relativas à alimentação) e os riscos associados a tais práticas também devem ser objetos de discussão.

- **Avaliação**:
  - Phillips 66: o envolvimento dos membros do grupo; a participação conforme os papéis estabelecidos; a pertinência das questões e/ou das sínteses elaboradas;
  - simpósio: pertinência das questões apresentadas pelo grande grupo; coerência dos argumentos; estabelecimento de relações entre diversos pontos de vista; conhecimentos relacionados ao tema e explicitados;
  - IMC: compreensão sobre o instrumento e domínio da utilização do protocolo;
  - realização da coleta de informações na pesquisa da academia.

Situação 2: Balança energética: gasto e consumo calórico

- **Competências a serem desenvolvidas**:
  - discernir e reinterpretar informações específicas da cultura corporal de movimento;
  - reconhecer diferenças individuais, por meio da participação de atividades em grandes e pequenos grupos;
  - localizar informações explícitas no texto (corporal: manifestações da cultura corporal de movimento);
  - articular as linguagens verbal, audiovisual e corporal;
  - produzir textos ou atividades corporais considerando sua finalidade (utilizar a capacidade de fazer definições e distinções, formular hipóteses, analisar, generalizar e sintetizar conceitos, aplicando-os em situações reais);

- estabelecer relações entre as diversas linguagens e gêneros textuais, inferindo conclusões pessoais de forma criativa e lógica (relacionar analiticamente fatos, com atitude crítica, de forma dedutiva, avaliando ideias e hipóteses);
- utilizar a capacidade de traduzir o que lê, vê e ouve, com as próprias palavras, preservando o seu significado.

- **Expectativas de aprendizagem**:
  - compreender a importância do equilíbrio calórico (balança energética), responsável pela manutenção do peso corporal, objetivando uma vida saudável;
  - utilizar estratégias de acompanhamento da balança energética.

- **Conteúdos a serem desenvolvidos**:
  - conceitos de calorias e balança energética;
  - cálculo para encontrar o gasto calórico a partir da atividade física;
  - como saber a quantidade de calorias ingeridas;
  - desequilíbrio na balança energética.
  - **Percurso de ensino**: nesse percurso de ensino, após uma conversa inicial com os alunos, o professor deve encaminhá-los para uma prática sobre exercícios e consumo de alimentos, para discutir o conceito de balança energética e os problemas que podem ser causados pelo seu desequilíbrio, e em seguida avaliar mitos e verdades sobre as calorias, propondo aos alunos que retomem os principais pontos discutidos em aula.
    a. Após a reflexão proposta na situação anterior, sobre estratégias de emagrecimento, o professor pode problematizar com os alunos o conceito de calorias e o significado do termo *balança energética*, utilizando-se, para tal, da estratégia "Tempestade cerebral".

b. Deve-se propor aos alunos (preferencialmente, na semana anterior à da atividade) que eles levem à sala de aula um lanche industrializado (biscoitos, bolachas, salgadinhos, sucos de lata ou caixa) ou uma fruta para ser utilizada na atividade. No dia da atividade, o professor deve levar os alunos a um local aberto (pode ser uma quadra, por exemplo) que possibilite realizar uma corrida ou caminhada. No entanto, o local deve ser medido anteriormente, uma vez que os alunos necessitarão saber a distância percorrida durante a atividade. No local escolhido, deve-se solicitar aos alunos que corram ou caminhem por 15 minutos, marcando o total de voltas dadas, para o cálculo da distância. É importante se certificar de que durante a corrida os alunos estejam atentos à quantidade de voltas realizadas.

c. Após o retorno à sala de aula, o professor pode solicitar aos alunos que consumam os lanches que trouxeram enquanto assistem a um vídeo. Para essa atividade, pode-se utilizar a estratégia "Estudo de texto": o professor deve selecionar um vídeo que aborde o tema *calorias* e mostre como elas são calculadas para constituírem as tabelas alimentares (é importante entregar uma planilha aos alunos, para que eles anotem os pontos importantes e os conceitos tratados no vídeo). O professor deve destacar pontos como: a importância que as pessoas atribuem às calorias; o conceito de calorias; aparelhos de ginástica × contagem de gasto calórico: o que dizem dessa relação; a relação entre gasto e consumo calórico; como chegar ao número de calorias oferecidas nas tabelas de alimentos (raio-x das calorias); por que um mesmo alimento pode apresentar variação de calorias considerando diferentes tabelas; calorias: preocupação com a saúde ou com a estética; por que os nutrientes são mais importantes que as calorias; como utilizar as calorias a nosso favor.

d. Ao final da análise e discussão dos principais pontos veiculados no vídeo, o professor deve pedir aos alunos que verifiquem quantas calorias foram ingeridas a partir do lanche consumido.

e. Em seguida, é importante construir com os alunos os conceitos de calorias gastas e consumidas, bem como o conceito de balança energética (problematizado no início desta sequência).

f. Seguindo com a atividade, o professor deve realizar o cálculo das calorias gastas durante a atividade realizada. Para isso, poderá utilizar a proposta de Gilson Brun[3] (2019). Para o cálculo, o aluno deverá saber a distância percorrida (DP) para encontrar a velocidade (V). Depois, basta multiplicar a DP por 4 (se o professor optar por 30 minutos de atividade, deverá multiplicar a distância por 2, configurando, assim, a distância hipotética a ser percorrida em uma hora) e, em seguida, dividir por 1.000, para obter o valor em km/h. Ou seja: **V = DP × 4 ÷ 1000**. Após encontrar a velocidade da caminhada/corrida, deve-se encontrar os valores para as calorias gastas.

g. Na sequência, o professor deve solicitar aos alunos que realizem o cálculo para encontrar o saldo calórico (SC). Para isso, basta diminuir as calorias consumidas (CC) das calorias gastas (CG). Ou seja: **SC = GC − CC**.

h. Os resultados podem ser analisados com ênfase na importância da balança energética (equilíbrio entre gasto e consumo calórico) e, também, no fato de que é mais fácil consumir calorias do que gastá-las.

---

[3] Para consultar o texto de Gilson Brun, basta acessar o seguinte *link*: Disponível em: <http://www.educacional.com.br/educacao_fisica/alunos/alunos6.asp>. Acesso em: 18 mar. 2019.

i. Para a próxima aula, o professor deve solicitar aos alunos uma pesquisa sobre os mitos e as verdades sobre as dietas e as calorias.

j. Os dados obtidos a partir da pesquisa podem ser apresentados em forma de um quiz (nome dado ao jogo mental em que os participantes, individualmente ou em equipes, respondem às questões propostas por outro grupo ou por um mediador). Ao final da atividade, o professor pode mediar o processo de construção de síntese a respeito da temática discutida.

k. Ao final, por meio da estratégia "Estudo dirigido", pode-se propor uma ficha em que os alunos devem responder a certas questões: como saber se a quantidade de alimentos consumidos é suficiente para a manutenção do peso corporal? O que acontece quando a balança calórica é positiva ou negativa? Como controlar a relação entre o consumo de alimentos e a manutenção do peso? Que tipo de preocupação a atividade realizada despertou em você? Como essa prática pode auxiliar em seu dia a dia? Além dessas questões, o professor também pode propor uma situação que envolva gasto e consumo calórico.

l. Como forma de registro, pode-se promover uma avaliação somativa, contendo questões conforme as apresentadas a seguir:

NOME: _____ N._____
Série: _____ Turma: _____ Data: ___/___/___

ATIVIDADE AVALIADORA DE EDUCAÇÃO FÍSICA

1. O que são calorias?
2. Qual é a diferença entre gasto e consumo calórico?
3. O que significa o termo *balança energética*?

4. O que acontece com as pessoas que apresentam balança energética em desequilíbrio?
5. O que fazer para equilibrar a balança energética?

- **Avaliação:**
  - estudo de texto: produção, escrita ou oral, com comentário do estudante, tendo em vista as habilidades de compreensão, análise, síntese, julgamento, inferência e interpretação dos conteúdos fundamentais, além das conclusões a que o aluno chegou;
  - tempestade cerebral: habilidades na apresentação de ideias; capacidade criativa, concisão, aplicabilidade e pertinência;
  - estudo dirigido: acompanhamento durante a produção construída pelo estudante, bem como na execução das atividades propostas e nas revisões que este solicita ao professor. Trata-se de um processo avaliativo eminentemente diagnóstico;
  - *quiz*: processo avaliativo eminentemente diagnóstico, por meio do qual o professor pode verificar as habilidades de compreensão, análise, síntese, inferência e interpretação dos conteúdos fundamentais do aluno, além das conclusões a que ele chegou;
  - avaliação somativa: avaliação e registro das aprendizagens realizadas ao longo de toda a situação de ensino-aprendizagem.

Situação 3: Padrões de beleza corporal

- **Competências a serem desenvolvidas:**
  - estabelecer relações entre as diversas linguagens, inferindo conclusões pessoais de forma crítica, criativa e lógica;
  - identificar pressupostos nos discursos dos outros, sendo capaz de observar, comparar e argumentar a partir dos dados apresentados;

- utilizar a capacidade de traduzir o que lê, vê e ouve, com as próprias palavras, preservando o seu significado;
- envolver-se com as atividades de sua responsabilidade, mantendo o foco nas metas pessoais e coletivas;
- utilizar a capacidade de fazer definições e distinções, formular hipóteses, analisar, generalizar e sintetizar conceitos, aplicando-os em situações reais;
- ser capaz de buscar informações nos diversos meios de comunicação e nas situações reais da vida, utilizando a atitude inquiridora e o raciocínio indutivo na geração de ideias e hipóteses.

- **Expectativas de aprendizagem**:
  - reconhecer padrões de beleza corporal e o apelo da mídia na sua divulgação;
  - ser capaz de discernir e reinterpretar, em bases científicas, informações sobre exercício físico, adotando uma postura autônoma na seleção de atividades e procedimentos para a manutenção ou aquisição de saúde;
  - compreender e criticar a necessidade pela busca e pelo consumo de produtos em função dos padrões de beleza.

- **Conteúdos a serem desenvolvidos**:
  - ginástica de condicionamento físico;
  - o mercado do corpo;
  - o papel da mídia na divulgação dos padrões de beleza;
  - formas corporais que compõem padrões de beleza presentes na atualidade;
  - o que as pessoas têm feito em busca dos padrões de beleza.

- **Percurso de ensino**: a situação desse percurso de ensino se inicia a partir da simulação de atividades de academia. A experiência com essas atividades será importante para que o professor proponha aos alunos uma reflexão sobre as sensações causadas pelos exercícios, suas finalidades e a busca pelo corpo considerado ideal. Essa reflexão desencadeará um debate a respeito dos padrões de beleza e do papel da mídia na divulgação desses padrões. A situação se encerrará com outro debate sobre como as pessoas têm utilizado essas atividades e abrangerá as formas para a obtenção de um corpo ideal, considerando, também, os problemas decorrentes da utilização equivocada dessa busca sem limites.

a. Primeiramente, o professor pode problematizar com os alunos sobre o que são os padrões de beleza e como eles são constituídos e divulgados socialmente. É importante assegurar que os alunos compreendam que tais padrões são construídos socialmente, e não pela mídia. No caso, ela é responsável pela divulgação desses padrões, bem como pela propaganda dos produtos que os promovem, criando, assim, um "mercado do corpo".

b. Na sequência, o professor deve propor, em quadra, a simulação de atividades realizadas em uma academia. Para isso, pode promover a experiência de um circuito de ginástica de condicionamento físico e de uma aula de ginástica aeróbica. Para o circuito de atividades física, caso seja necessário, pode-se consultar Maffei (2015). Em relação à aula de ginástica aeróbica, caso haja dificuldade para ministrar a rotina, é possível convidar um professor de academia ou, simplesmente, projetar uma aula de ginástica por meio de um aparelho multimídia e um vídeo. É importante realizar essas práticas em dias diferentes, começando pela aula de ginástica aeróbica, visto que a atividade de circuito possivelmente promoverá dores no corpo do aluno durante a semana.

c. Em seguida, o professor deve propor uma reflexão com os alunos a respeito dos sentidos promovidos pelos exercícios, considerando suas finalidades, os benefícios para o corpo e a busca do corpo ideal (estética). Para isso, é interessante recorrer à estratégia "Aula expositiva dialogada". É importante analisar as diferentes finalidades propostas pelas atividades (esforço anaeróbio e aeróbio) e a relação com a busca pela estética (mulheres – ginástica aeróbica; homens – musculação).

d. Dando sequência, pode-se apresentar (por meio de multimídia ou de cartazes, por exemplo), imagens de homens e mulheres que representam os padrões de beleza socialmente constituídos.

e. Após a apresentação das imagens, deve-se solicitar aos alunos que escrevam o que havia de comum entre as pessoas exibidas nas imagens.

f. Em seguida, por meio da estratégia "Phillips 66", o professor deve pedir aos alunos que socializem as considerações obtidas e que apresentem indicadores a respeito dos padrões de beleza femininos e masculinos.

g. Depois, pode-se problematizar com os alunos o que as pessoas têm feito para conseguir ter e se manter com o padrão corporal divulgado incansavelmente pela mídia. É importante deixar claro que a mídia apenas reforça o padrão que é constituído socialmente. No decorrer das reflexões, é interessante acrescentar os problemas originados pela busca desenfreada por tais padrões.

h. Ao final da problematização, utilizando a estratégia "Estudo de texto", o professor pode apresentar o texto "O risco da vaidade", escrito por Elisa Martins e Inês de Castro (2004). Dentre outros assuntos, as autoras afirmam que "homens e mulheres estão dispostos a ir cada vez mais longe na busca do corpo escultural e do rosto perfeito" (Martins; Castro, 2004) e apresentam dicas sobre "Como fugir dessa armadilha e preservar a saúde" (Martins; Castro, 2004). Durante o texto, elas trazem informações e depoimentos de pessoas que se submeteram a procedimentos que trouxeram efeitos inversos aos pretendidos. Em suma, elas apresentam os riscos do culto ao corpo.

Entre os depoimentos dados às autoras do texto, estão os seguintes relatos (Martins; Castro, 2004):

- "Houve ocasiões em que fiquei até três dias sem comer. Tenho prazer em ver minha barriga para dentro e pavor de que me achem gorda." (A. U., modelo, 27 anos);
- "Não tinha indicação, mas fiz a operação para reduzir o estômago porque queria emagrecer de qualquer jeito." (G. F., advogada, 29 anos);
- "Fui uma louca. Fiz bronzeamento artificial por 15 anos e acabei com minha pele." (P. M., assessora de imprensa, 45 anos);
- "Sabia que os anabolizantes fazem mal. Usei mesmo assim e tive problemas no coração." (W. N., professor, 39 anos);
- "Exagerei tanto na malhação que estourei o joelho. Operei e até hoje só faço atividade de baixo impacto." (G. C., engenheira, 42 anos);

i. Em seguida, pode-se propor com os alunos um julgamento dos padrões de beleza – utilizar, para tanto, a estratégia "Júri simulado".

j. Para finalizar, o professor pode propor aos alunos que, em grupos, construam um painel com suas considerações. A produção deve, inicialmente, ser apresentada para a classe e, após isso, os painéis dos grupos poderão ser expostos a todos os alunos da escola, no horário do intervalo, no portão de entrada ou em eventos escolares, como reunião de pais, feiras de ciências, entre outros, com o objetivo de levar o conhecimento produzido à comunidade escolar.

- **Avaliação:**
  - aula expositiva dialogada: participação dos estudantes contribuindo na exposição, por meio de perguntas, respostas e questionamentos. A avaliação da aula expositiva dialogada deve acompanhar a compreensão e a análise dos conceitos apresentados e construídos. Para tanto, o professor pode utilizar diferentes formas de obtenção da síntese do conteúdo: produção escrita ou oral, entrega de questões respondidas, entre outras;
  - Phillips 66: envolvimento dos membros do grupo; participação conforme os papéis estabelecidos; pertinência das questões e/ou sínteses elaboradas;
  - estudo de texto: produção escrita ou oral, com comentário do estudante, tendo em vista as habilidades de compreensão, análise, síntese, julgamento, inferência e interpretação dos conteúdos fundamentais do aluno, além das conclusões a que ele chegou;
  - júri simulado: considerar a clareza e lógica das ideias apresentadas, a profundidade dos conhecimentos e a argumentação fundamentada dos diversos papéis;
  - painel: participação dos estudantes painelistas e da plateia, analisando: habilidade de atenção e concentração; síntese de ideias; argumentos consistentes tanto na colocação das ideias como nas respostas aos participantes; consistência das perguntas elaboradas.

6.5 Análise dos planos de ação

Os planos de ação foram propostos para aproximadamente 20 aulas. Conforme comentamos anteriormente, os planos de ação aqui apresentados foram utilizados como exemplos para a prática pedagógica do professor. Podem ser utilizados, adaptados e adequados a diferentes realidades. Também existe a possibilidade de serem testados da forma como estão propostos. Mesmo assim, o fundamental dessa proposição é conhecer a dinâmica de elaboração das trajetórias de ensino, coerente com o PPP proposto e com a concepção a respeito de Educação Física.

6.5.1 Interdisciplinaridade

Mais uma vez, é necessário reforçar que a interdisciplinaridade ocorre em função do perfil de aluno a ser formado. Nesse sentido, não só os planos de ação propostos para os anos finais do ensino fundamentel e para o ensino médio, mas também os da educação infantil e dos anos iniciais do ensino fundamental, estão organizados em função das competências propostas no PPP – as quais, conforme já mencionamos, são hipotéticas, criadas em função de nosso estudo. Se a compreensão a respeito do perfil de egresso e dos princípios norteadores for outra, as competências tenderão a se diferenciar das que foram por nós propostas nos planos de ação; consequentemente, as ações também serão modificadas.

O mesmo acontece com a concepção de Educação Física. Em função das crenças, dos valores e da formação do professor, as atividades propostas podem não se adequar aos modelos de educação e de Educação Física concebidos pelo profissional ou pela escola. Nesse sentido, as ações propostas poderão não ser adequadas à atuação.

É importante frisar, também, que a forma como os planos de ação foram pensados pressupõe o entendimento de que a Educação Física é uma disciplina em que o próprio conteúdo é interdisciplinar. Por não se tratar de uma ciência, para o seu estudo e a produção de conhecimento, ela se utiliza de saberes referentes a diferentes ciências, o que resulta na constituição de outros conhecimentos apropriados ao trabalho na escola. Nesse sentido, noções de Matemática foram utilizadas, por exemplo, para fazer o cálculo do gasto e consumo calórico; da mesma forma, recorremos à sociologia para o estudo dos padrões de beleza e do esporte, e à biologia para as considerações sobre o esforço aeróbio e anaeróbio, entre outras situações.

6.5.2 Estratégias utilizadas

Em relação às estratégias utilizadas, é importante destacarmos que, durante as situações de ensino-aprendizagem, procuramos apresentar formas variadas de ações, tendo como referência as estratégias propostas no Quadro 4.1, adaptado de Anastasiou e Alves (2009, p. 79-98). A essas estratégias, foram acrescidas as experiências com os elementos da cultura e que caracterizam a Educação Física.

Os planos de ação propostos se configuram, portanto, como ações pedagógicas com a Educação Física, sendo que os conteúdos são extraídos da relação entre o aluno e as experiências corporais com os elementos da cultura, uma vez que esse é o objeto de estudo da área. É importante que isso seja observado nas ações propostas, para que o professor sempre esteja atento ao elaborar os planos de ação.

As reflexões sugeridas no decorrer das situações se relacionam às experiências vividas. De outra forma, representariam apenas o discurso sobre o corpo e um conteúdo imaginário, visto que não seria possível a produção de sentido propiciada pela experiência. Para isso, procuramos viabilizar cenários de estudo que ilustram a realidade.

A compreensão trazida para a área se propõe a romper, portanto, com a concepção de Educação Física que considera a realização do movimento como meio e fim da disciplina, integrando-se, ao mesmo tempo, à proposta da escola. Não se trata, portanto, apenas de realizar movimentos, mas, sim, de compreender criticamente a cultura, para usufruir dela com autonomia ao mesmo tempo em que se atua na constituição do perfil de jovem a ser formado.

6.5.3 Possibilidade de inclusão de todos na aula

A condição dada pela estrutura do projeto, que se propõe a construir o conhecimento de forma espiralada, considerando a constituição do perfil de egresso como ponto central do processo educacional, faz com que conteúdo e estratégia caminhem de acordo com a evolução e o conhecimento do grupo de alunos. Diante disso, embora as ações tenham sido pensadas para alunos hipotéticos, o nível de desenvolvimento nessas etapas da educação básica e as possíveis experiências anteriores deles com a Educação Física devem possibilitar a integração de todos nas ações, possibilitando-os construírem novas concepções sobre as próprias experiências e o mundo.

O nível de aprofundamento esperado em relação ao tema também é individual. Nesse sentido, as ações foram pensadas no sentido de propiciar a participação de todos, independentemente do nível de desenvolvimento físico e emocional dos alunos, contribuindo para a participação de todos nas aulas.

6.5.4 Professor mediador e aluno protagonista

No decorrer da elaboração dos planos de ação, procuramos explicitar, por meio das estratégias utilizadas, o papel do professor como mediador do processo de ensino-aprendizagem. Se você observar nas propostas, embora as situações apresentem um direcionamento dado pelo professor, os conhecimentos vão sendo desenvolvidos juntamente com os alunos.

Toda ação exige a participação do aluno, que, aos poucos, constrói o seu conhecimento. Sob essa ótica, o ensino é propositivo e diretivo, e não incidental. Assim, o professor organiza e propõe os cenários de aprendizagem, e os alunos desenvolvem as ações e se preocupam em trazer as próprias contribuições e outras exigidas pelas ações propostas.

A mediação do professor ocorre também por meio da indicação das fontes em que as informações deverão ser procuradas ou, ainda, no decorrer das reflexões, quando ele encaminha e organiza o processo, possibilitando a participação de todos e direcionando as análises em função das expectativas de aprendizagem.

Além disso, a mediação também propicia ao professor associar a experiência à pesquisa e ao conhecimento científico, o que é fundamental para a elaboração das situações de ensino-aprendizagem, pois elas devem oferecer diferentes estratégias de ensino, facilitando a aprendizagem do aluno.

Ainda, é fundamental que o professor exponha seus posicionamentos, principalmente nos momentos de análise e reflexão coletiva e na apresentação do conhecimento científico. Entretanto, é necessário que o faça não como forma de imposição de um ponto de vista, mas como uma maneira de esclarecer quaisquer dubiedades que surjam, para que não reste nenhuma dúvida de compreensão.

Nos planos de ação, também procuramos deixar claro o papel do aluno, protagonista do processo e, portanto, responsável por encontrar caminhos e buscar informações para a construção de novos conhecimentos. Isso pode ser percebido nas pesquisas propostas em tais projetos, nos momentos de apresentação dos conhecimentos oriundos de experiências corporais ou audiovisuais, bem como na produção de textos. Ainda que a aula seja expositiva e ministrada pelo professor, ela é também dialogada, ou seja, a participação do aluno é solicitada a todo o momento.

Outro ponto apresentado em todos os planos de ação se refere à problematização do tema, utilizada tanto para diagnosticar o conhecimento prévio dos alunos sobre determinado assunto quanto para propiciar dúvidas e despertar a necessidade de buscar respostas para um problema. Por esse motivo, nas situações de ensino-aprendizagem, repetidamente reforçamos a necessidade de "problematizar junto aos alunos".

Dessa maneira, o protagonismo do aluno torna a sua aprendizagem ativa, viabilizando a condição de aprender a resolver problemas e encontrar novos caminhos, além de levá-lo a pensar sobre os fatos e acontecimentos ocorridos na escola e a sua relação com a vida e com o mundo. Assim, seus conhecimentos vão se consolidando, ao passo que as competências vão constituindo o perfil do jovem a ser formado.

6.5.5 Simultaneidade dos conteúdos

No processo de construção do plano de ação para o ensino médio, diferentemente dos outros níveis de ensino, apresentamos um quadro com propostas de temas para o trabalho (Quadro 6.3). Ao relacionar temas aos conteúdos, preocupamo-nos em ampliar a abrangência dos conhecimentos tratados na Educação Física e, ao mesmo tempo, permitir que o aluno faça uma apreensão crítica do conteúdo cultural. Assim, no quadro, adaptado de Brasil (2006), indicamos alguns temas que podem ser considerados para a elaboração de planos de ação no ensino médio.

Considerando os anos finais do ensino fundamental, o quadro de conteúdos a serem trabalhados nessa fase da escolarização (Quadro 6.2) também dá a dimensão de que a Educação Física pode trabalhar com uma infinidade de conteúdos e, ainda, para a organização das trajetórias de ensino, considerar os temas transversais propostos.

Como os conteúdos são extraídos de temas da realidade, os planos de ação propostos não exigem prerrequisitos, porém devem se adequar ao nível de desenvolvimento da turma. Nesse sentido, a discussão sobre os padrões de beleza, conforme proposto para o ensino médio, apresenta um sentido que, talvez, não seja tão significativo para os alunos dos anos iniciais do ensino fundamental. Dessa forma, os temas e conteúdos devem ser apresentados de acordo com o desenvolvimento dos alunos e, também, em função das finalidades do nível de ensino.

Por isso, é importante destacarmos que alguns conteúdos propostos para os anos finais do ensino fundamental (conforme Quadro 6.2) podem ser adaptados ao ensino médio. Entretanto, para isso, é necessário ter o cuidado de respeitar as finalidades de cada nível de ensino e o desenvolvimento dos alunos, além de prever o aprofundamento e a ampliação do conteúdo trabalhado no nível anterior. Por exemplo: no Quadro 6.2, consta como conteúdo a ser trabalhado: "efeitos das atividades físicas sobre o organismo e a saúde: benefícios, riscos, indicações e contraindicações". Esse conteúdo foi trabalhado no plano de ação do ensino médio, quando propusemos uma discussão a respeito dos benefícios do exercício aeróbio e anaeróbio.

Perceba que, no ensino fundamental, o papel da situação de ensino-aprendizagem estaria focando o exercício e a saúde; por sua vez, no ensino médio, o tema é aprofundado e trabalhado utilizando exercícios específicos com efeitos diferenciados no organismo humano. Assim, o conhecimento se constrói de forma espiralada, isto é, os temas e conteúdos são reapresentados em diferentes momentos, com novos sentidos e significados, rumo à apropriação crítica da cultura. Por outro lado, não seria recomendado trabalhar no ensino médio com conhecimentos básicos das modalidades esportivas (história, fundamentos, regras etc.), uma vez que essa não é a finalidade desse nível de ensino.

Nesse sentido, os conteúdos são apresentados com base nos cenários criados, nos quais o conhecimento vai se construindo à medida que o pensamento vai se ampliando. Além disso, eles são proporcionados de forma simultânea com os acontecimentos propostos em cada cenário. Assim, o desenvolvimento de tais conteúdos está relacionado à experiência de vida e às capacidades de abstração, interpretação e compreensão da realidade dos alunos, a qual vai se ampliando em função de seu próprio desenvolvimento.

A importância conferida às capacidades de abstração, interpretação e compreensão da realidade faz surgir uma preocupação quanto à escolha dos temas e conteúdos apropriados à cada fase da escolaridade, sendo que a contemporaneidade e a relevância social dos conteúdos são princípios que devem ser valorizados na elaboração de trajetórias de ensino-aprendizagem.

Por isso, em todas as situações expostas, apresentamos as competências que constituem o perfil de egresso e que demonstram o compromisso político-social e pedagógico com o aluno. Este, por ser protagonista, deve ser considerado ao se fazer a seleção dos conteúdos que serão utilizados para a construção de sentidos e significados na reflexão pedagógica.

▌▌▌ Síntese

Neste capítulo, tivemos o objetivo de apresentar o processo de construção de planos de ação – trajetórias de ensino – para os anos finais do ensino fundamental e para o ensino médio, seguindo sempre a lógica interna do PPP proposta nos capítulos anteriores. Nesse sentido, antes de indicar o conteúdo de cada nível de ensino, expusemos novamente o quadro das competências que devem constituir o perfil do jovem a ser formado, o qual direcionou a elaboração dos planos de ação.

Após o quadro de competências, elencamos algumas características dos alunos dos anos finais do ensino fundamental, seguido da apresentação das expectativas de aprendizagem e do quadro dos conteúdos para os anos finais do ensino fundamental que auxiliaram na elaboração do percurso de ensino para esse nível escolar. Para a construção dos quadros, utilizamos o conteúdo trazido nos *Parâmetros Curriculares Nacionais: 5ª a 8ª séries – Educação Física* (Brasil, 1998c). Destacamos que o conteúdo da BNCC não foi utilizado por apresentar compreensões incompatíveis com a proposição aqui apresentada. Mesmo assim, recomendamos a leitura de tal documento de abrangência nacional.

Na seção seguinte, indicamos uma trajetória de ensino para, aproximadamente, 20 aulas, respeitando os princípios para a elaboração dos planos de ação propostos nas dimensões política e pedagógica do PPP. Em continuidade, procedemos à mesma lógica de construção para o ensino médio, sendo que, nesse nível de ensino, expusemos apenas os temas que originam as trajetórias de ensino, e não os conteúdos e as expectativas de aprendizagem, como no ensino fundamental.

Para finalizar, realizamos uma análise das trajetórias de ensino, na qual as reflexões se voltaram à discussão da dimensão pedagógica do processo, operacionalizada pela proposição das situações de ensino-aprendizagem. Ainda que as trajetórias sejam realizáveis – conforme enfatizamos no estudo de todos os planos de ação propostos na obra –, é mais revelante compreender a dinâmica de sua elaboração do que reproduzi-las, pois os documentos a subsidiarem a proposta podem ser adaptados em função da finalidade projetada. Nesse sentido, o cuidado que se deve ter é no sentido de não utilizar documentos incoerentes com as concepções trazidas no PPP, para que não se construam planos de ação de gaveta.

ııı *Indicações culturais*

Artigos

BETTI, M.; ZULIANI, L. R. Educação física escolar: uma proposta de diretrizes pedagógicas. **Revista Mackenzie de Educação Física e Esporte**, v. 1, n. 1, p. 73-81, 2002. Disponível em: <http://editorarevistas.mackenzie.br/index.php/remef/article/view/1363>. Acesso em: 18 mar. 2019.

Embora seja extensa a bibliografia a respeito da Educação Física, são poucas as obras que tratam especificamente do ensino médio. Sugerimos essa leitura buscando ampliar o seu conhecimento a respeito das finalidades, dos conteúdos e da avaliação em Educação Física.

CARRANO, P. C. R. Identidades juvenis e escola. In: BRASIL. Ministério da Educação. **Construção coletiva**: contribuições à educação de jovens e adultos. Brasília: Unesco/RAAAB, 2006. p. 153-164. (Coleção Educação para Todos). Disponível em: <http://portal.mec.gov.br/index.php?option=com_docman&view=download&alias=655-vol-3const-pdf&Itemid=30192>. Acesso em: 18 mar. 2019.

DAYRELL, J. O jovem como sujeito social. **Revista Brasileira de Educação**, Rio de Janeiro, n. 24, p. 40-52, set./dez. 2003. Disponível em: <http://www.scielo.br/pdf/rbedu/n24/n24a04.pdf>. Acesso em: 18 mar. 2019.

Como destacamos no decorrer deste capítulo, o aluno do ensino médio apresenta especificidades que devem ser consideradas pelo professor ao pensar as situações didáticas nesse nível de ensino. Nesse sentido, indicamos a leitura desses dois textos, que discutem a realidade do jovem e auxiliam na compreensão a respeito das especificidades referentes aos alunos dessa faixa etária.

PARANÁ. Secretaria de Estado da Educação. Portal Educacional. **Educação Física**: ensino médio. 2. ed. Curitiba, 2006. Disponível em: <http://www.educadores.diaadia.pr.gov.br/arquivos/File/livro_didatico/edfisica.pdf>. Acesso em: 18 mar. 2019.

Sugerimos também a consulta ao livro didático público do Estado do Paraná, que apresenta uma organização bem interessante, além de trazer reflexões úteis para o trabalho com a Educação Física escolar.

■ **Atividades de autoavaliação**

1. Sobre as finalidades da Educação Física nos anos finais do ensino fundamental, é correto afirmar que:
   a) A Educação Física se volta para a aprendizagem de jogos e brincadeiras valorizando o lúdico, a liberdade e a criatividade da criança.
   b) A Educação Física tem como finalidade a ampliação do conhecimento sobre as formas culturais do esporte, das atividades rítmicas/dança, das ginásticas e das lutas/artes marciais.
   c) A Educação Física deve se voltar à aprendizagem e ao treinamento dos fundamentos esportivos.
   d) A Educação Física deve ser utilizada como espaço de recreação, visto que o aluno permanece por muito tempo na sala de aula; nesse sentido, é importante que a disciplina possibilite na escola um tempo livre para os alunos descontraírem.
   e) Esporte e recreação devem ser privilegiados na aula, pois os alunos gostam de participar de jogos nas aulas.

2. Em relação à finalidade da Educação Física no ensino médio, é correto afirmar:
   a) Tem como finalidade a apropriação crítica dos elementos da cultura, objetivando o desenvolvimento da autonomia para o usufruto desses elementos.
   b) Os alunos são desinteressados e desmotivados nessa faixa etária; por isso, as aulas devem ser de livre escolha pelo aluno.
   c) Tem como finalidade o ensino dos fundamentos do esporte, uma vez que os alunos vêm do ensino fundamental sem o domínio de tais fundamentos.

d) As finalidades são as mesmas das encontradas no ensino fundamental.

e) A finalidade da Educação Física no ensino médio é levar os alunos a um aprimoramento dos movimentos aprendidos no ensino fundamental.

3. Certa vez, um professor de Educação Física participou de um curso de recreação realizado em um fim de semana e conheceu alguns jogos bastante interessantes para crianças com idade entre 10 e 14 anos. Na semana seguinte, ao chegar à escola, o professor desenvolveu as atividades com as classes do 6º ao 9º ano. Sobre isso, analise as seguintes afirmações:

   I. A atitude do professor é questionável, visto que as atividades a serem propostas devem ter relação com as expectativas de ensino e os conteúdos a serem trabalhados.

   II. O professor está correto, pois é sempre interessante apresentar novas atividades aos alunos.

   III. A atividade a ser desenvolvida não tem tanta importância, uma vez que o PPP é o que realmente importa.

   Assinale a alternativa que indica a(s) afirmativa(s) correta(s):

   a) Somente a afirmativa I está correta.
   b) Somente a afirmativa II está correta.
   c) Somente a afirmativa III está correta.
   d) Somente as afirmativas I e III estão corretas
   e) Somente as afirmativas I e II estão corretas.

4. Analise, a seguir, a proposta de uma situação de ensino-aprendizagem apresentada para os anos finais do ensino fundamental:

- Expectativa de aprendizagem: aprofundar-se no conhecimento dos limites e das possibilidades do próprio corpo, de forma a poder controlar algumas posturas e atividades corporais com autonomia, valorizando-as como recursos para a melhoria das aptidões físicas.

- Conteúdo: construção do gesto na ginástica – vivência de situações em que se faça necessário perceber, relacionar e desenvolver as capacidades físicas e habilidades motoras presentes nas ginásticas esportiva e acrobática (estrelas, rodantes, mortais etc.).
- Percurso de ensino: vivência de uma rotina de ginástica aeróbica.

Em relação à proposta apresentada, indique a alternativa correta:

a) A proposta apresenta coerência entre a expectativa de aprendizagem, o conteúdo e o percurso de ensino.
b) A temática proposta não atende à finalidade da Educação Física para os anos finais do ensino fundamental.
c) A vivência da ginástica proposta no percurso de ensino não é coerente com o proposto na expectativa de aprendizagem e no conteúdo.
d) As ginásticas esportiva e acrobática não são conteúdos trabalhados no ensino fundamental.
e) Não há coerência interna entre a expectativa de aprendizagem, o conteúdo e o percurso de ensino.

5. No ensino médio, um percurso de ensino que se proponha a trabalhar com o tema *construção cultural das ideias de beleza e saúde* pode ser relacionado aos conteúdos da cultura, produzindo diferentes sequências de ensino-aprendizagem. Sob essa ótica, analise os títulos apresentados a seguir:

I. Atividade física e saúde
II. Construção histórico-social dos padrões de beleza
III. Lesões no esporte de rendimento
IV. Lazer, trabalho e qualidade de vida

Assinale a alternativa que indica as afirmativas corretas:

a) Somente as opções I, II e III estão corretas.
b) Somente as opções II, III e IV estão corretas.

c) Somente as opções I, III e IV estão corretas.
d) Somente as opções I, II e IV estão corretas
e) Somente as opções II e IV estão corretas.

Atividades de aprendizagem

Questões para reflexão

1. Apresente de forma sucinta sua compreensão a respeito de como o princípio da interdisciplinaridade se materializou nos planos de ação apresentados neste capítulo.

2. Quais são as principais diferenças que você observa nos planos de ação apresentados neste capítulo, principalmente em relação aos planos do capítulo anterior, e que possibilitam observar o encaminhamento das ações pedagógicas desenvolvidas na Educação Física em função da apropriação crítica dos elementos da cultura?

Atividade aplicada: prática

1. De posse dos planos de ação propostos neste capítulo para os anos finais do ensino fundamental e para o ensino médio, converse com um professor que você conheça e que trabalhe com os referidos níveis de ensino e lhe proponha a possibilidade de desenvolver ao menos um deles (se ambos forem propostos, será melhor ainda). Assista às aulas do professor e procure observar:

   - Foi possível desenvolver as ações?
   - As ações propostas estão de acordo com o nível dos alunos?
   - Quais dificuldades o professor e os alunos encontraram no desenvolvimento das ações?
   - Pergunte ao professor sobre as potencialidades e fragilidades das ações proposta.

Por fim, em função das suas observações e da análise do professor, como você avalia o desenvolvimento da ação proposta na escola?

É importante destacarmos que essa experiência pode não ter muito sentido na escola, para os alunos ou professores, visto que nem sempre o PPP da escola em que a ação é proposta vai ao encontro dos pressupostos elencados nesta obra. Nesse sentido, é importante deixar claro que a atividade se trata de uma pesquisa utilizada para estudo. Nesse sentido, pode-se avaliar também se as ações propostas estão de acordo com o PPP da escola e com os objetivos da Educação Física para a instituição.

Considerações finais

Finalizamos esta obra com a plena convicção de que o conteúdo aqui abordado e analisado reflete uma concepção particular de educação e de Educação Física. Temos também a certeza de que, isoladamente, os escritos aqui apresentados não refletem a amplitude e a complexidade dessa disciplina. Por isso, em cada capítulo, indicamos textos e vídeos complementares ao conteúdo trabalhado.

Como ressaltamos no decorrer deste livro, apresentamos situações hipotéticas, desde a elaboração dos princípios norteadores das competências até o desenvolvimento de planos de ação/trajetórias de ensino para os diferentes níveis de ensino considerados. Como tais propostas perfazem simulações do real, acreditamos que possibilitarão reflexões mais aprofundadas a respeito da atuação do professor de Educação Física na escola.

Os planos de ação apresentados são pontuais no projeto aqui proposto, estão localizados no tempo e no espaço e devem ser assim considerados. Por esse motivo, reforçamos continuamente que a importância no trabalho com tais planos reside na compreensão da dinâmica de sua elaboração. Entendê-la permitirá ao professor dessa disciplina promover adaptações considerando diferentes concepções de mundo, perfil de egresso, pedagogia e Educação Física.

Não é demais lembrar que o material que apresentamos traz a experiência de uma prática profissional e de pesquisas realizadas ao longo de muitos anos, na esperança de seduzir outros profissionais a novas experiências com a Educação Física. Embora se tratem de situações hipotéticas, elas integram a crença e as certezas construídas na e com a prática. Portanto, integram o nosso mundo real, que compartilhamos com os leitores ao longo dos seis capítulos deste livro.

Os conteúdos enfocados ao longo dos capítulos apresentam um entendimento a respeito da elaboração do projeto político-pedagógico (PPP) e sugerem a você uma possibilidade de organização e experiência de trabalho com a Educação Física que rompe com o modelo biológico.

Ao longo da obra, procuramos mostrar que existem muitas concepções a respeito de finalidades, conteúdos e objetivos para a Educação Física, ainda que a hegemonia de algumas práticas se materialize nas aulas. Diante disso, entre outras finalidades, pretendemos, com este material, propiciar uma desorganização dos pensamentos hegemônicos sobre a Educação Física e, ainda, seduzir professores em atividade e outros que pretendam trabalhar na área a outras experiências com essa disciplina escolar.

Entendemos que o padrão de não normalidade, representado por aquilo que foge ao esperado, resulta em um desconforto para o professor. Essa consideração se refere às representações, concepções, crenças e certezas sobre a Educação Física, as quais podem ser contrastadas com os conhecimentos trazidos nos seis capítulos apresentados.

É importante destacarmos que, assim como ocorre com outros projetos para a Educação Física – que encontram certa resistência, muitas vezes, pela falta de compreensão e experiência –, é provável que nossas sugestões também sejam inicialmente pensadas como de difícil execução. No entanto, isso não é um fator preocupante, visto que é durante o processo de formação inicial e continuada que o profissional geralmente se identifica com determinados conhecimentos e atividades da profissão, direcionando ou redirecionando a sua prática. As experiências no futuro campo de atuação também são importantes para que os licenciandos construam conhecimentos experienciais com o conteúdo aqui proposto. É no campo profissional que os conteúdos da formação são ressignificados e, nesse sentido, podem auxiliar o professor na elaboração dos planos de ação.

Por fim, a formação e capacitação docente foi nossa meta principal para o desenvolvimento deste livro, pois procuramos responder a questões como: de que maneira podemos pensar novas práticas que rompam com antigas concepções? Quais procedimentos e conteúdos estão presentes nas práticas do professor? Qual deve ser o entendimento sobre o sentido e os significados da Educação Física?

Não sabemos se as respostas a essas perguntas foram satisfatoriamente apresentadas e se novos caminhos serão trilhados por professores novos e experientes. Somente o tempo, ou os leitores, é que poderão dizer.

Obrigado pela sua leitura.

Referências

ABRAMO, H. W.; BRANCO, P. P. M. (Org.). **Retratos da juventude brasileira**: análises de uma pesquisa nacional. São Paulo: Fundação Perseu Abramo, 2005.

ANASTASIOU, L. G. C.; ALVES, L. P. Estratégias de ensinagem. In: ____. **Processos de ensinagem na universidade**: pressupostos para as estratégias de trabalho em aula. 5. ed. Joinville: Ed. da Univille, 2009. p. 68-100.

ANDRÉ, M. E. D. Avaliação escolar: desafios e perspectivas. In: CASTRO, A. D. de C.; CARVALHO, A. M. P. de (Org.). **Ensinar a ensinar**. São Paulo, 2001. p. 177-195.

BERBEL, N. A. N. As metodologias ativas e a promoção da autonomia de estudantes. **Ciências Sociais e Humanas**, Londrina, v. 32, n. 1, p. 25-40, jan./jun. 2011. Disponível em: <http://www.uel.br/revistas/uel/index.php/seminasoc/article/download/10326/10999>. Acesso em: 18 mar. 2019.

BETTI, M. **Educação física e sociedade**. São Paulo: Movimento, 1991.

____. **Educação física escolar**: ensino e pesquisa-ação. Ijuí: Ed. da Unijuí, 2009.

____. Ensino de primeiro e segundo graus: educação física para quê? **Revista Brasileira de Ciências do Esporte**, Maringá, v. 13, n. 2, p. 282-287, 1992.

____. **Imagem e ação**: a televisão e a Educação Física escolar – Relatório Final de Pesquisa apresentado à Fundação para o Desenvolvimento da UNESP. Bauru, 2001.

BETTI, M. Imagens em avalia-ação: uma pesquisa-ação sobre o uso de matérias televisivas em aulas de Educação Física. **Educar em Revista**, v. 2, p. 137-152, 2010.

_____. Material não publicado produzido para a disciplina "Concepção da Educação Física na Proposta Curricular" referente ao curso de Especialização em Educação Física para Professores do Ensino Fundamental II e do Ensino Médio do Programa Redefor – Rede de Formação de Professores. Campinas, Unicamp, 2011.

_____. O papel da sociologia do esporte na retomada da educação física. **Revista Brasileira de Educação Física e Esporte**, São Paulo, v. 20, p. 191-193, set. 2006. Disponível em: <http://citrus.uspnet.usp.br/eef/uploads/arquivo/54_Anais_p191.pdf>. Acesso em: 18 mar. 2019.

_____. Por uma teoria da prática. **Motus Corporis**, Rio de Janeiro, v. 3, n. 2, p. 73-127, dez. 1996. Disponível em: <http://citrus.uspnet.usp.br/eef/ephysis/wp-content/uploads/Betti-Mauro-Por-uma-Teoria-da-Pr%C3%A1tica1.pdf>. Acesso em: 18 mar. 2019.

_____. Um saber com sabor: "da cultura do corpo", de J. Daolio. **Motriz**, Rio Claro, v. 1, n. 2, p. 140-141, dez. 1995. Resenha Crítica. Disponível em: <http://www.rc.unesp.br/ib/efisica/motriz/01n2/1_2_Betti.pdf>. Acesso em: 18 mar. 2019.

_____. Valores e finalidades na Educação Física escolar: uma concepção sistêmica. **Revista Brasileira de Ciências do Esporte**, v. 16, n. 1, p. 14-21, 1994.

BETTI, M. et. al. Por uma didática da possibilidade: implicações da fenomenologia de Merleau-Ponty para a Educação Física. **Revista Brasileira de Ciências do Esporte**, Campinas, v. 28, n. 2, p. 39-53, jan. 2007.

BETTI, M.; KURIKI, F. As proposições teórico-metodológicas para a Educação Física escolar das décadas de 1980 e 1990: antes, agora, e depois? **EFDeportes.com**, Buenos Aires, ano 15, n. 153, 2011. Disponível em: <http://www.efdeportes.com/efd153/as-proposicoes-para-a-educacao-fisica-escolar.htm>. Acesso em: 18 mar. 2019.

BETTI, M.; ZULIANI, L. R. Educação física escolar: uma proposta de diretrizes pedagógicas. **Revista Mackenzie de Educação Física e Esporte**, ano 1, n. 1, p. 73-81, 2002. Disponível em: <http://editorarevistas.mackenzie.br/index.php/remef/article/view/1363>. Acesso em: 18 mar. 2019.

BRACHT, V. A constituição das teorias pedagógicas da educação física. **Cadernos Cedes**, ano 19, n. 48, p. 69-88, 1999a. Disponível em: <http://www.scielo.br/pdf/ccedes/v19n48/v1948a05.pdf>. Acesso em: 18 mar. 2019.

_____. Cultura corporal, cultura de movimento ou cultura corporal de movimento? In: SOUZA JÚNIOR, M. **Educação Física escolar**: teoria e política curricular, saberes escolares e proposta pedagógica. Recife: Edupe, 2005. p. 97-106. Disponível em: <http://reiipefe.hol.es/wp-content/uploads/2015/12/BRACHT_Cultura-corporal-de-movimento.pdf>. Acesso em: 18 mar. 2019.

_____. **Educação Física e aprendizagem social**. Porto Alegre: Magister, 1992.

_____. **Educação Física e ciência**: cenas de um casamento (in)feliz. Ijuí: Ed. da Unijuí, 1999b.

BRASIL. Ministério da Educação e do Desporto. Secretaria de Educação Fundamental. **Referencial Curricular Nacional para a Educação Infantil**. Brasília, 1998a. v. 2. Disponível em: <http://portal.mec.gov.br/seb/arquivos/pdf/volume2.pdf>. Acesso em: 18 mar. 2019.

_____. **Referencial Curricular Nacional para a Educação Infantil**. Brasília, 1998b. v. 3. Disponível em: <http://portal.mec.gov.br/seb/arquivos/pdf/volume3.pdf>. Acesso em: 18 mar. 2019.

BRASIL. Ministério da Educação. Conselho Nacional de Educação. Câmara de Educação Básica. Resolução n. 5, de 17 de dezembro de 2009. **Diário Oficial da União**, Brasília, DF, 18 dez. 2009. Disponível em: <http://www.seduc.ro.gov.br/portal/legislacao/RESCNE005_2009.pdf>. Acesso em: 18 mar. 2019.

BRASIL. Ministério da Educação. Secretaria de Educação Básica. **Base Nacional Comum Curricular**. 2017. Disponível em: <http://basenacionalcomum.mec.gov.br/wp-content/uploads/2018/02/bncc-20dez-site.pdf>. Acesso em: 18 mar. 2019.

_____. **Orientações curriculares para o ensino médio**: linguagens, códigos e suas tecnologias. Brasília, 2006. v. 1. Disponível em: <http://portal.mec.gov.br/seb/arquivos/pdf/book_volume_01_internet.pdf>. Acesso em: 18 mar. 2019.

BRASIL. Ministério da Educação. Secretaria de Educação Fundamental. **Parâmetros Curriculares Nacionais**: 1ª a 4ª série – Educação Física. MEC/SEF, 1997. Disponível em: <http://portal.mec.gov.br/seb/arquivos/pdf/livro07.pdf>. Acesso em: 18 mar. 2019.

BRASIL. Ministério da Educação. Secretaria de Educação Fundamental. **Parâmetros Curriculares Nacionais**: 5ª a 8ª série – Educação Física. Brasília, 1998c. Disponível em: <http://portal.mec.gov.br/seb/arquivos/pdf/fisica.pdf>. Acesso em: 18 mar. 2019.

BRASIL. Ministério da Educação. Secretaria de Educação Média e Tecnológica. **Parâmetros Curriculares Nacionais**: ensino médio. Brasília, 1999.

_____. **Parâmetros Curriculares Nacionais**: ensino médio. Parte II – Linguagens, Códigos e suas Tecnologias. 2000. Disponível em: <http://portal.mec.gov.br/seb/arquivos/pdf/14_24.pdf>. Acesso em: 18 mar. 2019.

BROTTO, F. O. **Jogos cooperativos**: se o importante é competir, o fundamental é cooperar. Santos: Re-Novada, 1997.

BRUN, G. **Controle seu gasto energético**. Disponível em: <http://www.educacional.com.br/educacao_fisica/alunos/alunos6.asp>. Acesso em: 18 mar. 2019.

CAPARROZ, F. E.; BRACHT, V. O tempo e o lugar de uma didática da Educação Física. **Revista Brasileira de Ciências do Esporte**, v. 28, n. 2, p. 21-37, 2007.

CARMO JÚNIOR, W. do. Educação Física e a ciência, qual ciência? **Motriz**, v. 4, n. 1, 1998. Disponível em: <http://www.rc.unesp.br/ib/efisica/motriz/04n1/4n1_ART07.pdf>. Acesso em: 10 mar. 2018.

CARRANO, P. C. R. Identidades juvenis e escola. In: BRASIL. Ministério da Educação. **Construção coletiva**: contribuições à educação de jovens e adultos. Brasília: Unesco/RAAAB, 2006. p. 153-164. (Coleção Educação para Todos). Disponível em: <http://portal.mec.gov.br/index.php?option=com_docman&view=download&alias=655-vol3 const-pdf&Itemid=30192>. Acesso em: 18 mar. 2019.

CHARLIER, E. Formar professores profissionais para uma formação contínua articulada à prática. In: PAQUAY, L. et al. (Org.). **Formando professores profissionais**: Quais estratégias? Quais competências? Porto Alegre: Artmed, 2001. p. 85-102.

CHAUI, M. **Convite à filosofia**. São Paulo: Ática, 1998.

COLETIVO DE AUTORES. **Metodologia do ensino de Educação Física**. 2. ed. rev. São Paulo: Cortez, 1992.

COLL, C. Introdução. In: COLL, C. et al. (Org.). **Os conteúdos na reforma**: ensino e aprendizagem de conceitos, procedimentos e atitudes. Porto Alegre: Artmed, 1998. p. 9-16.

COLL, C. et al. (Org.). **Os conteúdos na reforma**: ensino e aprendizagem de conceitos, procedimentos e atitudes. Porto Alegre: Artmed, 1998.

COLL, C.; VALLS, E. A aprendizagem e o ensino de procedimentos. In: COLL, C. et al. (Org.). **Os conteúdos na reforma**: ensino e aprendizagem de conceitos, procedimentos e atitudes. Porto Alegre: Artmed, 1998. p. 73-118.

CONTRERAS, J. **A autonomia de professores**. São Paulo: Cortez, 2002.

DAOLIO, J. Cultura. In: GONZÁLES, J.; FENSTERSEIFER, P. E. (Org.). **Dicionário crítico de Educação Física**. Ijuí: Ed. da Unijuí, 2005. (Coleção Educação Física). p. 106-108.

____. **Da cultura do corpo**. Campinas: Papirus, 1995.

____. **Educação Física e o conceito de cultura**. Campinas: Autores Associados, 2004.

DARIDO, S. C. Apresentação e análise das principais abordagens da Educação Física escolar. **Revista Brasileira de Ciências do Esporte**, v. 20, n. 1, p. 58-66, set. 1998. Disponível em: <http://cev.org.br/arquivo/biblioteca/apresentacao-analise-das-principais-abordagens-educacao-fisica-escolar.pdf>. Acesso em: 18 mar. 2019.

____. Os conteúdos da Educação Física escolar: influências, tendências, dificuldades e possibilidades. **Perspectivas em Educação Física Escolar**, Niterói, v. 2, n. 1, p. 5-25, 2001.

DAYRELL, J. O jovem como sujeito social. **Revista Brasileira de Educação**, Rio de Janeiro, n. 24, p. 40-52, set./dez. 2003. Disponível em: <http://www.scielo.br/pdf/rbedu/n24/n24a04.pdf>. Acesso em: 18 mar. 2019.

ESPORTES de aventura em Queenstown na Nova Zelândia. 22 out. 2016. Disponível em: <https://www.girassolviagens.com/esportes-aventura-qweenstown-nova-zelandia>. Acesso em: 18 mar. 2019.

FREIRE, J. B. **Educação de corpo inteiro**: teoria e prática da Educação Física. São Paulo: Scipione, 1989.

FREITAG, B. **Piaget e a filosofia**. São Paulo: Ed. da Unesp, 1991.

GALLAHUE, D. L. **Understanding Motor Development in Children**. New Jersey: John Wiley & Sons, 1982.

GIMENO SACRISTÁN, J. A avaliação no ensino. In: GIMENO SACRISTÁN, J.; PÉREZ-GÓMEZ, A. I. (Org.). **Compreender e transformar o ensino**. 4. ed. Porto Alegre: Artmed, 1998, p. 295-351.

____. Consciência e ação sobre a prática como libertação profissional dos professores. In: NÓVOA, A. **Profissão professor**. Porto: Porto, 1991. p. 63-92.

GONÇALVES, M. H. B. **Planejamento e avaliação**: subsídios para a ação docente. Rio de Janeiro: Senac, 2005.

GONZÁLES, F. J.; FENSTERSEIFER, P. E. (Org.). **Dicionário crítico de Educação Física**. Ijuí: Ed. da Unijuí, 2005. (Coleção Educação Física).

GUEDES, A. C. F.; BISCUOLA, A. P.; LIMA, M. C. C. Comparação entre índice de massa corporal e índice de adiposidade corporal em adultos do sexo masculino. **RBONE: Revista Brasileira de Obesidade, Nutrição e Emagrecimento**, v. 9, n. 54, p. 235-242, 2015. Disponível em: <http://www.rbone.com.br/index.php/rbone/article/download/380/365>. Acesso em: 18 mar. 2019.

GUEDES, D. P. Educação para a saúde mediante programas de Educação Física escolar. **Motriz**, v. 5, n. 1, p. 10-14, jun. 1999. Disponível em: <http://www.rc.unesp.br/ib/efisica/motriz/05n1/5n1_ART04.pdf>. Acesso em: 18 mar. 2019.

GUEDES, D. P.; GUEDES, J. E. R. P. Associação entre variáveis do aspecto morfológico e desempenho motor em crianças e adolescentes. **Revista Paulista de Educação Física**, v. 10, n. 2, p. 99-112, jul./dez. 1996. Disponível em: <http://www.revistas.usp.br/rpef/article/view/138523/133939>. Acesso em: 18 mar. 2019.

HOUAISS, A. **Dicionário eletrônico da língua portuguesa**. versão 3.0. Rio de Janeiro: Instituto Antônio Houaiss; Objetiva, 2009. 1 CD-ROM.

KUNZ, E. **Educação Física**: ensino & mudanças. Ijuí: Ed. da Unijuí, 1991.

_____. Kinein: o movimento humano como tema. **Revista Eletrônica Kinein**, Florianópolis, v. 1, n. 1, dez. 2000.

_____. Pedagogia crítico-emancipatória. In: GONZÁLES, F. J.; FENSTERSEIFER, P. E. (Org.). **Dicionário crítico de Educação Física**. Ijuí: Ed. da Unijuí, 2005. p. 316-318. (Coleção Educação Física).

_____. **Transformação didático-pedagógica do esporte**. Ijuí: Ed. da Unijuí, 1994. (Coleção Educação Física).

LARROSA, J. Notas sobre a experiência e o saber da experiência. In: GERALDI, C. M. G.; RIOLFI, C. R.; GARCIA, M. F. (Org.). **Escola Viva**: elementos para a construção de uma educação de qualidade social. Campinas: Mercado de Letras, 2004. p. 113-132.

LASSANCE, A. Brasil: jovens de norte a sul. In: ABRAMO, H. W.; BRANCO, P. P. M. (Org.). **Retratos da juventude brasileira**: análises de uma pesquisa nacional. São Paulo: Fundação Perseu Abramo, 2005. p. 73-86.

LE BOTERF, G. **De la compétence**: essai sur un attracteur étrange. Paris: Les Éditions d'Organisation, 1995.

LIBÂNEO, J. C. **Didática**. 28. ed. São Paulo: Cortez, 2008. (Coleção Magistério. Série Formação do Professor).

LUCKESI, C. C. **A avaliação da aprendizagem escolar**: estudos e proposições. 21. ed. São Paulo: Cortez, 2010.

MACHADO, L. R. de S. O "modelo de competências" e a regulamentação da base curricular nacional e de organização do ensino médio. **Trabalho & Educação**, Belo Horizonte, n. 4, p. 79-95, ago./dez. 1998. Disponível em: <https://seer.ufmg.br/index.php/trabedu/article/view/7490/5798>. Acesso em: 18 mar. 2019.

MAFFEI, W. S. Educação Física frente aos desafios da mudança. **Instrumento: Revista de Estudo e Pesquisa em Educação**, Juiz de Fora, v. 17, n. 1, p. 101-110, jan./jun. 2015. Disponível em: <https://instrumento.ufjf.emnuvens.com.br/revistainstrumento/article/view/2861/1965>. Acesso em: 18 mar. 2019.

_____. **Introdução à formação em Educação Física**. Curitiba: InterSaberes, 2017. (Série Corpo em Movimento).

MANOEL, E. J. Informação, movimento e mudança. **Revista Brasileira de Ciências do Esporte**, São Paulo, v. 5, n. 3, 1984.

MARKERTIN, W. Trabalho e comunicação: reflexões sobre um conceito dialético de competência. **Educação & Sociedade**, ano 23, n. 79, p. 189-211, ago. 2002. Disponível em: <http://www.scielo.br/pdf/es/v23n79/10854.pdf>. Acesso em: 18 mar. 2019.

_____. Trabalho em transformação: reflexões sobre as categorias trabalho e comunicação e suas implicações para um conceito de competência na educação profissional. **Caderno CRH**, Salvador, n. 34, p. 17-40, 2001. Disponível em: <https://portalseer.ufba.br/index.php/crh/article/download/18579/11953>. Acesso em: 18 mar. 2019.

MARTINELLI, C. R. et al. Educação Física no ensino médio: motivos que levam as alunas a não gostarem de participar das aulas. **Revista Mackenzie de Educação Física e Esporte**, São Paulo, v. 5, n. 2, p. 13-19, 2006. Disponível em: <http://editorarevistas.mackenzie.br/index.php/remef/article/download/1288/993>. Acesso em: 18 mar. 2019.

MARTINS, E.; CASTRO, I. de. O risco da vaidade. **Revista Época**, v. 336, 25 out. 2004. Disponível em: <http://revistaepoca.globo.com/Revista/Epoca/0,,EDR67143-6014,00.html>. Acesso em: 18 mar. 2019.

MATTOS, M. G. de; NEIRA, M. G. **Educação Física na adolescência**: construindo o conhecimento na escola. São Paulo: Phorte, 2000.

MEDINA, J. P. S. **A Educação Física cuida do corpo... e "mente"**: bases para a renovação e transformação da Educação Física. Campinas: Papirus, 1983.

MÉHEUT, M. Teaching-Learning Sequences Tools for Learning and/or Research. In: BORESMA, K. et al. (Ed.). **Research and Quality of Science Education**. Holanda: Spring, 2005. p. 195-207.

MÉHEUT, M.; PSILLOS, D. Teaching-Learning Sequences: Aims and Tools for Science Education. **International Journal of Science Education**, v. 26, n. 5, p. 515-535, 2004.

MILLEN NETO, A. R. et al. Evasão escolar e o desinteresse dos alunos nas aulas de Educação Física. **Pensar a Prática**, v. 13, n. 2, 2010. Disponível em: <https://www.revistas.ufg.br/fef/article/view/7559>. Acesso em: 18 mar. 2019.

MOLINA, R. M. K. Projeto político-pedagógico. In: GONZÁLES, F. J.; FENSTERSEIFER, P. E. (Org.). **Dicionário crítico de Educação Física**. Ijuí: Ed. da Unijuí, 2005. p. 344-346. (Coleção Educação Física).

MOREIRA, A. F. B.; CANDAU V. M. **Indagações sobre currículo**: currículo, conhecimento e cultura. Brasília: Ministério da Educação/Secretaria de Educação Básica, 2008.

MOSSTON, M. **La enseñanza de la educación física**: del comando al descubrimiento. Buenos Aires: Paidós, 1978.

MOTRIVIVÊNCIA. Florianópolis: Ed. da UFSC, v. 28, n. 48, 2016.

MOVIMIENTO DE FUTBOL CALLEJERO. **Metodología**. Disponível em: <http://movimientodefutbolcallejero.org/futbol-callejero/metodologia/>. Acesso em: 18 mar. 2019.

NAHAS, M. V. Educação Física no ensino médio: educação para um estilo de vida ativo no terceiro milênio. In: SEMINÁRIO DE EDUCAÇÃO FÍSICA ESCOLAR. **Anais**..., 4., 1997, São Paulo.

NÓVOA, A. A formação do professor: realidades e perspectivas. In: ENCONTRO IBÉRO-AMERICANO DE FORMAÇÃO DE PROFESSORES, 1., 2000. **Anais**..., Santa Maria.

NÓVOA, A. **Profissão professor**. Porto: Porto, 1995.

OLIVEIRA, J.G. M. de. Educação Física escolar: construindo castelos de areia. **Revista Paulista de Educação Física**, v. 5, p. 5-11, 1991.

PARANÁ. Secretaria de Estado da Educação. Portal Educacional. **Educação**

física: ensino médio. 2. ed. Curitiba, 2006. Disponível em: <http://www.educadores.diaadia.pr.gov.br/arquivos/File/livro_didatico/edfisica.pdf>. Acesso em: 18 mar. 2019.

PERRENOUD, P. **Construir as competências desde a escola**. Porto Alegre: Artmed, 1999.

PICH, S. Cultura corporal de movimento. In: GONZÁLES, F. J.; FENSTERSEIFER, P. E. (Org.). **Dicionário crítico de Educação Física**. Ijuí: Ed. da Unijuí, 2005. p. 108-111. (Coleção Educação Física).

POZO, J. I. A aprendizagem e o ensino de fatos e conceitos. In: COLL, C. et al. **Os conteúdos na reforma**. Porto Alegre: Artmed, 1998. p. 17-71.

PRINCÍPIO. In: **Michaelis**: dicionário brasileiro da língua portuguesa. Disponível em: <https://michaelis.uol.com.br/moderno-portugues/busca/portugues-brasileiro/princ%C3%ADpio>. Acesso em: 18 mar. 2019.

RAMOS, M. N. **A pedagogia das competências**: autonomia ou adaptação? São Paulo: Cortez, 2001.

RESENDE, H. G de. Necessidade da educação motora na escola. In: MARCO, A. de. (Org.). **Pensando a educação motora**. Campinas, Papirus, 1995.

_____. Tendências pedagógicas da Educação Física escolar. In: RESENDE, H. G. de; JOSUÉ, S. **Ensaios sobre Educação Física, esporte e lazer**: tendências e perspectivas. Rio de Janeiro: Gama Filho, 1994.

SAMPAIO, A. A. et al. Educação física no ensino médio: motivos para evasão. In: CONGRESSO INTERNACIONAL DE EDUCAÇÃO, PESQUISA E GESTÃO. **Anais**..., 4., 2012.

SARABIA, B. A aprendizagem e o ensino das atitudes. In: COLL, C. et al. (Org.). **Os conteúdos na reforma**: ensino e aprendizagem de conceitos, procedimentos e atitudes. Porto Alegre: Artmed, 1998. p. 119-178.

SCHWARTZ, Y. De la "qualification" à la "compétence". **Education Permanent**, n. 123, p. 124-138, 1995.

SILVA, S. **Portas abertas para a Educação Física**: falando sobre abordagens pedagógicas. São Paulo: Phorte, 2013.

SOUZA, A. M. M. de; DEPRESBITERIS, L.; MACHADO, O. T. M. **A mediação como princípio educacional**: bases teóricas das abordagens de Reuven Feuerstein. São Paulo: Senac, 2004.

TANI, G. Cinesiologia, Educação Física e esporte: ordem emanente do caos na estrutura acadêmica. **Motus Corporis**, v. 3, p. 9-50, 1996.

TANI, G. Educação Física na educação infantil: pesquisa e produção do conhecimento. **Revista Paulista de Educação Física**, São Paulo, supl. 4, p. 110-115, 2001.

_____. Educação Física na pré-escola e nas quatro primeiras séries do primeiro grau: uma abordagem de desenvolvimento I. **Kinesis**, Santa Maria, v. 3, n. 1, p. 19-41, 1987. Disponível em: <https://periodicos.ufsm.br/kinesis/article/download/8562/5194>. Acesso em: 18 mar. 2019.

_____. Perspectiva para a Educação Física escolar. **Revista Paulista de Educação Física**, v. 5, n. 1-2, p. 61-69, 1991.

TANI, G. et al. **Educação Física escolar**: fundamentos de uma abordagem desenvolvimentista. São Paulo: EPU, 1988.

TANI, G.; DA SILVA, J. B. F.; BETTI, M. Perspectivas para a Educação Física escolar. **Revista Paulista de Educação Física**, v. 5, n. 1-2, p. 79-87, 1991.

VASCONCELLOS, C. dos S. **Planejamento**: projeto de ensino-aprendizagem e projeto político-pedagógico. São Paulo: Libertad, 2009. (Cadernos Pedagógicos do Libertad, v. 1)

VIEIRA, A.; LUZ, T. R da. Do saber aos saberes: comparando as noções de qualificação e de competência. **Organizações & Sociedade**, v. 12, n. 33, p. 93-108, abr./jun. 2005. Disponível em: <http://www.scielo.br/pdf/osoc/v12n33/a05v12n33.pdf>. Acesso em: 18 mar. 2019.

ZABALA, A. **A prática educativa**: como ensinar. Porto Alegre: Artmed, 1998.

_____. **Como trabalhar os conteúdos procedimentais em aula**. Porto Alegre: Artmed, 1999.

ZEICHNER, K. M. O professor como prático reflexivo. In: _____. **A formação reflexiva de professores**: ideias e práticas. Lisboa: Educa, 1993. p. xx-xx.

Bibliografia comentada

BETTI, M. **Educação Física e sociedade**. São Paulo: Movimento, 1991.

Nessa obra, o professor Mauro Betti analisa, do ponto de vista da sociologia, a Educação Física na escola brasileira, em especial, o período compreendido entre os anos de 1930 a 1986, abordando aspectos como a política educacional, o discurso pedagógico da Educação física, os objetivos educacionais da disciplina, os métodos de ensino, entre outros. Em seguida, Betti apresenta uma compreensão para a educação a partir do modelo sociológico e da abordagem sistêmica.

COLETIVO DE AUTORES. **Metodologia do ensino de educação física**. 2. ed. rev. São Paulo: Cortez, 1992.

Essa obra é um dos clássicos da Educação Física escolar. De tradição marxista, ela revela influência da pedagogia histórico-crítica, concebendo a educação como um processo dialético e revolucionário que possibilita superar as desigualdades sociais por meio da aprendizagem dos conhecimentos/conteúdos científicos – por isso, o entendimento da proposição como crítico-superadora. Organizada em duas partes, a obra inicialmente chama a atenção para a necessária elaboração do projeto político-pedagógico com características próprias à cada escola. Para tanto, propõe a reflexão pedagógica na perspectiva de classe. Na segunda parte do livro, os autores contemplam a organização do conhecimento e sua metodologia.

DAOLIO, J. **Educação Física e o conceito de cultura**. Campinas: Autores Associados, 2004.

Nessa obra, o autor discute o ponto de vista de importantes autores que apresentam em seus trabalhos a dimensão cultural como fundamento para a Educação Física escolar, chegando ao conceito de cultura por outras vias além da antropologia social. Na primeira parte do livro, Daolio comenta como o conceito de cultura é entendido por diferentes autores, tais como Go Tani, João Batista Freire, Coletivo de Autores, Elenor Kunz, Valter Bracht e Mauro Betti. Em seguida, as diferentes compreensões desses autores são debatidas por meio da antropologia social de Marcel Mauss e da compreensão sobre a dimensão simbólica fundamental na semiótica, conforme as contribuições apresentadas por Clifford Geertz.

KUNZ, E. **Transformação didático-pedagógica do esporte**. Ijuí: Ed. da Unijuí, 1994. (Coleção Educação Física).

Utilizando os estudos do campo da tradição fenomenológica, Elenor Kunz recorre à filosofia fenomenológica de Merleau-Ponty para apresentar a perspectiva do se-movimentar, na qual o aluno é visto como ator e autor do movimento. Kunz se utiliza da expressão *se-movimentar*, propondo o movimento próprio do sujeito como forma de emancipá-lo dos gestos estereotipados utilizados nos esportes. O autor discute também as contribuições da teoria do agir comunicativo, de Jurgen Habermas, vinculada à teoria crítica da chamada *Escola de Frankfurt*. Ainda, o pedagogo brasileiro procura apresentar uma proposta para a Educação Física centrada no esporte e na pedagogia que intitula de crítico-emancipatória e, também, no que compreende como didático-comunicativa.

MEDINA, J. P. S. **A educação física cuida do corpo... e "mente"**. Campinas: Papirus Editora, 1983.

Essa obra de Medina é um clássico que tem como base o pensamento revolucionário de Paulo Freire e que estimulou o surgimento do movimento renovador da Educação Física. O livro propõe uma análise crítica sobre as práticas físicas que objetivam a domesticação dos corpos, promovida pela Educação Física brasileira daquele período, e sugere como alternativa o desenvolvimento dos fundamentos e valores propostos na pedagogia freireana.

TANI, G. et. al. **Educação Física escolar**: fundamentos de uma abordagem desenvolvimentista. São Paulo: EPU, 1988.

Diferentemente das outras indicações apresentadas, esta obra aprofunda conhecimentos sobre o movimento humano, procurando analisar o comportamento motor do indivíduo na relação estabelecida com o ambiente, na tentativa de caracterizar a progressão normal do crescimento (físico), o desenvolvimento (fisiológico, motor, cognitivo e afetivo) e a aprendizagem motora como fundamentação teórica para a estruturação da Educação Física escolar, em que o movimento é considerado o principal meio e fim da disciplina. A obra apresenta, ainda, uma taxionomia para orientar os professores quanto às habilidades a serem trabalhadas nos indivíduos de diferentes faixas etárias.